大時代書系

厉以宁　艾丰　林毅夫　三位著名经济学家联袂推荐

开放 改革 管理
三驾马车
拉动经济体制转型研究

OPEN-UP, REFORM AND MANAGEMENT
The Troika of China's Economic System Transformation

石 军◎著

中国工人出版社

目 录

目录
CONTENTS

目录
CONTENTS

序

厉以宁

在中国这样一个实行传统计划经济体制长达30年的国家，自1978年12月持之以恒地推进经济体制转型，并在初步建立社会主义市场经济体制基础上，继续坚定不移朝着完善社会主义市场经济体制目标奋力前行。这不仅在中国历史上前无古人，而且在世界近代经济转型史上也可说是绝无仅有。

实践是理论的常青之树。在连续36年的经济体制转型实践中，必然会产生丰富多彩的转型理论，也必然要求我们不断挖掘逐步积累起来的理论宝藏。正是在这样的背景之下，我撰写了包括经济体制转型在内的《中国经济双重转型之路》一书，并鼓励石军同志写了这本《开放 改革 管理：三驾马车拉动经济体制转型研究》。

我以前认为，石军是一位经济工作经验丰富并有独到见解的同志，近两年在全国政协经济委员会一起探讨深层次问题过程中发现，他在理论研究上也颇有造诣。现在看了这本书稿，更是加深了上述印象。

这是一本由实际工作者撰写的理论专著。据了解，石军同志除了在职攻读硕士和博士学位之外，40多年基本都在从事经济工作，其中在经济综合部门一干就是19年。这样一位长期从事地方经济工作的同志，能在较短时间内独立撰写这样一本理论专著，并提出诸多创新性观点，着实让人感到惊喜。

在讲到经济体制转型过程、目标和手段时，他指出："经济体制转型是指由传统计划经济体制转为社会主义市场经济体制的过程”，并强调“转型”是过程、“转为”才是目标实现，这就把经济体制转型过程和目标明确区分开了。同时提出：“经济体制改革只是拉动经济体制转型的一种手段，而不是唯一手段。拉动经济体制转型，还要靠对外开放和强化管理这两种手段，也就是要靠开放、改革、管理这三驾马车。”他解释说，把改革、开放的位置倒过来，再加上“管理”二字，是因为中国的经济体制转型是由开放打头、改革跟上、管理保障的，只有沿着转型的真实轨迹进行研究，才能找到转型的本质规律，从而才能弄清经济体制转型的原理。

对三驾马车拉动经济体制转型原理，石军用一句话作了概括。他说：“经济体制转型原理，即是在传统计划经济体制基础上，由生产力水平和发展要求决定，坚持中国特色社会主义和市场化取向，以开放、改革、管理三驾马车为拉动力，朝着建立完善的社会主义市场经济体制目标前行过程的本质规律和方法论。”这句话讲了四个含义：一是转型目标，即由传统计划经济体制转为完善的社会主义市场经济体制；二是转型决定因素，即由生产力水平和发展要求所决定；三是转型基本特征，即坚持中国特色社会主义和市场化取向；四是转型拉动力，即开放、改革、管理三驾马车。如果用马克思主义哲学原理概括表述的话，前三个含义讲的是世界观问题，即主要解决“是什么”的问题；后一个含义讲的是方法论问题，即主要解决“怎么办”的问题。

实际上，该书的六章之中，始终贯穿着辩证法和方法论。如，他用一张总图和三张分图，勾画出了三驾马车在拉动经济体制转型中的逻辑关系：三驾马车是个整体，不能顾此失彼；三驾马车是个系统，不能将其分割；三驾马车相互影响，不能厚此薄彼；三驾马车动态平衡，不能平均用力。又如，在归纳三驾马车拉动经济体制转型原理的实现形式时，他用排列组合方法，列出了“循序渐进式”和“同步拉动式”这两种基本实现形式。同时，推演出了五种演化实现形式。这些都是我过去不曾涉及的。

这是一本由理论工作者撰写的研究转型实践经验的专著。该书是以我国改革开放进程为主线、以国内外实践案例为重点，归纳、提炼经济体制转型本质规律和方法论的。从这个意义上讲，它又是一本研究转型实践经验的专著。

在总结经济体制转型经验教训并检验三驾马车拉动经济体制转型思路的论述中，他提出了“关起门来搞改革，搞不出什么名堂；打开国门搞改革，才能搞出成果来；管理水平上不去，开放、改革成果就会大打折扣”这样三个鲜明的观点。

在归纳经济体制转型运作方式时，他提炼出了“自下而上的递进方式、由点到面的拓展方式、上下结合的联动方式、由外到内的倒逼方式、内外兼顾的统筹方式、‘五位一体’的协同方式”六种运作方式。

在探讨中国特色市场经济模式论述中，他提出了“社会制度与市场机制有机融合、市场决定资源配置、统一开放竞争有序市场体系、科学有效宏观调控体系、经济法治化、开放型经济格局”六个方面的内容。其中第一个方面体现的是中国社会主义特色，后五个方面讲的是市场经济的一般特征。

在研究三驾马车拉动经济体制转型行进方向时，他提出了“正向、偏向、逆向”这三种走向。在我看来，这一观点既新颖又重要，这是因为：只有正向拉动才能收到应有成效，偏向用力就会严重影响拉动效果，逆向拉动就是反其道而行之。

我说这是一本由理论工作者撰写的专著，是因为：只有具备较高的经济理论水平，才能把实践过程中的诸多片段有机融合起来，才能通过整理、归纳将实践中的精华提炼出来，从而才能将实践经验升华为理论。如果不是一个具有较高经济理论水平的同志，是很难提出这么多创造性理论观点的。

这是一本理论工作者和实际工作者都可阅读并会有所收益的专著。石军同志从分工企业整顿和扩大企业自主权，到现在从事经济调研工作，36年一路走来，直接参与了经济体制转型全过程。该书正是他在这一过程中的亲感实受和心得体会。

这本书讲的都是经济体制转型的真实轨迹和从中悟出的基本道理，说的都是大实话，没有那么多虚话、套话，也没有晦涩难懂的长句。例如，在讲到如何创新体制机制和怎样对待民生问题时，他只用了“用国内外老板的钱干发展的大事、腾出财政的钱办老百姓的难事”和“确保人人过得去、争取人人过得好”这样两句话。这两句话，不仅说得实在，而且说得准确。前一句说的就是现在讲的处理政府与市场关系的内容；后一句说的就是保障和改善民生的基本要求。再如，在讲到怎样看待经济发展方式转变历程和如何推进转变时，他用“不转难以为继，转又难以推进”和“不快转不行，不配套转也不行”这两个短句作了概括。这个简单概括，不仅再现了当时推进转变的“两难”境地，而且讲明了转方式的迫切性和应选措施的配套性。这种风格，既与石军同志长期分管繁忙的经济工作有关，更与他在基层贴近老百姓密不可分。

阅读这样的专著，对理论工作者而言，既可加深对经济体制转型进程的了解，又可感受实际参与和操作者的心境与体会，还可从中获得一些分析和处理实际问题的方法。对实际工作者来说，不仅读起来感到亲切，而且容易消化书中提出的观点。

正是因为上述理由，我很高兴为此书作序。

导 言

有位学者问我：你是怎样发现开放、改革、管理这三驾马车是个有机整体，并将其上升为拉动经济体制转型原理的？我的回答是：在实践与思考、学习与研究之中。

一

在农村调研时，我看到同处一个村子、同样都是农民，有的家庭多少年都过着穷日子，有的却在几年之内富了起来。我就问村委主任，为什么原来条件差不多，而发展差距这么大呢？几乎所有村主任都这样回答："张三"家里都是从不出门的老实人，只靠种那六七亩地，富不起来；"李四"家里有"能人"，他家的孩子既灵透又勤快，出去几次就能学到致富新招，过不了多久就把养殖场办起来了，他家能不富吗？"李四"家富起来的道理是：走出村子搞开放、回家办厂搞改革、经营厂子搞管理。

在企业效益分析会上，感悟到的道理就更深刻了。在企业和相关领导发言后，我时常提出许多问题并深究原因，对大家的回答梳理之后发现：无非是企业是否走出去了、是否改制了、是否强化管理了。有一次，我问一个国有企业的董事长，你们不是有一支很强的技术队伍和许多科技创新成果吗？为什么没有发挥作用呢？这位董事长回答：我们的企业还未改制，技术人员没有积极性，人才和成果差不多都被民营企业挖走了。我从中领悟到，没有体制机制的转换，技术人员和科技成果的作用就难以发挥。

为了有针对性地推进农村和企业发展，我们列出原有条件差不多而发展成果大不一样的村子和企业，分别对其进行对比调研。两路调研竟然得出了相同结论：尽管村子与村子、企业与企业之间存在差距的具体原因千差万别，而根子都是差在开放、改革力度和管理水平上。

在40多年的实际工作中，我养成了一个“自讨苦吃”的习惯。无论是在经济综合部门工作期间，还是在地方政府和党委工作时期，每天晚上，我都反思一下当天所干的工作，思考一下第二天要干的事项，尽管反思和思考的事情比较具体且非常琐碎，但却使自己养成了不断思考和研究问题的习惯。久而久之，学到了不少经济理论知识，悟出了许多经济转型道理。实际上，开放、改革、管理这三驾马车的有机联系，就是在若干道理的感悟中逐步发现的；三驾马车拉动经济体制转型的原理，也是在对这些道理的研究中逐步形成的。

二

现在回忆起来，三驾马车拉动经济体制转型，是我在2000年年底作为黄河三角洲可持续发展工作思路提出来的，将其作为理论课题进行研究则是在那之后的13年时间里。

在这13年之中，我利用本地调研、外出考察、脱产学习、请教专家和个人钻研等方式，收集了一些案例，学到了不少东西，发表了许多文章，从而使这一研究获得了较大进展。比如，在2010年6月甘肃开展的省内外调研与考察过程中，我们曾就本省与发达省份工业经济发展差距作过对比分析。大家认为，尽管甘肃工业落后与底子薄、条件差直接相关，但开放、改革、管理滞后也是重要原因，要把工业经济搞上去，就必须在三驾马车拉动经济转型上下功夫。再如，2012年3～4月份，在中共中央党校“调整经济结构、转变发展方式”专题班学习时，我们曾以三驾马车拉动经济发展方式转变为题作过专门探讨，研究成果得到了有关方面的充分肯定。

为了广泛听取对这一课题研究的意见，我于2013年5月份专门邀请十几位专家进行座谈。座谈会前半段，有些专家对三驾马车的构成和排序有不少争议，有的专家认为，把改革、开放的次序倒过来没有多大必要；有的专家则说，我国的改革开放是先从开放启动的，应该尊重历史轨迹。有的专家认为，管理与开放和改革不是一个层面的问题，不能将管理作为一驾马车；有的专家则说，管理无处不在、无时不有，拉动经济体制转型更加需要强化管理。座谈会后半段，大家对三驾马车的有机构成形成了共识，一致认为三者都是拉动经济体制转型不可或缺的手段，其排列顺序应该尊重历史轨迹。今年以来，我多次当面请教全国著名经济学家厉以宁老师，还登门拜访了清华大学胡鞍钢教授，并请门洪华、周天勇、孙英春等教授帮我梳理各种理论观点。他们都对三驾马车拉动经济体制转型原理的研究给予了悉心指导。

三驾马车拉动经济体制转型原理，用一句话概括就是："在传统计划经济体制基础上，由生产力水平和发展要求决定，坚持中国特色社会主义和市场化取向，以开放、改革、管理三驾马车为拉动力，朝着建立完善的社会主义市场经济体制目标前行过程的本质规律和方法论。"这句话讲了四个含义：一是转型目标，即由传统计划经济体制转为完善的社会主义市场经济体制；二是转型决定因素，即由生产力水平和发展要求所决定；三是转型基本特征，即坚持中国特色社会主义和市场化取向；四是转型拉动力，即开放、改革、管理三驾马车。前三个含义讲的是"是什么"的问题，后一个含义讲的是"怎么办"的问题。"是什么"，讲的就是经济体制转型的本质规律，"怎么办"，讲的就是经济体制转型的方法论。

三

2013年6月中旬，我在向厉以宁老师请教相关问题时，厉老师认为三驾马车拉动经济体制转型原理具有独到见解，并鼓励我把多年来的实践体会和学习心得写出来，这就有了《开放 改革 管理：三驾马车拉动经济体制转型研究》这本书。

本书共有六章。

第一章着重叙述了三驾马车拉动经济体制转型作为工作思路的形成、论证和检验过程。1994 至 2000 年，东营市在黄河三角洲可持续发展的探索过程中，先后遇到了选择什么样的发展模式、采用什么样的运作方式、创建什么样的体制机制这三大难题，到 2000 年年底终于将其全部破解，从而形成了三驾马车拉动经济体制转型思路。在此之后的几次研讨会和学习班上，我们请来专家和学者对这一思路进行论证，并用全国改革开放实践案例对其进行检验。论证和检验的结论是，这一思路在实践中行得通、在道理上讲得通。

第二章着重研究了三驾马车拉动经济体制转型原理的基本内涵。其中，第一节主要论述了开放、改革、管理的基本概念和它们分别对经济体制转型的拉动作用。第二节主要探讨了三驾马车拉动经济体制转型原理的有机构成，着重讲了构成要素、目标模式和实现形式。第三节侧重研究了三驾马车拉动经济体制转型原理的方法论，包括三驾马车的逻辑关系、行进方向和牵引作用。

第三章着重论述了三驾马车拉动经济体制转型原理的实践特征。从论述中可以看到：中国经济体制转型的历史进程，就是三驾马车的拉动过程；三驾马车拉动经济体制转型具有若干运作方式，每种方式都是开放、改革、管理三者有机联系、相互作用的体现；在三驾马车拉动经济体制转型过程中，呈现出若干与基本特征相一致的实践特征，这些实践特征也都蕴涵着丰富的经济转型方法论。

第四章着重分析了三驾马车拉动经济体制转型原理的践行难点。三驾马车在拉动经济体制转型过程中，冲破了一个又一个障碍，夺取了一个又一个胜利。但是，目前仍然存在诸多尚未越过的重大障碍。政府与市场关系、公平与效率关系、人治与法治关系、中央与地方关系的处理，都是中国长期注重解决而又没有处理好的重大难题，都迫切需要研究探寻新的破解之法，尤其需要三驾马车以更大力度拉动跨越。

第五章着重探讨了三驾马车拉动经济体制转型原理的拓展运用。三驾马车除了能够拉动经济体制转型之外，能不能用于政治、文化、社会和生态文明建设等领域并起到拉动作用呢？回答是肯定的。我国转变经济发展方式进展缓慢虽有诸多因素影响，但主要原因在于没有建立起有利于推进转变的体制机制。城镇化思想认识的提升、前行道路的拓展和运作方式的优化，都必须依靠三驾马车的拉动。推进生态文明建设，既需要建立与其相适应的市场、法律体系和管理体制，还需要革除经济、政治、文化和社会等领域与其不相适应的体制机制弊端，而这一切都依赖于三驾马车的合力拉动。

第六章着重论证了三驾马车拉动经济体制转型原理的普适意义。三驾马车不仅对于中国经济体制转型和其他领域的变革具有重大拉动作用，而且对于世界各国的经济发展尤其是国际经济活动也具有较强的拉动力。经济全球化就是三驾马车拉动的结果，如果没有开放打头、改革跟上、管理保障，经济全球化就“化”不起来。美国开放型经济的转型升级，一直都靠三驾马车的拉动。巴西在运用三驾马车拉动经济社会发展进程中，尽管存在这样那样的问题，但若没有三驾马车的拉动，就不会使其成为迅速崛起的新兴经济体。欧洲一体化的进程，就是在对外开放中不断推进横向联合、在横向联合中不断深化经济改革、在深化改革中不断强化管理保障的过程。

阅读本书，需要注重把握三个要点：首先，要弄清三驾马车拉动经济体制转型原理是什么，本书的研究结论是：经济体制转型的本质规律和方法论。其次，要弄清三驾马车拉动经济体制转型原理是怎样形成的，本书的答案是：在长期实践和观察中，经过归纳、研究提炼出来并经过实践检验而形成。其三，要弄清三驾马车拉动经济体制转型原理如何运用于实践，本书的回答是：通过诸种实现形式和运作方式得以实现。

第一章

三驾马车拉动经济体制转型原理的形成背景

开放、改革、管理三驾马车拉动经济体制转型，是我在2000年12月东营市经济工作会议上，作为黄河三角洲可持续发展工作思路提出来的。在那时，提出这一思路具有深刻历史背景。现在，研究三驾马车拉动经济体制转型原理，需要将其放在当时的历史背景下加以考量。

从1994年到2000年的7年时间里，我们在黄河三角洲可持续发展探索过程中，先后遇到并破解了“发展模式、运作方式和体制机制”这三大难题。先是在诸多模式中选择了高效生态经济发展模式，接着形成了“六位一体”运作方式，最后找到了创新体制机制的有效办法，初步形成了三驾马车拉动经济体制转型思路。

三驾马车拉动经济体制转型思路初步形成的2000年，正是中国加入世贸组织的前一年。在此背景下，我们邀请国内外部分专家和学者，分批举办以应对中国加入世贸组织为内容的学习班和论坛，借助世贸组织这一望远镜，把视线投向全球并用世界眼光来审视和论证三驾马车拉动经济体制转型思路。通过审视和论证，形成了这一思路在实践上行得通、在道理上讲得通的共识。

我们又把目光收回国内，沿着中国改革开放的探索轨迹，选择和运用诸多案例，对三驾马车拉动经济体制转型思路是否可行进行检验，得出的结论是：这一思路不仅在经济体制转型实践中行之有效，而且应该将其上升为经济体制转型理论。

第一节
破解可持续发展系列难题
形成经济体制转型思路

1994 年 3 月，《黄河三角洲资源开发与环境保护项目》被列为《中国 21 世纪议程优先项目计划》。同年 11 月，中国政府和联合国开发计划署正式签署《黄河三角洲可持续发展无偿援助项目》。这两件大事同时发生在黄河三角洲的中心城市——东营市，标志着黄河三角洲走过了初始开发阶段，进入了可持续发展新阶段，并昭示着我国最后一个大河三角洲的美好发展前景。

但是，选择什么样的发展模式、采用什么样的运作方式、创建什么样的体制机制，才能有力有效推动黄河三角洲可持续发展，无疑成为摆在山东省尤其是东营市面前的一系列重大难题。

一、选择什么样的发展模式

山东省东营市是黄河三角洲的中心城市，也是胜利油田的所在地。随着 20 世纪 60 年代胜利油田的开发，以石油工业带动黄河三角洲开发战略逐步启动实施。然而，20 世纪 90 年代，国家对石油资源配置作了重大调整，胜利油田生产的原油除一部分出口外，大部分通过输油管线输送到上海、安庆、茂名、淄博等地区，在东营市上马大型炼油或重化工项目已无原油可供。在实施以石油工业带动黄河三角洲开发战略走不通的情况下，寻求新的发展模式成为当时摆在东营市面前的第一个重大难题。

在东营市探索黄河三角洲开发途径的过程中，一种新的发展理论正在发达国家孕育。20 世纪 70 年代，著名的全球发展战略研究机构罗马俱乐部提出一个重大研究课题，即“人类困境”的全球发展模式——“增长极限模式”。[①] 该课题研究结论认为，如果在世界人口、工业污染、粮食生产和资源消耗等方面按当时的趋势继续下去，那么这个星球上的增长极限将在一百年中到来。“增长极限模式”的问世引起世界范围的爆炸性反响，各个发达国家纷纷加强了对发展模式问题的研究和探索，终于在20世纪80年代出现了可持续发展理论的首创。挪威前首相布伦特兰夫人将其定义为：“可持续发展是指满足当前需要又不削弱子孙后代满足其需要之能力的发展。”[②] 在处于当代发展问题最前沿的经济学家群体的共同推进下，可持续发展的系统理论终于成为全球的共识。

东营市与可持续发展理论结缘于20世纪90年代。1994年3月，《黄河三角洲资源开发与环境保护项目》被列为《中国21世纪议程优先项目计划》。同年4月，联合国开发计划署（UNDP）驻华代表处首席代表亚瑟·贺尔康先生到东营市进行实地考察。同年11月，UNDP《支持黄河三角洲可持续发展无偿援助项目》由东营市经济研究中心与荷兰、美国专家编制完成；11月22日，UNDP成员荷兰政府与中国政府在北京联合签署了这一项目文件。该文件指出，这是UNDP支持中国21世纪议程的第一个优先项目，其宗旨是通过编制一系列规划报告，为实现黄河三角洲可持续发展做好准备工作；其目的是通过支持实施21世纪议程项目，推动黄河三角洲地区可持续发展。

UNDP支持黄河三角洲可持续发展的系列项目，吸纳了当代世界最先进的发展理论，把握了黄河三角洲自然资源丰富、生态环境脆弱的双重特点，论证了在区域开发中选择可持续发展战略的必要性。然而，由于当时可持续发展理论还是一个全新课题，人们对实践这一新理论缺少思想和行动准备，虽然编制了较为系统的框架规划，但对于实现其宏伟目标的途径

---

① 【美】德内拉·梅多斯、乔根·兰德斯、丹尼斯·梅多斯：《增长的极限》，北京：机械工业出版社2013年版。

② 世界环境与发展委员会：《我们共同的未来》，长春：吉林人民出版社1997年版，第52页。

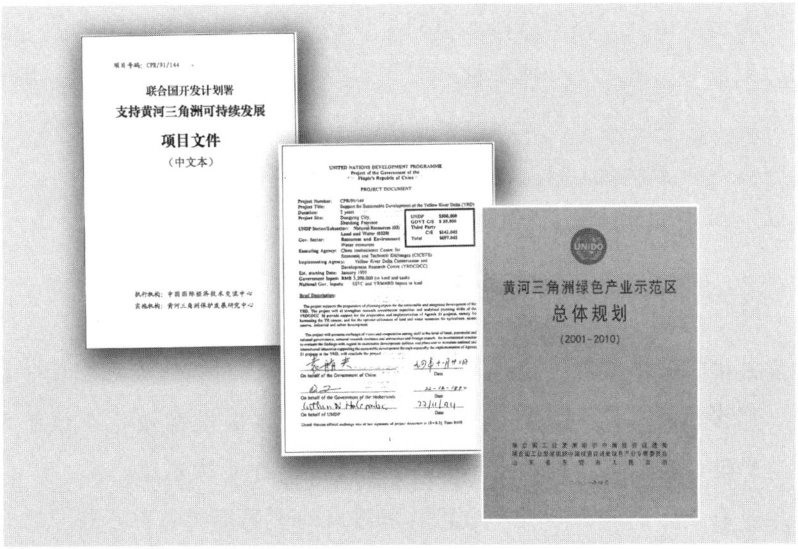

UNDP与东营合作的文件影印件

仍然处于混沌状态。在这样的情况下，迫切需要东营市在新的规划框架基础上，找到适合黄河三角洲可持续发展要求的发展模式。

1999年6月24日，江泽民同志到东营市进行视察，他敏锐地发现黄河三角洲蕴藏着巨大的发展潜力，明确指出："黄河三角洲石油资源丰富、土地和海洋资源充足、生物资源多样，蕴藏着巨大开发潜力，一定要好好开发"。明确要求："要把经济建设、生态建设和社会发展结合起来，实现可持续发展"；要"努力把黄河三角洲建设成为经济繁荣、环境优美的新经济区"。①

江泽民同志的指示精神，不仅与UNDP项目关于黄河三角洲开发必须走可持续发展道路的结论完全一致，而且同中国工程院副院长卢良恕院士等专家关于建立黄河三角洲国家级高效生态经济区的建议不谋而合。山东省委、省政府与东营市委、市政府一致认为，发展高效生态经济是贯彻江

① 《让黄河为中华民族造福——江泽民总书记考察黄河纪行》，载《人民日报》1999年6月25日第1版。

泽民同志指示精神，实现黄河三角洲可持续发展的基本模式，必须抓住难得的历史机遇，坚定不移地推进高效生态经济发展。在有关专家和国家部委的支持下，经过省、市党委和政府的努力，终于在2001年3月召开的九届全国人大四次会议上将“发展黄河三角洲高效生态经济”列入了《中国国民经济和社会发展第十个五年计划纲要》。①

二、采用什么样的运作方式

高效生态经济发展模式的确立，为黄河三角洲可持续发展指明了前进方向。那么，通过什么样的运作方式，才能有效推进高效生态经济发展呢？这是推进黄河三角洲可持续发展遇到的第二个重大难题。

经过有关方面的精心指导尤其是东营市的不懈努力，终于探索形成了“六位一体”的运作方式。

1. 在发展思路上，注重融入可持续发展理论

在可持续发展理论的指导下，东营市按照国家国民经济和社会发展总体布局的要求，研究确立了发展高效生态经济的基本思路，这就是坚持以可持续发展为中心，正确处理经济社会发展与人口、资源、环境之间的关系；加快“科教兴市”步伐，依靠科技进步和劳动者素质提高，推进经济增长方式的根本性转变；大力倡导绿色生活方式，积极营造绿色文化，建立起可持续发展的经济体系和社会体系；加强自然资源和生态环境的保护，促进资源、环境承载力的提高和生态环境质量的改善。

这一思路主要包括四个方面的具体内容：一是坚持以经济发展为中心。发展是解决一切问题的关键，无论是社会生产力的发展和人民生活、健康、教育水平的改善，还是资源的有效利用和生态环境的保护，都有赖于经济的发展。当然，这里所说的“发展”是指将资源可持续利用、生态环境保护内化为一体的发展。二是注重经济增长方式和生活方式的根本性

---

① 资料来源：全国人民代表大会官方网站，http：//www.npc.gov.cn/wxzl/gongbao/2001－03/19/content_5134505.htm，2014年4月11日。

转变。粗放型的经济增长方式和不可持续的消费方式是导致资源消耗高、环境质量恶化的根本原因。要推进黄河三角洲高效生态经济发展，必须加快经济增长方式和生活方式的根本性转变，把生产行为和消费行为对资源、环境的不利影响降到最低程度。三是着力推进科技进步和劳动者素质的提高。这是转变经济增长方式、提高经济竞争力、加快经济发展的重要保证。在黄河三角洲高效生态经济发展过程中，必须始终把实施“科教兴市”战略摆在重要位置，大力发展科技教育，不断提高科技进步对经济发展的贡献率。四是坚持物质文明和精神文明建设并举。物质文明和精神文明是人类文明形态的两个方面，物质文明是精神文明建设的基础，精神文明是物质文明建设的动力，两者之间相互影响、互相促进。生态文明，不仅要求在保持生态可持续的前提下创造日益丰富的物质财富，而且要求人们树立正确的价值观、发展观、消费观。只有按照邓小平同志“两手抓，两手都要硬”的要求，[①] 坚持物质文明和精神文明一起抓，才能实现黄河三角洲可持续发展。

2. 在发展目标上，咬住高效生态经济不放松

按照通常的做法，研究确定市级中长期发展规划，一般套用国家和省级的目标体系就可以了，但对于正在着力推进黄河三角洲可持续发展战略的东营市而言，必须坚持以人为本和可持续发展理念。为此，我们确定了“确保人人过得去、争取人人过得好”的民生目标和以发展高效生态经济为核心的四套指标。

第一，国民经济保持良好发展态势。2000 年到 2010 年，国内生产总值年均增长 11%以上，人均 GDP 达到当时中等收入国家水平；城乡居民收入大幅度提高，生活质量显著改善；绿色产业成为国民经济的主体，形成明显的绿色产品出口优势，使黄河三角洲发展成为全国知名的绿色产业示范区；城镇化水平到 2010 年提高到 60%。

---

① 《邓小平文选》（第三卷），北京：人民出版社 1993 年版，第 306、378 页。

东营市GDP增长率（2000—2010年）

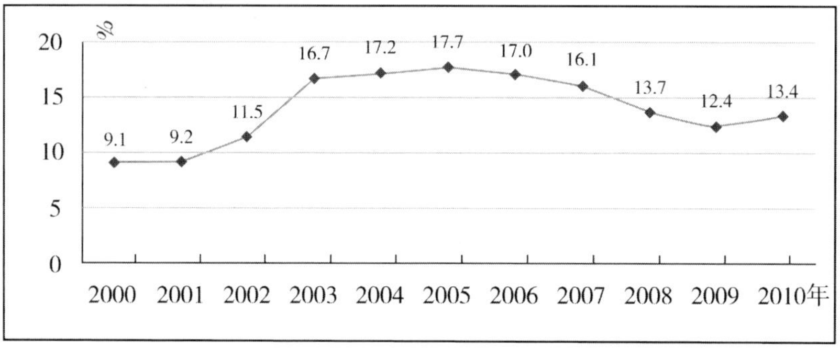

（数据来源：《东营市统计年鉴》，2000—2010 年）

东营市人均GDP增长率（2001—2010年）

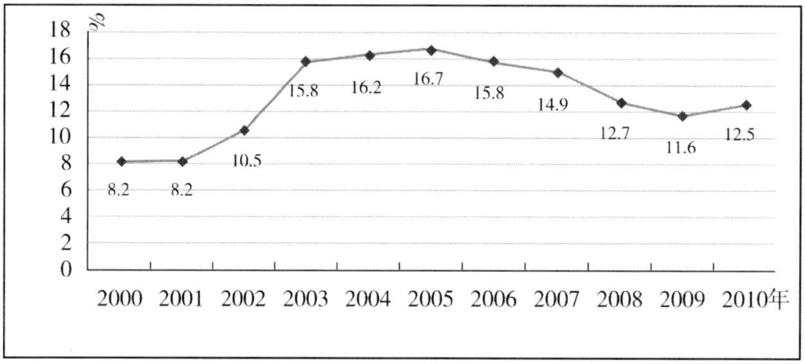

（数据来源：《东营市统计年鉴》，2001—2010 年）

东营市城镇化率（2006—2013年）

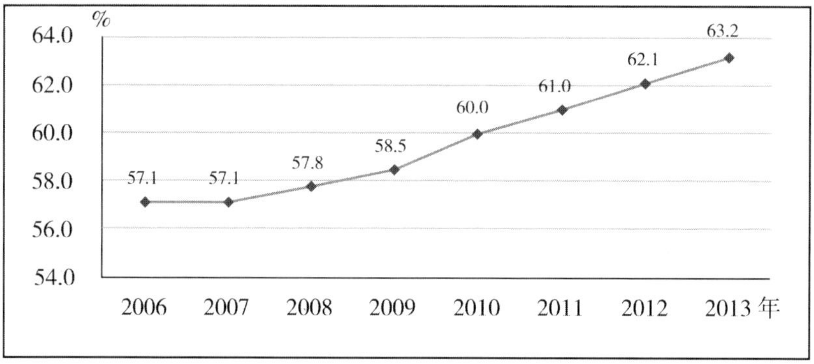

（数据来源：《东营市统计年鉴》，2006—2013 年）

第二，资源利用水平显著提高。资源利用率逐年提高，非再生资源单位消耗逐年降低，再生资源实现永续利用。耕地资源、水资源实现供需动态平衡，到2010年人均耕地保持在0.13公顷，全市25～30亿立方米的年需水量得到充分保障。

第三，生态环境保护和建设走在全国前列。自然保护区的生物多样性得到有效保护；国土绿化取得突破性进展，全市林木覆盖率由2000年的12%提高到2010年的19%，城区林木覆盖率达到25%；环境污染得到全面控制，工业废水、废气、废渣处理率均达到或接近100%，城市生活污水处理率达到100%，城市生活垃圾无害化处理率达到60%，地面水环境质量和城市环境质量明显改善。

第四，社会事业全面进步。科技教育实力显著增强，基本普及高中阶段教育，科技进步对经济发展的贡献率2010年达到55%以上；人口自然增长率控制在6‰以内；城镇登记失业率控制在5%以内；建立起较为完善的养老、医疗、失业保障体系；文化、体育、娱乐设施健全完善；城乡居民普遍具有较强的生态意识和较高的科技文化素质，保护环境、节约资源成为人们的自觉行动，社会文明程度显著提高。

3. 在发展重点上，着力推进三大新兴产业

根据黄河三角洲资源禀赋现状，充分考虑经济结构调整升级、生态环境保护和区域经济增长等多重目标的要求，研究确定把三大新兴产业作为发展重点。

第一，积极培育特色高效生态农业。以市场需求为导向，以生态经济理论为指导，以生态经济效益为中心，以科技进步为动力，紧紧围绕农业战略性结构调整要求，充分发挥资源优势，重点规划建设畜禽、牧草、水产、瓜菜、花卉、冬枣、桑蚕、优质粮、浅海养殖、淡水养殖等生产和养殖基地。

第二，加快发展绿色工业。一是重点发展电子信息产业，通过加入高新技术产业国际分工链条，积累资金和技术，逐步实现产品升级换代，培育黄河三角洲新的经济增长点。二是围绕绿色建材、有机食品加工、绿色

包装、无公害生产资料、生物工程制药等行业，利用先进的科学技术，延伸产业链条，提高产品质量，增加附加值，提高经济效益。三是开发生产绿色方便食品、绿色饮料、绿色蔬菜、绿色包装材料、绿色药品、无公害化肥、农药和饲料等绿色产品。四是改造提升传统产业，注重依靠科技进步，采用清洁技术，减少传统工业对生态环境的影响，提高传统工业的效率和效益。五是着力发展环保产业，积极推进产学研结合，大力开发环保系列产品，逐步建立环保产业创新生产基地。

第三，着力发展现代服务业。通过建立和完善多元化的投资机制，推动发展既有利于改善城市投资软环境，又有利于发挥比较优势的生态旅游业、知识服务业和现代物流业，促进传统产业的改造升级；加快以数字化城市为重点的信息网络基础设施建设，鼓励和支持信息服务企业的发展，形成竞争开放的信息服务市场格局，逐步建立起与黄河三角洲工业化、城镇化相适应的现代服务业体系。

4. 在发展手段上，广泛开展招商引资和招才引智

怎样才能走出一条既高效又生态的可持续发展之路，这是当时东营市政府着重思考并努力探索的重要课题。1999 年下半年，市委、市政府在深入研究市情、积极借鉴外地经验的基础上，做出了实施“大开放、大招商、大发展”的决策。同时，明确提出“用国内外老板的钱干发展的大事、腾出财政的钱办老百姓的难事”的调整思路。

“他山之石，可以攻玉。”为了探索符合东营实际的发展路径，市委、市政府放眼国内外发达地区，组织大批干部外出学习考察。通过考察和研究国内外发达地区的经验，发现了“三大规律”：其一，凡是已经开发的大江大河三角洲，往往都会崛起一个甚至几个现代化大城市；其二，每个城市的崛起，其深层次原因都是靠着资本和人才的大聚集、大流动、大组合；其三，资本和人才在某个地区迅速聚集、优化组合、畅快流动，都是因为此地注重造就一个符合市场经济发展要求、与国际规则和惯例接轨的良好环境。

东营市委、市政府又把眼光收回东营，组织力量深入基层摸清家底，

发现了“三个不行”：一是单纯依靠油田不行，东营市只做油气资源的文章，产业结构、所有制结构单一的弊端难以克服。二是单纯依靠现有地方经济载体不行，因为地方经济还没有形成能够替代石油产业的特色经济。三是单纯依靠上级财政支持和银行贷款不行，因为没有一定规模的特色经济，单靠财政和银行支持是难以迅速发展起来的。

“三大规律”与“三个不行”互相对照、彼此撞击，市委、市政府领导成员的思想豁然开朗。加快发展黄河三角洲高效生态经济，核心问题是资本，即资本的流入、资本的流动、资本的组合，其中最重要的是吸引资本。吸引资本，关键在于把东营打造成充满吸引力的“经济凹地”。那么，怎样吸引资本、打造“经济凹地”呢？东营市采取了四种办法。

第一，广泛发动全民招商，积极拓宽招商渠道。坚持全民参与，油（胜利油田）、地（地方）、校（中国石油大学）一起上，制定了奖励引荐者政策和招商目标责任制，不仅调动了市内干部群众参与招商引资的积极性，而且吸引了大批市外人士帮助联系招商；坚持内商外商一起招，既面向国外又面向国内；坚持资金、项目、技术、人才一起引（第一个年度就与 38 家科研院所建立了长期稳定的科技合作关系，联建科研开发机构 53 家，引进高层次人才 435 人，转化高新技术成果 88 个）；坚持各类项目一起上，不仅引进工业、农业和三产项目，而且通过招商加强基础设施建设，发展教育、文化、卫生等各项社会事业。

第二，着力改善投资环境，切实增强招商引资吸引力。东营市把投资环境建设作为招商引资工作的“生命线”，招商引资启动之初就在全市组织开展了“五个行不行”的大讨论：加快富民强市不借助外力行不行？借助外力不搞招商引资行不行？搞好招商引资不创造良好环境行不行？创造良好环境不顾全大局甚至作出局部牺牲行不行？顾全大局不严肃查处影响大局的人和事行不行？通过大讨论，提高了干部群众对改善投资软环境重要性的认识。在此基础上，东营市按照与国际规则和惯例接轨的要求，努力创造“三个最优”环境。一是实行最优惠的政策，市政府出台了一系列优惠政策，凡是能让的利尽可能让给外来投资者，并对重大项目实行一事一议、特事特办等灵活政策。二是提供最优质的服务，逐步建立了项目联审、一站式办公、部门承诺服务、项目跟踪服务责任制等一系列制度，取消了43%的市级审批事项。对外来投资者实行“市民待遇”，公共服务收费标准与本市居民和企业一视同仁，并对其子女入托、上学给予照顾和优惠。三是创造优良的秩序，建立对企业联合年检和统一受理审批、投诉举报等制度，并专门成立了外来投资者投诉中心，严肃查处侵害外来投资者权益的案件，严厉打击村霸、路霸等“霸头”恶势力，为企业发展提供优良环境。

第三，积极创新招商方式，注重提高招商引资水平。一是政府组团招商，充分发挥政府主导作用，积极创造条件，举办国内外招商会，参加全国、省里统一组织的招商活动。二是专业队伍招商，组织专门队伍走出去招商，特别是对重点地区、重点客商和大型项目，有针对性地上门招商，并在重点城市建立招商工作站。三是以商招商，发挥外来投资者影响大、说服力强的优势，借助他们的力量，宣传东营，扩大招商。四是委托招商，分别与13个国家的40名海外留学人员签订委托招商合同，还与60多名博士建立了密切联系。五是品牌招商，注重运用发展黄河三角洲高效生态经济列入国家“十五”计划和联合国工业发展组织确认东营市为国际绿色产业示范区这两块“金字招牌”，塑造东营的城市品牌形象。

第四，严格规范招商行为，着力保障招商引资健康发展。在招商引资方向上，确立了“三为主、两防止”的原则，即以引进高效生态农业、绿色工业和现代服务业项目为主，防止引进破坏环境和污染的项目。在这一原则指导下，探索形成了引荐、咨询、洽谈、起草合同、联审、办理审批手续六个环节的项目运作程序，保证了招商工作有序运转。同时，严把注册登记和考核认定关，实行责任追究制，防止虚假招商项目骗取优惠政策。

5. 在发展力量上，探索实行“三力并举”驱动方式

“三力并举”驱动方式的完整表述是：“启动内力，借助外力，凝聚合力，乘势而上，加快发展”。具体来说，“启动内力”，就是通过宣传教育、

激励和约束等方法，调动干部群众的积极性，激发内部发展活力；“借助外力”，就是通过扩大对外开放，积极招商引资和招才引智；“凝聚合力”，就是进一步深化区域内油、地、军、校四家融合，形成团结发展的合力。胜利油田是黄河三角洲高效生态经济发展的工业支撑，济南军区生产基地和中国石油大学则是农业支撑和智力支撑，只有将这三家的力量与东营地方力量聚合在一起，才能有力推动高效生态经济的发展。为此，我们确立了“团结发展思想向下渗透，四方合作向实发展，决定的事情抓好落实”的工作方针，并实行了资金联股、项目联办、人才联用、设施联建、治安联防的五联制度。“乘势而上、加快发展”，就是抓住开放开发的历史机遇，加快黄河三角洲高效生态经济发展。这种多层次、全方位的融合，形成了一股强大的合力，推动了黄河三角洲高效生态经济的快速发展。

6. 在落实机制上，创立推行“四环节工作法”

上述决策能否收到应有成效，关键在于能否抓好落实。如果落实不到位，再好的决策也等于零。基于这种认识，我们参考“5W1H”理论创立并推行了以“四环节工作法”为核心的落实机制，从根本上扭转了“在一片抓落实声中落空”的积习。

“5W1H”本是一种计划工作的理论，即在制订计划中必须考虑做什么（What to do）、为什么做（Why to do）、何时做（When to do）、何地做（Where to do）、谁去做（Who to do）、怎么做（How to do）六个环节。在制订计划时通过厘清六个环节的内容，可以起到明确目标、目的、时间、地点和责任的作用。但是，这一过程缺少检查落实和实施结果评价等重要内容。要将其运用于抓好工作落实，必须对其进行改造创新。于是，我们增加了检查、评价等内容，并对其复杂过程进行了简化，从而创立了“四环节工作法”。

所谓“四环节工作法”，就是对各项决策和重点工作，都细化明确为“干什么事、谁去干、什么时间干到什么程度、干好干孬给个什么说法”。“四环节工作法”改变了过去那种只管决策，不管检查评价和奖惩的做法，使决策的实施成为一个完整的环环相扣的落实系统：通过明确干什么事，落实工作任务；通过明确谁去干，落实责任人；通过明确什么时间干到什么程度，落实时限和质量进度要求；通过明确干好干孬给个什么说法，落实检查、评价和奖惩。同时，通过检查得到的信息，及时调整工作目标和任务，更有针对性地安排下一轮“四环节工作法”涉及的内容。“四环节工作法”实施的关键是根据标准和要求对决策的实施进行检查、评价和奖惩，保证做到整个工作过程有部署、有责任、有检查、有评价、有奖惩。

通过实行“四环节工作法”，东营市各项工作的落实都收到了明显成效，并得到了社会各界的好评。2000 年 11 月 30 日，《人民日报》头版显著位置报道了东营的做法并配发了短评，在全国引起了强烈反响。

人民日报

RENMIN RIBAO

2000年11月 30

改善投资环境 改进服务体系 利用市场融资

西大力发展民营科技企业

事前有目标 事中有督促 事后有奖惩

东营实行政务责任督查制

根治形式主义要有硬办法

短评

三、创建什么样的体制机制

在连续破解两大难题之后，东营市的经济社会事业尤其是高效生态经济发展登上了大的台阶。但是，随着全国各地招商引资高潮的兴起，东营市招商引资先行一步的红利开始消退，高效生态经济发展面临着动力不足的严峻挑战。显然，解决动力不足问题，成为摆在东营市面前的第三个重大难题。

现在回忆起来，三驾马车拉动经济体制转型的思路，主要是在 2000 年年初到年底的解决动力不足的探索中逐步形成的。为了解决动力不足问题，我们在全市范围内深入开展了“三查找、三探讨”活动。一是查找开放中存在的问题，探讨如何加大对外开放力度。二是查找改革中存在的问题，探讨如何加大深化改革力度。三是查找管理中存在的问题，探讨如何加大经济管理力度。在查找和探讨活动中，大家认识到：在对外开放上，东营市虽然招商引资起步较早、成效较大，但在多层次、多渠道、全方位开放上仍然存在不少差距，对外开放的空间仍然很大，开放水平亟待提高；在深化改革上，虽然根据招商引资的需要，进行了诸多方面的改革，但都是小改小革，改革的进展仍然不适应形势发展的要求，亟待推出更大力度更深层次的改革举措；在经济管理上，虽然较之实施招商引资行动之前有所加强，但没有全面总结改革开放以来的经验教训，更没有适时将其成功做法上升到法规层面，往往是以临时政策代替制度建设，迫切需要强化法规建设。

在“三查找、三探讨”基础上，通过问计于民、请教专家和外出取经，我们终于找到了动力不足的根本症结和破解之法：根本症结在于开放、改革、管理不到位，尤其是三者之间相互脱节；破解之法在于把开放、改革、管理紧密结合起来，形成开放、改革、管理循环链条，使这三驾马车共同拉动经济体制转型。

三驾马车的主要内容和实现形式，在2002年1月出版的拙著《世纪抉择：黄河三角洲高效生态经济理论与实践》中作了如下表述。

三驾马车思路的形成，有其深刻背景。在东营市连续破解“发展模式”和“运作方式”两大难题之后，又在解决发展动力不足问题过程中，通过“三查找、三探讨”活动，终于形成了三驾马车拉动经济体制转型思路，从而为黄河三角洲高效生态经济的发展奠定了体制机制基础。

所谓三驾马车，就是把开放摆在先导位置，接着跟上有针对性的改革，同时着力强化经济管理。具体来说，就是通过开放，学习掌握运用国际规则和惯例；接着按照国际规则和惯例的要求，来审示我们的体制机制，并针对存在的问题采取改革措施；然后把开放和改革的成功做法上升到法规层面，并坚持下去，逐步建立起与国际接轨、运作高效、管理规范的管理体制和运行机制。也就是“以开放带动改革，以改革促进管理，以管理保障开放和改革”①。

1. **以开放带动改革**

拉动高效生态经济发展的切入点在哪里？这是东营市必须认真研究解决的首要问题。东营市委、市政府审时度势，决定把切入点放在进一步扩大开放上。可以说，这一决定是当时形成开放、改革、管理思路的关键。三驾马车新就新在以开放打头，把开放摆在了第一位。“开放打头”源于对国内外形势发展变化的深刻把握。一是黄河三角洲高效生态经济的发展，本来就是国外可持续发展理论引入我国实践的结果，要进一步推动高效生态经济的发展，就必须更好地学习借鉴发达国家可持续发展的经验，也就必须更大力度地推进对外开放。二是我国即将加入世贸组织，正在迫使对外开放格局发生重大变化，即由部分领域的开放转向全方位的开放，由不稳定的开放转向与国际接轨的开放，由过分强调国情的开放转向注重按国际规则和惯例办事的开放。“现在的世界是开放的世界。”② 不把开放摆在优先位置，就不能适应全国对外开放格局的重大变化。三是世界上发展较快的国家都是通过对外开放，拿来国际上特别是发达国家的行之有效的东西为其所用。我们在高效生态经济发展中，拿来发达国家好的经验和做法进行改造，不仅有利于较快地融于经济国际化，而且可以有效防止和避免走弯路。

2. **以改革促进管理**

开放是先导、改革是动力，发展黄河三角洲高效生态经济，必须在开放中深化改革。

第一，改革必须跟上开放。当时，我国即将加入世贸组织，对各方面

---

① 石军：《世纪抉择：黄河三角洲高效生态经济理论与实践》，济南：山东大学出版社 2002 年版。

② 《邓小平文选》（第三卷），北京：人民出版社 1993 年版，第 64 页。

改革提出了新的更高的要求。正如江泽民同志所指出的，“加入世贸组织是严峻的考验，政府管理经济的方式、企业经营机制、经济运行规则和环境等，都需要进行深刻的变革”[①]。就东营市而言，要适应对外开放格局的重大变化，加快高效生态经济发展，必须对照世贸组织规则和国际惯例，全方位地审视经济管理体制、企业经营机制、经济运行规则和环境等方面存在的问题，凡是与之不相适应的，都应纳入改革之列，都要进行深刻变革，也就是要以开放“倒逼”改革。

第二，政府职能必须转变。“世贸组织规则是针对各成员国政府制定的，入世首先是政府入世，改革首先是政府改革，必须通过改革促进政府职能转变。”[②] 东营市委、市政府为了适应当时扩大开放尤其是招商引资形势发展的需要，明确提出了“不建企业建环境，不投资金投政策，不管企业管服务”的行为规则。这里讲的“不建企业建环境”，就是政府不再直接投资建设新的竞争性企业，而把主要精力放在用经济手段调控经济运行，维护经济秩序，创造公平竞争环境上来。这里讲的“不投资金投政策”，就是凡要建设项目包括城建项目，都要按照经营城市的理念，能利用市场机制来运作和利用外来资金兴办的，政府一般不再投资，主要给予政策上的扶持。利津黄河公路大桥采取“BOT”方式运作，概算总投资2.2亿元，政府没有投入一分钱，创造了国内黄河大桥建设首例采用BOT方式运作、主跨最大、基桩最深、筹建及建设速度最快的“四个第一”。这里讲的“不管企业管服务”，就是企业内部的事情，一律由企业自己管；企业涉及的外部事项，政府积极搞好服务。按照上述规则要求，推进政府职能转变，收到了明显效果，得到了企业和社会各界的好评。

---

① 江泽民：《当前经济工作需要把握的几个问题》，载《论社会主义市场经济》，中央文献出版社2006年版，第569页。

② 迟福林：《中国：加入WTO与改革的新阶段》，载《广东技术师范学院学报》2003年第1期，第11—13页。

利津大桥 BOT 模式专栏

利津黄河公路大桥，位于山东省东营市利津县县城东南，西接 220、205 国道，东连东营至青州、济南至青岛高速公路。利津大桥 1999 年 6 月开工建设，2001 年 9 月正式通车，是当时全国黄河上主跨最大的桥梁，也是山东省设计主跨最大的桥梁。

利津大桥项目是山东省人民政府确定的 1999 年省定重点建设项目，采用国际上先进的“BOT”方式，即“建设—经营—移交”的模式及股份制方式筹资建设，为全国首例融汇社会力量投资建设的黄河特大型桥梁。利津大桥由山东省交通工程总公司负责具体建设，由山东利津黄河公路大桥有限公司负责经营，28 年的收费期满后无偿交付给利津县人民政府。

山东利津黄河公路大桥有限公司由山东高速集团有限公司（参股 65%）、东辰控股集团有限公司（参股 10%）、利津力能投资有限公司（参股 10%）、利华益集团股份有限公司（参股 7.4143%）、利津金鸿商贸有限公司（参股 3.0571%）、中国农业银行利津县支行工会持股会（参股 4.5286%）六家股东单位共同出资，注册资金 7000 万元，负责该桥的建设、经营与管理。

第三，企业经营机制必须转换。“入世的竞争，最终体现在企业的竞争。而企业是否具有竞争力，关键是企业的组织形式、运行机制是否符合市场经济规律尤其是国际规则的要求。如果不符合，企业的竞争力就会大大弱化甚至无法施展。”[①] 1998—2000 年，东营市紧紧抓住产权制度这个核心，采取多种形式推进企业改制。全市乡及乡以上国有和集体企业实施产权制度改革的达到 91%，改制企业的活力普遍得到明显增强。当时，东营

① 计保平：《论企业竞争优势的重塑》，载《北京行政学院学报》2006 年第 3 期，第 55—57 页。

市正在引导已改制企业解剖国际成功企业的组织形式和运行机制，按照建立现代企业制度的要求，加大改革力度，努力实现经营管理层控股、企业法定代表人持大股、企业职工自愿参股，加快实现投资主体多元化，并着力在深化、完善、规范、配套上下功夫；对未改制企业实行以股份制、股份合作制、兼并、出售、破产为主要形式的产权制度改革，力争一步到位，直接实现与国际规则的接轨，促其提高市场竞争力。

3. 以管理保障开放和改革

扩大开放和深化改革对于推进高效生态经济发展至关重要，而加强管理则是巩固和发展开放、改革成果的重要保障。如果管理跟不上，就不可能保持一个良好的环境，也就不能保障开放的扩大和改革的深化。因此，无论是对政府而言，还是企业来说，管理都是一个永恒的主题。必须依靠强有力的管理，把开放和改革的成果以法规形式固定下来，坚持下去，逐步建立与国际接轨、运作高效、管理规范的经济管理体制。[①] 基于这种认识，东营市突出抓了规范、高效、透明、有序等四个方面的制度建设。

规范，就是以国际规则和惯例为参照，制定和实施符合市情的相关规定和程序，尽可能使政府的经济管理方式、企业的管理机制、经济的运行秩序与国际规则和惯例基本接轨。

高效，就是提高服务意识和办事效率，即借鉴国际先进经验和做法，简化办事程序，减少周转环节。同时，积极推行电子政务，提高服务效率和监督的有效性。在这方面，东营市进行了成功的探索，建立了全方位、全过程督查考核机制。全方位就是横向到边，督查内容包括经济工作、精神文明和社会稳定等工作；督查对象包括市直各部门、各县区并延伸到市级领导班子。全过程就是纵向到底，事前有目标、事中有督查、事后有奖惩。同时，为了与督查制度相配套，东营市改革了会议和检查办法，在全市实行了“一会”、“一检”制，即全市同一类型的会议一年只开一次，并

---

① 石军：《世纪抉择：黄河三角洲高效生态经济理论与实践》，济南：山东大学出版社 2002 年版，第 158 页。

实行“无食宿会议制度”。过去需要半年左右才能陆续开完的近百个表彰会，改革后只需统一召开一个新闻发布会就完成表彰任务。每年涉及市里对基层的检查事项合并成一次综合检查，有关部门对企业的各种检查，改为联合集中年检。工作机制的不断健全完善，有力地促进了各项工作任务的落实。

透明，就是采取国际通行做法，实行公告制度，所有法规、政策都在指定媒体上公布，保证企业和个人能够随时了解。实行听证制度，建立统一的法律政策咨询机构，统一解释法规、政策的具体内涵，保证社会尤其是企业及时掌握和正确运用。推行和完善政务公开，凡需公开的内容，都将职责范围、办事程序、承办人、办结时限等予以公开，接受社会监督。

有序，就是保持安全、稳定的经济环境和社会环境。着力抓好整顿和规范市场经济秩序，严厉打击制假售假、偷税漏税、欺行霸市等不法行为，全面清理各项行政性收费，着力杜绝“三乱”现象的发生。同时，加强社会治安综合治理，确保社会政治持续稳定。另外，还注重加强公民道德建设，努力建设一个诚实信用的社会环境。

第二节
分析加入世贸组织面临形势
论证经济体制转型思路

在2001年之前的几年里，对中国加入世贸组织，各相关方面一直争论不休。有些同志认为，中国要更快更好地发展，必须尽快加入世贸组织；有些同志则过分强调冲击和挑战的一面，认为这是自找麻烦，甚至感到将要“大难临头”。

为了奠定良好的思想基础，抓住加入世贸组织的机遇，加快高效生态经济发展。东营市在2001年3月组织开展了四个题目的研讨：一是分析加入世贸组织的利弊得失，回答为什么要加入世贸组织。二是分析加入世贸组织对经济发展带来的机遇和挑战，研究提出趋利避害的对策。三是分析加入世贸组织对改革开放的要求，研究提出加快改革开放的措施。四是分析加入世贸组织对政府职能和经济管理的影响，研究提出转变政府职能和强化经济管理的办法。通过专家辅导和组织研讨，最终形成了“三个不行”的共识。

一、推进经济发展，不扩大开放不行

中国的对外开放是先于中国的经济改革，在1978年中共十一届三中全会之前开始的。在2001年之前的十几年里，中国采取“替代进口”、“出口导向”、建立经济特区等举措，一步一步地推进了对外开放，一步一步地促进了改革和发展。[①]

在这样的基础上，中国要不要通过加入世贸组织扩大对外开放？是只搞有限开放好，还是搞全面开放好？加入世贸组织是利大于弊，还是弊大于利？这些都是当时人们高度关注并亟待回答的重大问题。

1. 加入世贸组织对推动中国发展具有重大作用

在当时看，加入世贸组织对我国发展至少具有四个方面的推动作用：一是不仅可以拓展资源配置的范围，而且有利于发挥产业结构的比较优势。中国发展研究中心和世界银行曾就加入世贸组织对中国经济增长的影响做过模拟测算和定量研究。前者认为，到 2010 年，中国的 GDP 增长率将因加入世贸组织而提高 2.1%；后者的定量研究结果是提高 4%。[②] 二是既有利于改善外经贸条件和扩大出口业务，又可以通过引进先进技术和设备优化技术结构。三是不仅可以促进经济改革，而且有利于改善投资环

中国GDP规模的增长（2001—2012年）

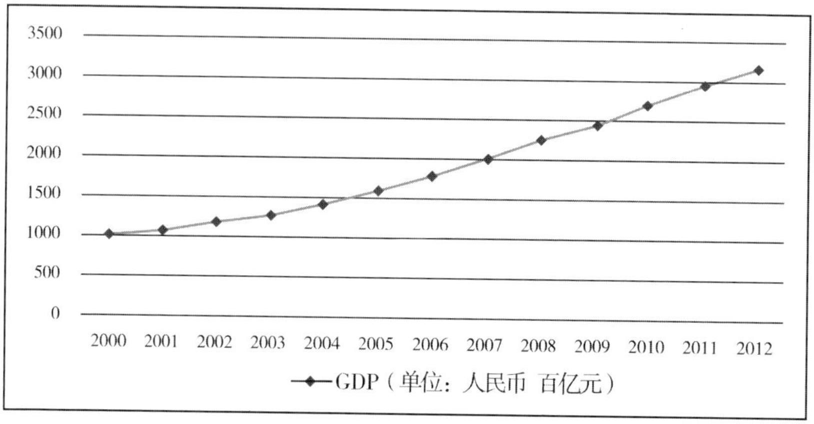

（数据来源：世界银行发展统计数据库）

---

① 门洪华：《从对外开放到全面开放》，载《科学社会主义》2008 年第 4 期，第 30—32 页。

② 国务院发展研究中心课题组：《加入 WTO 后的中国：调整、改革与竞争力的提升》，载《管理世界》2002 年第 6 期，第 3—18 页。

境。为了吸引外国直接投资，中国必须按照国际规则和惯例规范自己的相关法规和程序。同时，实行国民待遇后，原来投资主体受限制的市场准入条件也会得到相应的改善。四是有利于促进法律体系建设，更快实现与国际规则的接轨。

2. 加入世贸组织带来的挑战不可忽视

用一分为二观点看，加入世贸组织带来的挑战也是显而易见的。一是农业将会受到严重冲击。由于中国农业的生产、加工和流通经营规模小、成本高、市场化程度低、国际竞争力弱，按照世贸组织要求，必须大幅度开放农产品市场和大幅度降低对农业的贸易保护水平，进口管理手段将会受到严格约束，国内政策性支持空间也将受到限制，因而农业将会面临严峻的挑战。二是制造业将会受到严重影响。中国制造业的开放度和竞争力相比农业要高一些，在某些领域还具有一定的优势。但是，由于制造业企业相对分散、组织结构不合理，产品质量和效益不高，肯定会受到很大影响甚至较大冲击。三是服务业也会受到较大影响。长期以来，中国的服务业发展缓慢、水平很低、竞争力较弱。2000 年，中国服务贸易总额为 666.6 亿美元，仅占进出口总额的 14.0%；服务贸易的逆差则达 56 亿美元。根据世界银行专家 Ianchovichina 等人计算，中国全部市场准入承诺的平均数（“平均数”表明承诺减让表中已做出承诺的部门或服务提供方式的组合相对于最大可能组合比例）为 57.4%，明显高于其他国家（包括发达国家）在乌拉圭回合中提出的承诺。[①] 由此推断，加入世贸组织将对中国服务业发展造成广泛而深刻的影响。

3. 加快经济发展必须加入世贸组织

通过专家辅导和组织研讨，大家在三个方面取得了共识：一是加入世贸组织利大于弊，尽管加入世贸组织会在短期内对农业、制造业和服务业带来不同程度影响，但被冲击的农业产业会在扩大资源配置范围中得到调

---

① 国务院发展研究中心课题组：《加入 WTO 后的中国：调整、改革与竞争力的提升》，载《管理世界》2002 年第 6 期，第 3—18 页。

整优化；工业发展水平会在竞争中得到迅速提高，可能成为世界性的制造业基地；服务业也会在竞争中打破垄断、改善管理、提高效益，更加持续健康发展。二是加入世贸组织影响深远，既可以形成更加有力的“倒逼”机制，更大力度地推动经济体制改革；又可以促进经济发展方式转变，推动经济持续健康发展；还可以通过打破人们的陈旧观念，确立社会主义市场经济思想和法治观念。三是有利于推进黄河三角洲的开发和建设，黄河三角洲开发的可持续发展理念是对外开放后引进并推开的，高效生态经济的发展模式本身就是对外开放的产物，其运作方式和体制机制也是借鉴发达国家经验建立起来的。加入世贸组织将使中国在更大范围、更深层次上参与经济国际化进程，也必然会在更大范围和更深层次上推动黄河三角洲高效生态经济的发展。

二、扩大对外开放，不深化改革不行

经济改革和对外开放本来就是一对孪生兄弟。加入世贸组织后，中国实行全面开放政策，必然要求经济改革相应跟上。“扩大对外开放，不深化改革不行”的共识，就是从研究中国加入世贸组织的承诺入手，通过分析不改不行的道理而形成的。

1. 兑现改革承诺必须深化管理体制改革

中国加入世贸组织的承诺主要分为三类：第一类是涉及市场开放的承诺，包括货物贸易市场与服务贸易市场的开放；第二类是涉及出口方面的承诺，包括出口支持手段和出口商品在国外的待遇；第三类是为保障落实前两类承诺而做出的直接涉及体制改革方面的承诺。这三类承诺，涉及面相当广泛，任务量异常繁重，既包括国民待遇、透明度、贸易制度的统一实施，又包括司法审议、外贸权、进出口许可证程序，还包括国家定价、落实《与贸易有关的知识产权协议》（TRIPS）和《与贸易有关的投资措施协议》(TRIMS) 有关规定、标准和技术法规等诸多方面内容。[①]

从上述承诺条文可以看出，三类承诺中的绝大部分内容都直接涉及经济体制改革。一是必须对保护国内市场的传统方式进行改革。加入世贸组织前，我国的关税较高、配额较大，财政补贴也比较多。加入世贸组织之后，我国必须大幅度降低关税，取消配额等关税壁垒，取消不正当的财政补贴，有些与世贸规则相冲突的保护方式也必须彻底破除。这就是说，政府过去对国内市场的保护程度必须降低，一直沿用的保护手段基本不能继续适用，这就迫使我们改革保护国内市场的传统方式，探索建立符合世贸规则的保护国内市场的新方式。二是必须对提高产业国际竞争力的传统支持方式进行改革。改革开放以来，中国实行进口替代和出口导向相结合的发展战略，以政府对国内市场的保护和对出口产品的直接支持作为提高产业竞争力的重要手段。加入世贸组织之后，政府必须放弃保护市场、直接补贴等办法，进而转用维护公平竞争、保护和鼓励技术创新、降低社会交易成本等手段提高国际竞争力。也就是说，产业竞争力的提高必须真正转为依靠企业自身科技创新和管理水平的提高。三是必须对政府主导涉外经济管理的传统方式进行改革。加入世贸组织之前，我国涉外经济管理基本依靠政府主导，主要采取行政手段辅之以经济手段，很少运用法律手段。加入世贸组织之后，涉外经济管理法律和政策必须公开透明，政府必须由主导者转变为管理和服务并重角色。同时，政府不能再用传统方式去管理涉外经济，必须改用法律手段，按世贸规则和国际惯例进行管理。四是必须对政府涉外经济管理的职能进行改革。加入世贸组织之前，政府一直履行外贸权的审批、分配与发放配额、进口机电产品强制性招标审查等职能。加入世贸组织之后，政府原来履行的这些职能必须进行调整，分配和发放配额等职能必须取消，外贸审批必须相应弱化，进口机电产品强制性招标审查等必须转给相关经济组织。同时，诸如对国外进口产品的反倾销

---

① 薛荣久、杨凤鸣:《中国在世贸组织如何安身立命》，载《国际贸易》2011年第3期，第17—23页。

调查、与国外的贸易谈判等职能必须相应加强。

2. 兑现改革承诺必须加快配套改革步伐

在兑现加入世贸组织管理体制改革承诺内容的同时，也必须相应加快配套改革步伐。这是因为在经济全球化进程明显加快、各经济体之间开放程度不断提升的形势下，中国要获得加入世贸组织的预期效果，更好利用全球范围内的资金、人才、技术、信息等要素，充分发挥自己的比较优势，就必须加强基础设施、产业配套与服务支撑体系、制度环境等方面的建设，尤其必须打破地方和部门对国内市场的行政性分割，加快建立统一开放公平竞争的国内市场体系，创造各类企业公平竞争的社会环境。同时，必须相应加快财税体制、金融体制、科技体制、土地制度等方面的改革步伐。

3. 东营扩大开放更加需要深化经济改革

从上述两点可以看出，中国加入世贸组织必须相应跟上管理体制改革举措，必须加快配套改革步伐。否则，就难以适应加入世贸组织新形势和新任务的要求，也就难以抓住加快经济发展的历史机遇。对东营市而言，在中国即将加入世贸组织的新形势下，深化经济改革显得更为必要、更加迫切。东营市在山东省乃至全国较早提出“大开放、大开发、大发展”战略，虽然已得先行一步之效，但却因经济改革滞后于对外开放，而使这一战略的实施缺乏动力机制。在此情况下，如果不借助于中国加入世贸组织这一大势，加大经济改革力度，就会使大开放带动大开发和大发展的红利逐步消失。因此，抓住中国加入世贸组织的历史机遇，在扩大开放中着力深化改革，已经成为东营市推进高效生态经济发展的当务之急。在统一思想认识基础上，我们根据发展高效生态经济的要求，制定和实施了着力解决经济改革滞后于对外开放的办法，目的是通过推进经济体制改革，适应对外开放尤其是加入世贸组织新形势的要求。

三、深化经济改革，不强化管理不行

从改革开放启动到加入世贸组织，中国的经济管理水平已经有了明显提高，但从深化改革和扩大开放特别是加入世贸组织的需要看，经济管理仍然处于严重滞后状态，迫切需要提升经济管理水平。

1. 兑现管理承诺必须强化经济管理

从加入世贸组织的承诺和要求看，必须做好三个方面的工作。一是深化经济体制改革，加快政府职能转变。二是建立与国际规则相适应的法律体系，依法规范政府对市场的管理。三是建立维护国家经济安全管理制度和加强社会管理。这三项工作都与加强管理直接相关，其中的后两项本身就属于管理的范畴。

第一，政府必须依法管理经济。兑现加入世贸组织的承诺，意味着必须按照市场经济规则办事，而按市场经济规则办事，正是对政府依法管理经济的基本要求。这是因为市场经济是依法治理的法治经济，法治经济的主要推动者是政府。政府依法管理经济，主要体现为适应世贸组织要求，依据法律法规对经济实施管理。因此，必须按照建立市场经济体制的要求，确定政府的经济职能定位。具体说，就是按市场经济规律，实施宏观调控；按法治经济要求，制定市场规制；按市场规制，完善市场体系；按市场机制，改进收入分配；按服务市场主体要求，提供社会保障。同时，必须落实透明度原则，统一行政程序，规范行政权力。另外，需要加强执法和监管部门建设，建立相对独立的专业监管机构。

实现政府对经济的依法管理，对脱胎于传统计划经济体制中的政府而言，是一件十分重大而又非常艰难的事情。一是必须从根本上转变政府管理经济的思想观念，真正从管理为主转变为服务为主，从管理一切转变为有限管理，从政府说了算为主转变为市场配置资源为主，等等。二是必须从根本上改变政府管理经济的目标模式，真正将指令性目标改变为预期性指导和参考性调控目标。三是必须从根本上调整政府管理经济的主要职能，真正从大量的干预微观事务的管理转变为对经济运行的宏观调控，从注重发展速度转变为注重提高发展质量和经济效益。四是必须从根本上变革政府管理经济的手段，真正由行政手段为主转变为法治手段和经济手段兼用。

第二，必须尽快建立与世贸组织规则和国际惯例相衔接的经济法律体系。加入世贸组织意味着中国将在更大范围、更深层次上参与经济全球化进程，这就必然要求中国在更大范围、更深层次上建立与世贸组织规则和国际惯例相衔接的法律体系。建立这样的法律体系，主要是通过国内立法，积极稳妥地解决世贸组织协议和规则的国内使用问题。这就要求全面清理和修订现行的法律、法规和政策，切实落实市场准入和非歧视原则；加快反倾销、反补贴、保障措施和技术标准立法，将世贸组织协议和规则允许的保护手段法律化、制度化，并运用世贸组织规则所赋予的权力，维护国家利益和国内产业的正当权益。同时，必须建立健全立法机制，建立利益相关方参与立法过程机制，完善立法程序，加强立法工作的民主性和透明度，增强法律法规的统一性和公开性，并增强行政复议的效率和公正性。另外，需要适应世贸组织规则中司法审查原则的要求，完善我国司法审查制度，尤其要强化司法机关的独立性，提高司法效率，确保司法公平。[①]

我国自结束中美双边谈判之后，即着手国内相关法律制度的调整工作。在入世之前完成了《海关法》、《进出口商品检验法》、《外资企业法》和《著作权法》等 14 部法律，修订和制定了 37 部行政法规。同时，废止行政法规 12 部，停止执行有关文件 24 件，还制订、修改、废止国务院部门规章和政策 1000 余件。另外，地方共修改、废止法规、规章或停止执行相关文件 19 万件。

第三，必须切实维护国家经济安全。随着加入世贸组织的临近，建设维护国家经济安全的管理体系显得尤为迫切。这不仅是因为我国在开放程度较低的情况下缺少维护国家经济安全的法律法规，而且是因为加入世贸组织将使中国的开放度迅速提高而急需建立这样的管理体系。健全在开放中维护国家经济安全的管理体系，主要包括三个方面的内容：一是建立国

---

① 庞仁芝、张少军：《改革开放与中国国情》，载《珠海市行政学院学报》2008 年第 5 期，第 18—21 页。

家经济安全预警指标体系，及时监测国家经济安全形势，有针对性地提出相应的防范措施。二是建立维护国家经济安全的防范制度，尤其要注重科技、金融、国防等方面的安全制度建设，防范国际相关方面对我国经济可能产生的冲击。三是加强国际经济安全合作，通过维护国际经济安全秩序，促进国家经济安全目标的实现。

第四，必须强化社会管理。加入世贸组织也会对社会管理带来诸多方面的冲击，这不仅反映在社会就业、劳资关系上，也影响到职工权益、社会保障等方面。因此，必须加快创新社会管理方式，这包括：强化就业服务，允许职工合理流动，促进劳动力结构优化；建立有效的社会保障制度；规范劳资关系，加强工会建设，确保劳动者合法权益。

2. 兑现改革承诺必须依靠强化管理

兑现加入世贸组织的管理承诺，必须相应加强管理；兑现加入世贸组织的改革承诺，也必须跟上管理保障措施。

在兑现加入世贸组织的改革承诺中，强化管理具有至关重要的作用。这是因为，一方面，改革措施的落实，需要通过管理手段组织实施。如果改革措施确定之后，没有相关单位去组织相关人员按相关要求去实施，改革措施就落实不了。加入世贸组织的改革承诺量大面广，不仅涉及各个领域，而且涉及各方面人员，只有通过强有力的系统管理手段，才能把这一庞大的改革工程组织落实到位。另一方面，改革措施的落实，需要法律、法规保障。市场经济是法治经济，如果只用报告和文件去落实改革措施，不仅难以落到实处，而且也不能巩固和持久。只有运用法律法规手段，才能真正保证改革措施的落实，也才能持久起到作用。

3. 东营市必须加大管理力度

中国加入世贸组织，不仅对扩大开放和深化改革提出了迫切要求，而且对强化管理也提出了更高要求。对东营市来说，既需要适应全国形势的要求，切实加快政府职能转变，又需要根据本市实际，切实加大黄河三角洲可持续发展等相关方面的管理力度。具体来说，推进可持续发展不仅涉及到与联合国工发组织签订协议的落实，而且涉及兑现和诸多国家经济合作与交流的承诺，如不加大这些方面的管理力度，将直接影响可持续发展的进程。同理，落实与联合国工发组织签订的协议和与诸多国家的合作与交流承诺，也必须依靠管理来保障所采取的改革措施的落实，否则的话，也会直接影响黄河三角洲可持续发展。在统一这方面思想认识基础上，我们制订了与扩大开放和深化改革要求相匹配的管理行动方案，使管理保障的作用得到了进一步发挥。

第三节
总结经济体制转型经验教训
检验经济体制转型思路

为了检验三驾马车拉动经济体制转型思路是否具有可行性，我们邀请全国从事经济改革和管理工作的16位专家，根据实践是检验真理的唯一标准，边回顾总结社会主义国家改革尤其是中国改革开放以来的实践过程，边进行可行性论证。与会专家一致认为：三驾马车拉动经济体制转型思路不仅在实践中行之有效，而且在理论上也符合经济体制转型规律。

进入20世纪50年代，社会主义国家普遍遇到一个生死攸关的重大难题。这个难题就是对传统计划经济体制是固守，还是改革。固守，难以为继；改革，路在何方？时到中国即将加入世贸组织，将近半个世纪已经过去，这些国家求解的答案到底怎么样呢？大家在研究论证中，得出了三个方面的结论。

一、关起门来搞改革，搞不出什么名堂

社会主义国家的经济体制改革，在起步阶段基本上都经历了关门改革的过程。在这一过程中，不仅所有国家没有取得突破，有些国家反而付出了沉痛的代价。

1. 苏东国家关门搞改革的沉痛教训

为了走出已经陷入的经济困境，以苏联为代表的苏东国家先后针对传统计划经济体制的弊端进行了多种形式的改革。从苏联20世纪50年代赫鲁晓夫启动的改革，到60年代中期勃列日涅夫推行的新经济体制；从南斯拉夫实行的社会主义自治制度，到波兰哥穆卡尔的“波兰道路”；从匈牙

利卡达尔的“匈牙利模式”，到捷克斯洛伐克的“布拉格之春”，直到80年代经济体制改革的全面展开，这些国家对经济体制改革的探索一直没有停止过。但是，由于这些国家领导集体的思想僵化和对社会主义发展阶段以及所处时代的错判，致使其改革基本处于关门进行状态，改革的结果不是半途而废，就是走入了误区。

从苏联改革的过程看，赫鲁晓夫时期的改革，不仅没有击中传统计划经济体制的弊端，反而引发了经济混乱；勃列日涅夫时期的改革，只是搞了一些体制内的修修补补，不仅没有起到作用，反而使经济发展从停滞走向了危机。

南斯拉夫的改革，一直沿着体制内权力的下放路径向前推进。这种权力下放式的改革，虽然扩大了企业生产经营自主权，有效调动了劳动者的积极性，在一定程度上促进了经济发展，但由于权力下放过度分散，致使联邦政府调控能力大大弱化，最终导致了全国经济的混乱状态。

哥穆卡尔的“波兰道路”只进行了不到3年时间，就在国内外的重压之下，重新回到了优先发展重工业的老路上。接下来盖莱克实行的“三高”（高速度、高积累、高消费）政策，不仅没有取得任何成效，反而导致了债务负担的不断加剧，进而严重制约了经济的发展。同时，也加深了人民群众的不满情绪，造成了剧烈的社会动荡，最终导致了社会主义制度的瓦解。①

匈牙利起初实行的计划与市场相结合的模式，曾在20世纪60年代末和70年代初，取得过较快的增长速度，人民生活水平也得到过明显改善。但是，由于没有处理好两次能源危机，而使外贸遭到惨重损失，导致财政赤字大幅攀升。在此情况下，匈牙利政府大量向国外借债，从而使债务缠身，到80年代进入还债高峰期后，又导致经济一路下滑，最终陷入不可收拾的局面。②

---

① 朱晓中主编：《中东欧转型20年》，北京：社会科学文献出版社2013年版。
② 王逸舟：《匈牙利道路》，北京：人民出版社1987年版。

捷克斯洛伐克的“布拉格之春”夭折后，始终不敢触及传统体制的要害，更不敢打开国门搞改革。保加利亚、罗马尼亚等国家也曾采取过一系列改革措施，但都没有突破传统计划经济体制的桎梏，也都没有取得像样的改革成果。

苏联经济改革的失误，在东欧国家引发了“多米诺骨牌效应”，不仅出现了系统性的经济危机，而且出现了严重的社会动荡，最终导致了苏东各国的剧变。

2. 中国关门搞改革的艰难历程

从1949年中华人民共和国成立到1978年中共十一届三中全会召开之前，中国基本属于关门搞改革阶段。

从新中国初期到“文化大革命”前，中国经历了1950—1957年的国民经济恢复和“第一个五年计划”、1958—1960年的“大跃进”、1961—1965年的国民经济调整时期。总体来看，这一阶段改革和发展的主要特点是：好一阵坏一阵；有成绩、有经验，有失误、有教训。

毛泽东同志曾在全国解放前夕中共七届二中全会上指出：“中国的工业和农业在国民经济中的比重，就全国范围来说，在抗日战争以前，现代性的工业占10%左右，农业和手工业占90%左右。这是帝国主义制度和封建制度压迫中国的结果，是旧中国半殖民地和半封建社会性质在经济上的表现，这也是在中国革命的时期内和在革命胜利以后一个相当长的时期内一切问题的基本出发点。”① 现在看，毛泽东同志对中国国情的这一基本分析是符合当时客观实际的，中央也是依据上述分析来指导国民经济恢复时期和第一个五年计划时期经济工作的，经济和社会的发展确实收到了明显的成效。经过三年努力，全国就恢复了遭受战争严重破坏的国民经济，1952年全国的工业生产已达到历史最高水平。接着，党中央提出了“过渡时期总路线”，并据此制订了第一个五年计划。由于路线正确和计划可行，“一五”计划的实施取得了更大成果。统计显示，工农业总产值年均增长

---

①《毛泽东选集》（第4卷），北京：人民出版社1966年版，第1320页。

10.9%，国民收入年均增长8.9%，经济效益明显改善，人民生活也得到相应提高。但是，这一时期的后一阶段，由于头脑发热，在经济建设上开始产生了较为严重的脱离实际、急躁冒进倾向，出现了社会主义改造要求过急、具体操作工作过粗、所有制改革过快且形式单一的偏差。①

在“大跃进”时期，脱离实际、急躁冒进倾向越发严重。在思想上表现为，忽视我国仍然是一个人口众多、经济落后的国家这一基本国情，夸大主观努力的作用，骄傲自满、急于求成的情绪日益高涨；在经济发展上表现为，盲目追求高速度，实行“以钢为纲”方针；在生产关系上表现为，大办人民公社，一味追求“一大二公”。在这种思想上、经济发展上和生产关系上发展起来的“大跃进”，使以高指标、瞎指挥、浮夸风和“共产风”为主要标志的“左”倾错误严重泛滥，导致国民经济比例严重失调和经济发展速度大起大落，也使党和人民的事业受到重大损失。②

1960年冬，中央在总结吸取“大跃进”教训的基础上，确定了“调整、巩固、充实、提高”的方针。根据这一方针，全国开始着力调整国民经济比例关系，并对人民公社实行“三级所有、队为基础”。同时，采取压缩积累、优先保证人民基本生活需要等措施，使国民经济出现了转机，得到了恢复性增长。据统计，1963—1965年，全国农业总产值、工业总产值和国民收入年均分别增长了11.1%、17.9%和14.7%。

1966年5月开始的“文化大革命”，使国家持续动乱了10年。在这10年之中，经济上的“左”倾错误达到了登峰造极的程度。在发展目标上，更加片面追求产值；在比例关系上，更加强调“以钢为纲”；在生产关系上，更加倡导“穷过渡”、“割资本主义尾巴”；在人民生活上，更加推崇平均主义；在对外关系上，更加实行闭关锁国政策，大批“洋奴哲学”、“爬行主义”。在这10年之中，生产秩序遭到了严重破坏，国民经济走到了

① 胡鞍钢：《中国政治经济史论》，北京：清华大学出版社2008年版。

② 中共中央党史研究室编：《中国共产党历史（第2卷）》，北京：中央党史出版社2011年版。

崩溃边缘。仅据1974—1976年的大体估计，与正常发展速度相比，全国就少创造工业总产值1000亿元、钢产量2800万吨、财政收入400亿元。[①]

中国经济发展增长率（1949—1976年）

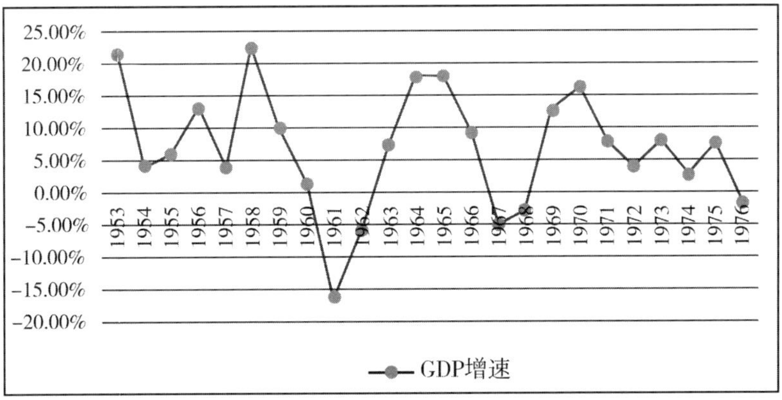

（资料来源：wind资讯金融终端）

3. 关门搞改革为什么不能成功

前些年，许多国内外学者撰写过一些专门研究苏东国家和中国初始阶段改革的专著，从不同角度剖析了改革不成功的若干原因，比如，执政党“左”倾思想严重影响，追求“一大二公”和高速度，严重脱离基本国情和群众要求，等等。这些分析都有道理，而在我看来，关门搞改革也是一条重要原因。

苏东国家的改革半途而废，中国的改革没有取得成效，其共性原因主要有三点。

第一，在思想上没有找准改革方向。这些国家的执政党，一直认为计划经济是社会主义优越性的主要特征，对属于社会主义特征的东西只能坚持，不能动摇，更不能变革。在这种思想指导下，自然把改革的方向和着力点放在了巩固和完善计划经济体制上。这就使改革成了南辕北辙的行

① 李成瑞：《十年动乱期间我国经济情况分析：兼论这一期间统计数字的可靠性》，载《经济研究》1984年第1期，第23—31页。

动，越是要巩固完善计划经济体制，就越使其弊端凸显，也就愈加阻碍生产力发展。

第二，在措施上未能击中传统体制要害。参照苏联模式建立起来的中国计划经济体制，在运行过程中早已暴露出不少弊端。对此，以毛泽东同志为核心的第一代领导集体在20世纪50年代中期就已有所认识。毛泽东同志在《论十大关系》中曾经明确指出，“我们不能像苏联那样，把什么都集中到中央”，“应当在巩固中央统一领导的前提下，扩大一点地方权力，给地方更多的独立性，让地方办更多的事情”。毛泽东同志还曾讲到工厂在统一领导下的独立性问题，他指出：“工厂的权益究竟应当各有多大才适当，我们的经验不多，还要研究。”[①] 在此之后召开的中共八届三中全会，确定对国家行政管理体制、工业管理体制、财政体制进行“行政权力下放”改革。随后，中央将部分国有企业管理权、计划物资管理权、基本建设审批权、投资和信贷管理权、财政税收管理权下放给了地方政府，还相应减少了工业指令性计划指标，对企业实行利润留成等“放权让利”措施。但是，这些尝试由于被错误地认为是造成经济混乱的根源，实行不久就遭到了否定，并在60年代初重新恢复了高度集中的经济模式。这种“放权让利”措施，在“文化大革命”中又实行过一段时间，改革开放初期也曾沿用过这样的措施。从当时情况看，这种措施是有一些效果的，但由于没有坚持下去，尤其是没有真正击中计划经济体制的要害，所以不可能取得实质性成果。

第三，在行动中缺乏改革倒逼机制。苏东各国和中国的“放权让利”式改革，虽然也是在基层尤其是企业的强烈要求下进行的，但其倒逼压力较小，难以从根本上触动执政党的思想路线和行政纲领。导致这种状况的一个重要原因是：执政党看到的只是计划经济体制的弊端，而看不到计划经济体制弊端产生的根源，特别是感受不到市场经济体制的优势和长处，只能在实行计划经济体制的国家之间相互比较，只能搞一些修修补补式的

---

① 毛泽东：《论十大关系》，北京：人民出版社1976年版，第8—9页。

改革。这样的改革必然是皮毛的，而不会是深刻的；必然是时进时退的，而不会是持续的。这表明，不打开国门进行计划体制和市场体制之间的比较，没有外在的体制压力，就难以形成统一的思想认识，更难以形成有力的倒逼机制。毫无疑问，既缺乏思想基础，又缺乏倒逼机制的改革，肯定搞不出什么名堂。这正如邓小平同志在总结中国近代以来落后挨打教训基础上，深刻指出的“现在的世界是开放的世界。中国在西方国家产业革命以后变得落后了，一个重要的原因就是闭关自守。……三十几年的经验是关起门来搞建设是不行的，发展不起来。发展经济，不开放是很难搞起来的。”①

哲学的基本原理告诉我们，任何事物的变化，都是在内因和外因的相互作用下发生的，内因是变化的依据，外因是变化的条件，内因是通过外因的作用而发生变化的。② 传统计划经济体制的变化也是这样，一直关起门来搞改革，没有外部市场经济的冲击，形不成强有力的倒逼机制，自然不会使传统计划经济体制发生根本性变革。

二、打开国门搞改革，才能搞出成果来

中共十一届三中全会之后，特别是加入世贸组织以来，中国的经济体制改革取得了重大突破，其直接原因就是打开国门搞改革，充分发挥了开放倒逼改革机制的作用。

1. 对外开放打破关门改革桎梏

中国的经济体制改革是在对外开放启动之后而逐步展开的。

据国务院港澳办公室统计，从 1978 年 1 月至 11 月底，经香港出国和去港考察的人员就达 529 批 3213 人。其中，中央政府先后派出的三路考察

---

①《邓小平文选》第 3 卷，北京：人民出版社 1994 年版，第 78—79 页。

②《毛泽东选集》（第一卷），北京：人民出版社 1991 年版，第 299—337 页。

团，被称为共和国对外开放的三路“侦察兵”。[1] 第一路是 1978 年 4 月受国务院副总理谷牧同志委派，国家计委和外贸部组织赴香港和澳门的贸易考察团；接着，中央又派李一氓、于光远同志带队的第二路考察团赴南斯拉夫考察，顺访罗马尼亚；5 月，中共中央、国务院派出谷牧同志亲自率领的省级干部代表团，赴法国、德国、瑞士、丹麦、比利时等西欧五个国家考察，这是共和国成立以来向发达资本主义国家派出的第一个国家级政府经济代表团。考察结束后，谷牧同志向中央政治局汇报了三个方面内容：一是第二次世界大战后西欧国家的经济确有很大发展，这些国家在科技进步、经济运行和社会化大生产的组织管理方面有很多值得中国借鉴的经验，与这些国家相比，我们大大落后了，形势咄咄逼人。二是这些国家大都对华友好，它们的商品、资金、技术要找市场，都看好与中国的合作发展。三是国际经济运作中有许多通行的办法，如卖方信贷、买方信贷、补偿贸易、合作生产、吸收外国直接投资等，我们都可以选择采用。上述考察给党和国家决策者带来了极大的思想震撼，他们强烈意识到，在长期闭关锁国的情况下，中国与世界发达国家的差距大大拉开了，不抓紧时间开放实在不行了，从而为十一届三中全会决定实行改革开放国策奠定了良好的思想基础。

国家计委、外贸部组织的香港、澳门考察团探讨的内容是，弹丸之地的港澳经济为什么会飞速发展？考察团为繁荣发达的香港经济所震撼，为祖国内地经济濒临崩溃而扼腕痛惜。港澳同胞强烈呼吁内地尽快对外开放的肺腑之言，更使他们产生了强烈的紧迫感和危机感，从而形成了中国必须开放，不开放就没有出路的共识。考察团向中央递交的《港澳经济考察报告》，在中国最高决策层及省级层面引起了极大反响。广东省毗邻港澳，其地理位置可谓近水楼台。广东省委提出，学习借鉴港澳经验，尽快把经济发展搞上去，并正式向中央提出了允许广东“先走一步”，利用临近港

---

① 彭森、陈立等：《中国经济体制改革重大事件（上）》，北京：中国人民大学出版社 2009 年版，第 28 页。

澳的有利条件搞出口加工区的请求。广东的请求在中央政治局会议上引起激烈争论。有些同志认为，广东的建议是可行的，是发展社会主义的行动；有些同志则认为，这样做不符合社会主义要求，这样搞会形成资本主义。邓小平同志在分析广东建议的可行性之后，明确表示："这样搞不会形成资本主义。"

大批考察人员尤其是三路"侦察兵"的广泛外出考察，基本形成了缩小中国与发达国家和地区差距，必须实行对外开放，必须进行经济改革的共识。在邓小平同志的力主下，中央工作会议最终同意了广东省及福建省的要求，决定在广东的深圳、珠海、汕头、福建的厦门等地试办出口特区。这个试办出口特区的决定表明，对外开放打破了关门改革的桎梏，也标志着对外开放举措的正式开启。

2. 对外开放为深化改革提供动力

在打开国门看世界的过程中，我国发现了与外部世界的巨大差距，由此带来了强大的危机感，并形成了启动改革的强劲动力。

对外开放为经济改革提供动力，主要体现在两个方面：一方面是有利于中国有效利用国际市场，为国内改革和发展提供宽泛的回旋余地。我国的改革是前无古人的重大变革，这种变革的推进肯定会遇到波折和阵痛。如果这些波折与阵痛都集中在国内市场上的话，无疑会因市场的波动而加大改革的难度，进而影响经济的发展。通过开放打开国际市场，不仅可以在一定程度上分担改革的成本，而且可以扩大发展的回旋余地。改革开放之初，我国自身发展资本严重不足，直接影响了经济的发展，而在1978—1994年的16年间，就通过大量引进外资实现了从资金不足到资金相对充裕的转变，极大地推进了经济的快速发展。同时，对外开放也有效地缓解了就业压力。以纺织业为例，2004年在全国纺织业直接就业者共有1900万人，其中在出口企业的就业者就达600多万人。另一方面是开放起到了倒逼改革的重大作用。前面已经讲过最早试办出口特区的倒逼过程，后来扩大的14个沿海开放城市，再后来设立的上海浦东开发区、天津滨海开发区，一直到最近设立的中国（上海）自由贸易实验区，都是开放倒逼改革的结果。之所以这样讲，主要是因为这些各种名目的“市”和“区”，都是循着开放倒逼改革，再到推广改革经验的路径展开的。正是由于十一届三中全会之前的诸多外出考察团奠定了对外开放的思想基础，才会形成在广东和福建试办出口特区的决定；正是由于试办出口特区推进了改革和发展，才有了随后扩大的14个沿海开放城市；正是由于这些特区和开放城市创造了成功的经验，才在全国深入推进了经济体制改革。

3. 深化改革仍然要靠对外开放促进

对于过去多年开放倒逼改革的路径，大家基本没有多少疑义，但对今后开放能否倒逼改革，人们的认识则不尽一致。有人认为，开放倒逼改革的动力已经消失，改革必须寻求新的动力；有人认为，开放倒逼改革不仅没有结束，反而面临着更加艰巨的任务；有人认为，开放倒逼改革仍有较大动力，但也需要注重凝聚广大人民群众推动改革的合力。笔者认为，应该把对外开放的动力和人民群众的合力汇聚在一起，共同推进经济体制改革。

第一，我国的对外开放既面临重大机遇，又面临严峻挑战。机遇主要表现在：对外开放还有很大空间，还面临着艰巨复杂的繁重任务。中国成为世界第二大经济体，并不表明已经实现全方位开放。在中国已经融入经济全球化的今天，对外开放的领域应当更宽、对外开放的力度应当更大、对外开放的水平应当更高、对外开放的作用应当更强，由此带来的动力也应当更足。目前，我国正在逐步推进的人民币国际化就是很好的例证。人民币国际化是一个基本趋势，也是中国全面走向世界的一个重要标志。随着中国经济规模的不断壮大和融入经济全球化程度的不断加深，国际社会对人民币的需求不断增长，中国应当积极推动人民币国际化。而要加快推动人民币的国际化，就必须加快金融体制的改革，这就在客观上形成了开放倒逼改革的强大动力。近年来，中国不断加大教育、医疗等公共服务业发展的力度，但由于缺乏改革的动力而进展缓慢，这就迫切需要加大这些领域的开放力度，引入国际竞争，增强倒逼改革的动力。

对外开放面临的挑战，主要表现在环境保护和科技创新等方面。环境问题是全人类共同面临的挑战，更是摆在我国面前的重大难题。向国际社会明确承诺减排目标，既是我国应该承担的国际责任，也是我们必须着力推进的巨大工程。这就需要通过扩大开放来加强国际交流与合作，这也必然形成开放倒逼改革的压力和动力。科技创新是各国抢占经济发展制高点的重要法宝，西方发达国家正在凭借自己的人才和经济优势，开足马力展开重大项目攻关。我国本来就已落后于他们，如果不奋起直追就会使差距越拉越大。而要尽快缩小差距，最重要的是借助对外开放推进科技体制改革。另外，要在国际货币基金组织等国际组织中获得更大的发言权和影响力，就必须进一步深化国内金融体制改革；要减少与其他国家的贸易摩擦与贸易纠纷，除了充分利用国际规则保护自身权益之外，更重要的是推进外贸体制改革。[①]

从以上所述可以看出，无论是抓住机遇还是迎接挑战，都要靠对外开放为深化改革提供动力。从这一角度讲，开放倒逼改革的动力不是弱了，而是更强了。

第二，只有通过开放促进改革，才能实现我国法律、法规与国际规则的接轨。近几年，我国开始从注重“引进来”向注重“走出去”转变，在这个转变过程中遇到了诸多方面的制约和障碍。形成这些制约和障碍的直接原因是，我国某些方面的法律、法规与国际规则不衔接、不协调，主要根源在于支撑走出去的开放型经济体制还不健全。例如，印度承接的服务外包占全球市场的60%以上，中国则只占印度的20%左右，[②] 其中重要的原因就是我国支持服务业发展的体制机制不健全，还不能为服务业走出去提供有力支撑和保障。这表明“走出去”的这种开放需求，将成为倒逼国内法律、法规与国际规则接轨的重要动力。

第三，只有把对外开放提供的动力和人民群众的合力凝聚在一起，才

---

① 石军：《找准立足点，抓住着力点，凝聚拉动力，加快推进经济体制转型》，载《天津大学学报（社会科学版）》2013年第6期，第481—486页。

② 数据来源：中国服务贸易指南网，http：//tradeinservices. mofcom. gov. cn/i/2011－10－28/93891. shtml。

能有力推动改革。目前，中国的经济体制改革已经进入攻坚阶段。在这一阶段，各种矛盾错综复杂，各方利益相互交织，各种思想极为活跃，各种行为亟待统一。在此情况下，只有统一大家的思想认识，充分调动广大干部群众的积极性，尽快凝聚全国人民群众的合力，才能有力推动对外开放，才能用好开放倒逼改革的动力，才能更大力度地推进经济体制改革。否则，全国人民群众的合力凝聚不起来，对外开放就难以推进；对外开放推进不了，开放倒逼改革就是一句空话。

三、管理水平上不去，开放、改革成果就会大打折扣

在人类一切组织活动中，管理无处不在、无时不有。同样，在开放、改革过程中，管理也是须臾不可离开的手段。改革开放的实践告诉我们，经济管理具有极为重要的地位和作用，它不仅直接关系到开放和改革举措能否得到落实，而且直接关系到开放、改革成果能否巩固和发展。遗憾的是，在改革开放过程中，我们没有把管理放在应有的位置，更没有充分发挥管理在开放和改革中的作用，致使开放、改革的成果大打折扣。

1. 政府越位、错位和缺位的教训与影响

在改革开放过程中，政府的经济管理水平不断提高，但也存在诸多亟待解决的问题。一是政府越位的问题仍然比较突出。这主要表现在，政府对企业尤其是国有企业干预过多，对下级政府管得太细，对企业和下级政府的管理过度运用行政手段等方面。二是政府错位的问题严重存在。主要表现在，政府对市场不放心、不放手等方面。改革开放以来，中央政府及地方政府虽然连续取消和下放了诸多应该取消和下放的权力，但仍有一些应该回归市场的重要权力没有回归。三是政府缺位的问题远远没有得到解决。公共服务、市场监管和环境保护仍不到位，孩子入托和上学及群众就医、住房等难题仍然没有得到根本解决；因市场监管不力而导致严重损害群众健康甚至生命安全的问题时常出现。政府越位、错位、缺位在房地产调控问题上表现得尤为突出。近些年，政府对房地产调控确实花了很大力气，但却没有花在点子上，当房价过高时，政府马上下达限价限地令；当

困难群众反映住房困难时，政府很快出台廉租房、经济适用房政策；当出现大批炒房客时，政府迅速采取限购措施。政府对房地产调控不可谓不重视，但为什么如此重视而没有取得明显成效呢？根本原因在于过分注重行政手段，而没有充分发挥市场配置资源的作用。①

2. 企业管理弱化的表现及其危害

回顾我国企业改革开放的过程，最大的遗憾是管理没有紧紧跟上，导致用了很大功夫、花了大量资金引进的市场化运作办法和若干先进设备，没有能够充分发挥应有的作用。20 世纪 90 年代，我国啤酒生产企业近 2000 家，其中 1/3 的厂家花大价钱引进了先进生产线，但由于先进设备被落后方式管理，导致若干企业在激烈竞争中濒临倒闭。这时，山东的青啤集团开始大显身手，短短几年内就收购了 40 多家生产设备先进而管理落后的企业，青啤集团也由此变大。但是，过了不久这个庞然大物也遇到了严峻挑战，这就是收购过来的企业与原有企业如何提高规模效益问题，由于他们又打了一场以强化管理为核心的优化重组攻坚战，从而才开始了青啤集团由大变强的征程。② 这个例子说明，管理差了，濒临倒闭；管理好了，发展壮大。这在正反两个方面都证明了强化管理的极端重要性。徐浩然、张俊杰合著的《错悟》一书，对现代企业经营中的"错案"进行了国学解剖。从书中解剖的"错案"可以看出，企业倒闭的主要原因不在企业外部，而在企业内部，在于管理出了问题。多数企业犯了因"贪大、贪多、贪巧、贪快、贪阔"的管理决策错误而招致失败，也有一些企业是诚信缺失甚至违法违规而导致失败的。③

3. 管理滞后于开放和改革的主要原因

管理滞后于开放和改革，有其客观因素。由于管理行为一般表现为法

---

① 李克强：《我国私营经济发展中的"政府缺位"》，载《中国工业经济研究》1994 年第 2 期，第 43—45 页。

② 高磊、徐玮：《重登王位：青岛啤酒的战略扩张之路》，载《企业管理》2003 年第 3 期，第 66—71 页。

③ 徐浩然，张俊杰：《错悟》，北京：企业管理出版社 2009 年版。

律、法规的实施行为，而法律、法规的制定一般要滞后于开放、改革。也就是说，先由开放打头，接着由改革突破，然后才能将开放、改革创造的成功经验和做法上升到法律、法规层面，最后才能依法进行管理。但是，这不是管理滞后的全部原因，管理滞后于开放和改革还有诸多方面的主观原因。

第一，重开放、改革而轻管理的思想一直存在。长期以来，我们牢牢抓住开放和改革不放松，而很少强调管理的重要性和紧迫性；树立了若干方面的典型，却很少见到管理方面的典型；出台了诸多鼓励开放和改革的优惠政策，而很少制定鼓励搞好管理的政策。当然，在许多方面，管理与开放和改革是难以分开的，但不重视管理的思想也是显而易见的。

第二，管理与开放和改革脱节。开放和改革行动要靠管理手段落实，其成果也要靠管理巩固和发展。具体来说，就是管理渗透于开放和改革，起着组织和保障落实作用；开放和改革的成功经验，需要上升为管理规则，并依靠管理规则的实施来巩固开放和改革的成果。管理这一对开放和改革来讲须臾不可离的手段，却时常因为被人们忽视，而导致与开放和改革相脱节，难以发挥应有的作用。在现实经济活动中，我们经常看到：政府出台的政策与法律、法规不一致，有的甚至相互矛盾；部门之间推出的开放、改革、管理措施相互打架；就是一个部门出台的开放和改革政策，也与管理规则不相匹配。这种状况，既影响了开放进程，又影响了改革深化，还影响了法律、法规建设，应该引起高度重视并应予以着力解决。

第三，管理水平亟待提高。我国与发达国家相比，在诸多方面的差距，不是差在硬件上，而是差在管理上。管理上的差距则主要差在管理水平上。我们企业的不少经营管理者不太注重学习先进的管理理念和方法，有的甚至习惯运用家族式管理方式；政府的一些公务员整天忙于具体事务尤其是项目审批，很少研究和运用现代化管理方式，有的甚至沿用传统计划经济时期的一些管理办法。这不仅直接影响了管理水平和效率的提高，而且影响了开放和改革的有序有效推进，还损害了开放和改革取得的成果。

第二章

三驾马车拉动经济体制转型原理的基本内涵

第一章着重叙述了三驾马车拉动经济体制转型思路的形成、论证和检验过程。那么，要把三驾马车拉动经济体制转型思路转化为理论转得通吗？回答是肯定的。

将三驾马车分开来说，就是开放、改革、管理这三个要素。简单说，开放，就是打开国门对外合作与交流；改革，就是革除体制机制弊端；管理，就是有序组织改革开放并巩固和发展其成果。由此可见，开放、改革、管理都与经济体制转型直接相关，都是拉动经济体制转型的重要手段。因此，由传统计划经济体制转为社会主义市场经济体制，不能只靠深化改革这一手段，还必须运用开放和管理这两种手段。

三驾马车拉动经济体制转型原理，是由经济体制转型的本质规律和方法论构成的。本质规律体现在：传统计划经济体制的弊端迫使转型，生产力水平和发展要求决定转型，社会性质决定转型必须坚持中国特色社会主义和市场化取向。

三驾马车拉动经济体制转型原理之中所含的方法论，不仅集中体现在本章论及的三驾马车的逻辑关系、行进方向和牵引作用上，而且其他各章都讲到了经济体制转型的方法论。

第一节
开放、改革、管理的基本概念和对经济体制转型的拉动作用

这里讲的“开放、改革、管理”，不是通常讲的三个词的宽泛概念，而是属于经济范畴的“开放、改革、管理”。只有弄清这三个词的经济概念，才能弄清它们分别对经济体制转型的拉动作用。

一、对外开放的基本概念和拉动作用

1. 对外开放的基本概念

我们通常讲的对外开放，是指一个国家由封闭型经济转为开放型经济的过程。这一过程是放宽准入政策、取消相关限制、开放国内市场的过程。或者说，它是一个国家积极主动地扩大与各国之间的经济交流与合作，持续不断地融入经济全球化的过程。

具体来说，对外开放主要包括九个方面的内容：一是注重发展对外贸易，积极占领国际市场。二是引进国外先进技术和设备，特别是有利于企业发展的先进适用技术。三是有效利用外资，包括吸引外商直接投资，积极兴办合资、合作和外商独资企业。四是学习和借鉴外国先进经验。五是积极开展对外工程承包和劳务合作。六是开展互利合作并合理进行对外经济技术援助。七是科学设立经济特区和保税区、自贸区等对外开放载体。八是努力争得在国际上的话语权和规则制定权。九是维护和保障本国利益，积极承担应尽的国际责任。

2. 对外开放的拉动作用

对外开放是中国的基本国策。实行这一基本国策，是由我国社会主义

初级阶段的基本国情和经济全球化趋势所决定的，也是建立社会主义市场经济体制和促进国民经济发展的必然要求。1978 年之前，我国长期处于封闭半封闭状态，极大地限制了生产力的发展，致使经济社会发展大大滞后于发达国家，远远落在了世界潮流的后面。1978 年以来，我国对外开放取得举世瞩目的成就，不仅有力地促进了经济社会发展，而且有效地推动了经济体制改革，还使我国的国际地位和影响力得到较大提升。我们应当始终坚持对外开放基本国策不动摇，更大力度地推进落实对外开放战略，不断拓展新的开放领域和空间，努力提升开放型经济水平。

开放与改革，两者相辅相成，不可偏废。1978 年以来中国发展的进程，就是一个冲破自我封闭走向世界的过程，也是一个积极参与全球化的过程。把国内改革与对外开放有机地结合在一起，反映出中国决策者对所处时代的深刻理解和准确把握：在经济全球化的背景下，国内事务与国际事务已经不可分割地联系在一起，对内改革和对外开放其实是一个硬币的两面。[①] 我们正在着力完善的社会主义市场经济体制，是我国社会制度与市场机制有机融合的产物。它既要符合中国的基本国情和广大人民群众的意愿，又要符合市场经济规律和经济全球化趋势。要符合前者，必然要求在坚持和完善社会主义制度的原则下，大力推进经济体制为牵引的各个领域的改革；要符合后者，必然要求大力推进全方位对外开放，建立开放型经济体制。因此，对外开放与经济改革同等重要，绝不能忽视对外开放拉动经济体制转型的重大作用。

3. 对外开放不能停步

历史经验和现实生活都告诉我们，无论是资本主义国家还是社会主义国家，无论是发达国家还是发展中国家，要更好更快发展，就必须实行对外开放政策，就必须持久地推进对外开放。尽管我国的对外开放已在诸多方面取得重大进展，但在开放广度和深度上仍然存在较大差距，仍然具有

---

① 俞可平：《全球化与全球治理》，北京：社会科学文献出版社 2003 年版，第 26 页。

很大空间，并且经济全球化是一个世界趋势，只有持之以恒地扩大开放，才能顺应这一趋势，不断推进我国经济持续发展。

从目前看，扩大对外开放至少需要在四个方面下功夫。一是拓展开放领域。应在巩固和发展现有开放领域基础上，逐步拓宽到能源、交通等基础产业以及金融、保险、科技、教育、文化、服务业等领域。二是放宽投资准入。需要在统一内外资法律、法规，保持外资政策稳定、透明、可预期基础上，推进金融、教育、文化、医疗等服务业领域有序开放，并逐步放开育幼养老、商贸物流、电子商务等服务业领域外资准入限制。三是加快建设同有关国家和地区合作发展的区域经济组织。在世贸组织谈判陷入僵局、全球贸易体系日趋碎片化的今天，欧美发达国家及部分发展中国家都在高度重视和发展区域经济组织，我国应该加快海陆丝绸之路谈判进展，大力提高对外开放的深度和广度。四是加快自由贸易试验区建设。要在着力建设中国（上海）自由贸易试验区的同时，积极创造可复制可推广的经验，尽快选择若干具备条件的地区开辟新的自由贸易园（港）区。

二、经济改革的基本概念和拉动作用

1. 经济改革的基本概念

我们通常讲的改革，是指改掉那些存在明显问题的、落后的、不合理的、不合时宜的部分，使之更加合理完善、更加符合发展趋势。这里讲的经济改革，是指为完善现行经济乃至政治制度而对不适应生产力发展要求的经济基础和上层建筑所进行的变革。更具体一些说，经济改革就是革除现行经济体制不适应生产力发展要求的东西，使其更加符合生产力水平和发展要求，从而达到解放和发展生产力的目的。

改革和革命有着本质的区别。改革的社会背景相对平和，而革命的社会背景处于动荡；改革是执政党和政府积极推进的变革行动，而革命则是群众自发的暴力方式；改革是为了巩固和完善现行的社会制度，而革命则是为了推翻现行制度；改革有利于解放和发展生产力，而革命则会对生产力造成破坏。

人类社会从来没有一成不变的经济制度，变是绝对的，不变总是相对的。这是因为任何社会制度都有一个共性的顺应生产力发展要求的任务，都必须根据生产力发展的要求调整与其不相适应的生产关系。社会主义社会也不例外，也必须根据生产力发展的要求不断进行改革。正如恩格斯所说：社会主义社会"不是一种一成不变的东西，而应当和任何其他社会制度一样，把它看成是经常变化和改革的社会"。①

实现由传统计划经济体制转为社会主义市场经济体制目标，需要革除计划经济体制的种种弊端；而要革除计划经济体制的弊端，必须依靠经济体制改革。

2. 经济改革的拉动作用

中共十一届三中全会以来，我们运用经济体制改革这一手段，打破了"一大二公三纯"的经济制度，初步建立了"以公有制经济为主体，多种所有制经济共同发展"的基本经济制度；打破了人民公社"三级所有、队为基础"的农业体制，初步建立了以家庭联产承包责任制度为主要内容的农业体制；打破了分配上的平均主义"大锅饭"，初步建立了以按劳分配为主，资产、技术、管理等要素参与分配的分配制度；打破了政府包揽一切的命令式管理体制，初步建立了市场配置资源为主、政府弥补市场缺陷的宏观调控体系。更为突出的是，十四届三中全会确定建立社会主义市场经济体制目标以来，经济改革对经济体制转型起到了巨大拉动作用。正像习近平总书记在中共十八届三中全会上指出的，"20 多年来，我们围绕建立社会主义市场经济体制这个目标，推进经济体制及其他各方面体制改革，使我国成功实现了从高度集中的计划经济体制到充满活力的社会主义市场经济体制、从封闭半封闭到全方位开放的伟大历史转折，实现了人民生活从温饱到小康的历史性跨越，实现了经济总量跃居世界第二位的历史性飞跃，极大调动了亿万人民的积极性，极大促进了社会生产力发展，极

---

①《马克思恩格斯全集》（第 37 卷），北京：人民出版社 1962 年版，第 443 页。

大增强了党和国家生机活力。”①

习近平总书记既讲到了经济体制改革及其他方面体制改革对建立社会主义市场经济体制的巨大拉动作用，又讲到了对外开放对打破封闭半封闭体制而实现的伟大历史转折，还讲到了改革开放带来的历史巨变。由此可见，实现建立完善的社会主义市场经济体制目标，必须充分发挥经济体制改革的拉动作用。同时，也必须充分运用对外开放这一拉动手段。

3. 经济改革永无止境

从目前情况看，我国经济体制改革正面临多种挑战。好改的，过去都改了；难改的，像收入分配、政府职能、垄断行业和企业、要素市场化等问题，都是一些难啃的骨头，都是一些绕不开、回避不了的重大难题。与改革之初相比，当前改革面临的问题与挑战确实是前所未有的。如果说，改革开放之初的主要阻力来自于认识层面，那么今天的改革则会遭遇价值观多元化、利益诉求异化、利益格局固化等方面的制约与牵绊。而这样的矛盾和问题绝不是短时间内可以解决的。更应该看到的是，老的矛盾和问题解决了，还会出现新的矛盾和问题。因此，改革永无止境，改革不能停步。

我们说改革永无止境，绝不意味着可以慢慢来，长期拖下去。我国生产力水平还比较低，要解放和发展生产力，就必须加快全面深化改革步伐，不能因为改革跟不上发展的要求而影响甚至阻碍生产力发展。中共十八届三中全会通过的《关于全面深化改革若干重大问题的决定》（以下简称《决定》），不仅提出了全面深化改革的指导思想、目标任务、战略重点、重大原则及推进方式，而且强调以深化经济体制改革为重点，牵引政治、文化、社会和生态文明体制改革。我们应该按照十八届三中全会的决策部署，以只争朝夕的精神和持之以恒的韧劲，着力推进经济体制改革，努力使经济体制改革与政治、文化、社会和生态文明体制改革协同前行。

---

① 资料来源：中华人民共和国中央人民政府网站，http：//www.gov.cn/ldhd/2013－12/31/content_2557965.htm

三、经济管理的基本概念和拉动作用

1. 经济管理的基本概念

管理的本义，是指合理地进行疏与堵的思维和行动。“管”，原意为细长而中空之物，其四周被堵塞，中央可通达，使之闭塞为堵，使之通行为疏。“理”，本义为顺玉之纹而剖析，即代表事务的道理和规律，含有合理、顺理的意思。将“管”和“理”合在一起，即为管理，意思为疏堵结合、顺应规律。①

这里讲的“经济管理”，主要是指为了实现经济体制转型预期目标，依据规则进行的组织和协调活动。具体来讲，主要包括四个环节：一是制定法律、规章、规范、标准和政策等规则的过程。二是组织实施法律、规章、规范、标准和政策等规则的过程。三是检验法律、规章、规范、标准和政策等规则实施情况并总结经验教训的过程。四是根据经验教训和发展趋势修订完善法律、规章、规范、标准和政策等规则的过程。

政府在经济管理中，通常运用的是经济、法律和行政这三种手段。经济手段，是指国家运用经济政策和规划、计划等对经济利益进行调整的手段；法律手段，是指国家通过制定和运用经济法律法规等规则调控经济活动的手段，主要包括经济立法、经济执法和法律监督；行政手段，是指国家通过行政机关，依靠行政组织的权威，采取行政命令、规定、指示、指标等行政措施对下施加直接影响的手段。

改革开放之前，我国各级政府管理和调控经济主要运用行政手段，经常忽视法律手段和经济手段。改革开放以来，这种状况虽然有了较大转变，但在诸多重大问题上仍然习惯沿用行政手段。在市场经济条件下，政府对经济的管理必须符合经济规律的要求，必须以法律手段为主，辅之以经济手段，非特殊情况一般不应运用行政手段。这是因为市场经济是法治

---

① 张俊伟：《极简管理：中国式管理操作系统》，北京：机械工业出版社 2013 年版，第 5 页。

经济，法治经济即是依法管理的经济，如果继续沿用行政手段就有悖于市场经济要求。由此可见，衡量传统计划经济体制是否真正转为社会主义市场经济体制，一条重要标准是有没有建立市场主体之间权力平等的契约关系，有没有形成完备的法律体系和严格的执法系统。

2. **经济管理的拉动作用**

加强经济管理，对经济体制转型具有特别重要的拉动作用。36 年来，开放和改革相伴而行有力拉动了经济体制转型。然而，经济管理手段却没有充分发挥应有的作用。

实践证明，管理手段的作用是巨大的，也是开放、改革须臾不可离开的。之所以这样说，主要基于三个理由：一是开放和改革等相关领域都需要管理统筹。开放与改革，开放、改革与发展稳定，乃至开放、改革与政治、文化、社会、生态文明体制改革，都必须运用统筹兼顾的管理方法、统筹谋划、统筹安排、统筹协调，任何一个领域、一个环节、一个举措统筹不当都会影响其他方面，甚至关乎全局和长远。二是开放和改革必须依靠管理组织实施。我们在实践中都会看到，无论是开放行动，还是改革举措，管理都在如影随形，并起着重要的保障作用。管理搞好了，开放和改革进展就顺利。反之，就可能流于形式甚至导致失败。科技水平和经济实力差不多的企业，有的在竞争中一路高歌、迅猛发展，有的却败下阵来甚至销声匿迹，人们解剖和对比的结论即是开放、改革力度尤其是管理水平差异所致。三是开放和改革的成果需要通过管理来巩固和发展。市场经济是法治经济，法治经济是靠经济法律体系的建设和有效实施实现的，而法律体系的建设和有效实施正是经济管理的题中应有之义。如果不通过管理手段把开放、改革过程中积累的成功经验和做法上升到法律层面，不通过管理手段去组织实施法律法规，开放、改革成果就难以巩固和发展，建立完善的社会主义市场经济体制就无从谈起。因此，必须高度重视管理在经济体制转型中的拉动作用，切实将其放在重中之重的位置，注重用足用好管理这一手段。

习近平总书记在中共十八届三中全会上指出，“国家治理体系和治理能力，是一个国家制度和制度执行能力的集中体现。”[①] 毫无疑问，经济管理体系和管理能力即是国家治理体系和治理能力的重要组成部分。推进国家治理体系和治理能力的现代化，必须特别注重推进经济管理体系和管理能力的现代化。

3. 管理是个永恒主题

我们说管理是个永恒主题，并不仅仅是因为它渗透于宏观经济运行和企业生产经营活动中，这只是管理作用一个方面的体现。从人类社会一切有组织的活动看，它都是须臾不可离开的基本手段。

管理作为一门科学，它由管理理论、管理原则、管理形式、管理方法和管理制度等一系列内容组成，并具有诸多鲜明特征：一是实践性，它是在实践中产生，又是为解决实践中遇到的问题而进行的。二是综合性，它是社会科学、自然科学和技术科学相结合的产物，是多学科交叉的科学。三是层次性，如经济管理学，它不仅由一系列具体学科组成，而且可以分为宏观经济管理学和微观经济管理学等层次。四是动态性，管理是随着实践的发展而发展的。五是普遍性，它涉及人类社会经济生活的各个方面，一切社会经济生活都离不开管理。

管理，在人类一切有组织的活动中须臾不可离开。那么，它在开放和改革这两种手段拉动经济体制转型过程中可以离开吗？回答是绝对不能离开的。开放和改革不仅不能离开管理，而且它是两者行进中的一个永恒主题。开放和改革，需要管理渗透其中，发挥其规划、组织和协调作用；开放、改革创造的成功经验和做法，需要通过管理总结提炼和上升为法律法规；在经济体制转型接近目标阶段，必须集中运用管理手段完善法律法规；在建立起完善的社会主义市场经济体制之后，更加需要运用管理手段促其巩固和发展。因此，必须始终突出管理这个永恒主题，始终注重发挥其在巩固和完善社会主义市场经济体制中的重大作用。

---

① 资料来源：中华人民共和国中央人民政府网站，http：//www.gov.cn/ldhd/2013－12/31/content—2557965.htm。

第二节
经济体制转型原理的有机构成

三驾马车拉动经济体制转型原理与其他原理或理论一样，都是自然科学和社会科学中具有普遍意义的基本规律；都是在大量观察、实践基础上，经过归纳、概括而得出的；都是既能指导实践又必须经受实践检验的。三驾马车拉动经济体制转型原理的构成，也与其他原理或理论一样，都是由其本质规律和符合规律的方法论构成的。本节主要论述经济体制转型原理的构成要素、目标模式和实现形式，其他章节尤其是下一节再进一步阐述其方法论。

一、经济体制转型原理的构成要素

马克思主义哲学原理是由世界观和方法论构成的，世界观即是人们对世界本质规律的认识，方法论即是人们认识和改造世界方法的总和。世界观和方法论是不可分割的“两位一体”关系，一般有什么样的世界观就有什么样的方法论。通俗地讲，这里讲的世界观和方法论，就是“是什么”和“怎么办”的问题。

三驾马车拉动经济体制转型原理，实际上就是由“是什么”和“怎么办”这两个要素构成的。“是什么”，就是回答经济体制转型指什么、转型是由什么因素决定的、转型过程有什么基本特征；“怎么办”，就是回答依靠什么力量和怎样组织这些力量去拉动转型。

中国的经济体制转型原理用一句话表述，就是在传统计划经济体制基础上，由生产力水平和发展要求决定，坚持中国特色社会主义和市场化取向，以开放、改革、管理三驾马车为拉动力，朝着建立完善的社会主义市场经济体制目标不断前行过程的本质规律和方法论。这句话包括四个含义：一是转型目标，即由传统计划经济体制转为完善的社会主义市场经济体制。二是转型决定因素，即由生产力水平和发展要求所决定。三是转型基本特征，即坚持中国特色社会主义和市场化取向。四是转型拉动力，即开放、改革、管理三驾马车。用马克思主义哲学原理对号的话，前三个含义主要解决“是什么”的问题，即回答经济体制转型的本质规律；后一个含义主要解决“怎么办”的问题，即研究经济体制转型的方法论。

1. 经济体制转型的目标

这里讲的“转型”，指的是由传统计划经济体制向社会主义市场经济转变的过程。对这一过程，有人称之为“转轨”，即由传统计划经济体制转入社会主义市场经济体制轨道；有人称之为“转换”，即将传统计划经济体制转换为社会主义市场经济体制；还有人说，传统计划经济体制转为社会主义市场经济体制是一个转变过程，可以称为“转变”。我赞成更多学者的说法，还是将其称为“转型”更合适一些，这是因为传统计划经济体制和社会主义市场经济体制是两种不同性质、不同类型的经济体制，由前者转为后者的过程，称之为“转型”更加贴切。

这里讲的“转型”和“转为”是有明显区别的，“转型”是进行式，即转型的过程；“转为”是指传统计划经济体制已变为社会主义市场经济体制，即实现了建立社会主义市场经济体制目标。

计划经济体制和市场经济体制是完全不同的两种经济体制。计划经济体制，又称计划经济或指令型经济。这种体制排斥市场配置资源的作用，生产什么、怎样生产、怎样分配，都由中央政府通过计划安排和组织实施。市场经济体制，又称市场经济或自由经济，是指由市场起资源配置决定性作用、企业依据国家法律、法规自由组织生产经营、国家依法进行宏观调控的经济。计划经济体制和市场经济体制的根本区别在于：前者以计划作为资源配置的主要方式，后者以市场作为资源配置的主要方式；前者依据中央政府的安排配置资源，后者通过市场价格机制配置资源；前者企业没有生产经营自主权，后者企业拥有完全的生产经营自主权；前者依据计划经济要求建立计划指标体系和宏观调控体系，后者依据市场经济要求建立市场体系、运行规则和宏观调控体系。

在战争期间和国民经济恢复时期，计划经济体制能够集中人、财、物力上马重大项目、集中力量办必须要办的大事，所以曾发挥过推进国民经济快速发展的重大作用。但是，在正常条件下，其固有的诸如企业缺乏积极性和创造性、市场供求信息不对称、容易滋生权钱交易等腐败现象的弊端，就会严重阻碍生产力发展。市场经济体制，是当今世界解决计划经济弊端、促进生产力发展的最有效体制。因此，中国由计划经济体制转为社会主义市场经济体制是大势所趋、势在必行。

2. 经济体制转型的决定因素

马克思主义基本原理告诉我们，生产力决定生产关系、决定生产关系的性质及其发展变化的方向，生产关系的变化归根结底取决和服从于生产力发展的客观要求。经济体制属于生产关系的具体实现形式，经济体制的转型正是经济体制取决和服从于生产力水平和发展要求的具体体现，这也正是我国经济体制转型的理论依据。

改革开放之前，我国忽视生产力水平和发展要求，一味追求“一大二公三纯”的经济制度；忽视市场配置资源作用，一直实行政府配置资源方式；忽视企业市场主体地位，一律把企业作为政府的附属物，致使经济制度和经济体制脱离生产力实际水平，并严重束缚了生产力发展。在此背景下，我国才不得不顺应生产力水平和发展要求，果断作出改革开放基本国策，并开启经济体制转型征程。

上述可见，我国的经济体制转型是生产力与生产关系矛盾运动的必然结果，说到底是由生产力水平和发展要求所决定的。应该说，我国目前的生产关系是基本适应生产力状况的，这正是它能够推动生产力发展的主要原因。但是，这一生产关系也还存在着诸多不适应生产力发展的弊端，这也正是我国继续推进经济体制转型的基本理由。

3. 经济体制转型的基本特征

研究这个问题，首先需要明确经济制度和经济体制的关系。经济制度是指一个国家依据基本国情尤其是生产力水平和发展要求，通过法律形式对生产资料归谁所有等内容作出明确规定的制度。经济体制是经济制度的具体组织形式和管理体系，又称生产关系的实现形式。经济制度不仅决定着经济体制的根本性质和基本特征，而且决定着经济体制的发展方向，无论选择何种经济体制，都不能背离经济制度的要求。当然，经济制度也要通过与之相适应的经济体制反映自己的本质要求，并通过变革经济体制使自身得以巩固和完善。然而，经济制度也不是一成不变的，它也必须根据生产力发展要求而发展和完善，但经济制度由基本国情所决定，具有相对稳定性，一旦确立就不会经常变更。

正因为如此，中国的经济体制转型，也就必须坚持和完善基本经济制度；坚持和完善中国的基本经济制度，也就必然体现中国特色社会主义。实践证明，一定的经济制度可以采取多种经济体制，这是因为经济体制的选择既受经济制度的制约，也受生产力发展水平、历史文化传统等诸多因素的影响。这正是世界各国相同经济制度选择不同经济体制、不同经济制度选择相同经济体制的根本原因。中国选择的是社会主义市场经济体制。这一体制是中国社会主义条件下的市场经济体制，它既要体现中国基本经济制度的个性特征，又要体现市场经济的一般特征。因此，在经济体制转型中，必须坚持中国特色社会主义和市场化取向。

有人认为，我国的经济体制转型转偏了方向，理由是公有制经济的比重越转越小了。国有经济被大大削弱了，因而主张回到过去的经济体制上去。也有人认为，中国的改革方向应该是私有化，并将其称之为“人间正道”。这两种观点都是不正确的。由于中国处于并长期处于社会主义初级阶段，中国必须坚持公有制为主体、多种所有制经济共同发展的基本经济制度。改革开放前后的实践都证明，中国只能实行这样的基本经济制度，而不能搞单一公有制，也不能搞全面的私有化。否则，就会束缚生产力发展甚至破坏生产力。这已被东欧国家的实践所证明。公有制经济所占比重少了，并不等于国有经济被削弱了，国有经济的带动力和影响力增强了，民营经济得到发展壮大了，正是基本经济制度和经济体制转型作用的体现。

4. **经济体制转型的拉动方法**

经济体制转型的拉动方法，不是凭空设想出来的，而是根据转型本质规律确定的。也就是说，它取决于人们对经济体制转型规律的认识程度。认识到位，就会找到符合转型规律的方法，就能有力有效拉动经济体制转型。否则，就难以找到正确的方法，就无法实现经济体制转型目标。

我们在现实社会中看到，有些国家已由生产力水平和发展要求所决定而必须进行经济体制转型了，但其决策者依然极力维持不适应生产力发展要求的经济体制。如果这种状况长期持续下去，必然会更加严重阻碍生产力发展，甚至会引发暴力革命，以推翻包括经济体制在内的经济制度及其上层建筑，建立新的适应生产力发展要求的经济制度和上层建筑。这就是马克思和恩格斯过去论述的生产力与生产关系、经济基础与上层建筑矛盾运动的必然结果。然而，随着时代进步和社会文明的发展，解决这一矛盾的办法越来越多，而最有效的办法是通过主动调整那些不适应生产力发展要求的生产关系和上层建筑，适时、有序、有力地变革经济体制，顺应生产力发展的要求。换言之，就是要在深刻认识经济体制必须适应生产力发展要求规律的基础上，积极寻找和运用经济体制转型的方法论。

应该肯定地说，中国已经较好地认识到了经济体制转型的本质规律，并找到了全新的方法论，这就是开放、改革、管理这三驾马车。中国由传统计划经济体制转为社会主义市场经济体制，必然要求通过对外开放，比较和鉴别两种体制的利弊得失，学习借鉴发达国家发展市场经济的成功经验；必然要求通过深化改革，革除原有体制机制的弊端，吸取市场经济体制的长处；必然要求通过强化管理，组织协调开放、改革举措的落实，将开放、改革成功经验和做法上升到法律法规，并据此巩固和发展开放、改革的成果。否则，离开开放、改革、管理这三驾马车，甚至离开三驾马车中的任何一驾，都无法拉动经济体制转型，也就无法实现建立社会主义市场经济体制目标。因此，由传统计划经济体制转为社会主义市场经济体制的方法论，必然是也只能是开放、改革、管理这三驾马车。

二、经济体制转型应选的目标模式

中国的市场经济模式，应是脱胎于传统计划经济体制，吸取成熟市场经济国家现代模式的长处，依据中国的基本国情，通过三驾马车拉动而创建的具有中国特色的市场经济模式。选择中国的市场经济模式，需要对传统计划经济模式和现代市场经济模式进行比较分析与深入研究。

1. 苏联式的传统计划经济模式

苏联是传统计划经济的发源地和终结者，研究传统计划经济模式，应当重点剖析其传统计划经济模式。苏联建立并实行高度集中的计划经济体制，具有一定的必然性和合理性。这一体制曾对医治战争创伤、恢复国民经济、打破资本主义包围发挥过重大作用。但是，在国民经济得到恢复并进入正常经济建设时期，计划经济体制的固有缺陷就明显暴露出来了。

第一，完全排斥市场作用。苏联在组织经济发展中主要采用了两种办法：一种是无所不包的指令性计划；一种是高度集中的行政手段。无所不包的指令性计划，即全部包揽国民经济整个生产和分配过程；高度集中的行政手段，即严格控制着企业的一举一动。在这种完全排斥市场作用的体制下，企业缺乏竞争力，科技人员缺乏创新精神，工人丧失积极性和创造性，导致整个经济发展失去动力和活力。①

第二，所有制形式背离生产力水平。苏联经过几年的艰苦努力，虽然较快地恢复了国民经济，但社会生产力仍然十分落后，人民群众也非常贫困。然而，由于“左”倾错误的影响，过高估计了生产力水平，一味追求单一的所有制形式，致使所有制形式背离了生产力发展要求，严重阻碍了经济社会的发展。

第三，经济结构严重失调。在国民经济恢复之后，苏联仍然沿用战时经济政策，片面强调和发展重工业，忽视农业和轻工业生产，致使国民经

---

① 许志新：《论苏联失败的经济根源》，载《东欧中亚研究》2001 年第 3 期，第1—95页。

济各部门间的比例严重失调，不仅造成了资源的巨大消耗，而且严重影响了人民群众的基本生活。

辩证地看，苏联的计划经济体制也不是一无是处，正像我国参照苏联模式建立起来的计划经济体制一样，也有许多长处。一是能够在较短时间内动员各种生产要素，迅速启动经济发展。二是能够集中各方面力量办大事，较快地攻克经济和科技难关。三是能够避免扯皮，迅速作出决策。对于传统计划经济体制的这些长处，我们不应和其缺陷一起抛弃，而应在创建中国特色市场经济模式中认真吸取。

2. 发达国家的市场经济模式

美国、法国、德国等发达国家的经济都属于市场经济，但它们的经济模式各不相同。分析研究这些国家的市场经济模式，对于创建中国特色市场经济模式，具有十分重要的比较和借鉴作用。

第一，美国的自由市场经济模式。美国现行市场经济模式的建立，经历了一个较长的发展过程。从1776年到19世纪90年代，随着农业主导向工业主导的转变，美国由封闭的自然经济转向自由竞争的市场经济。19世纪末20世纪初，美国市场经济从自由竞争走向垄断，政府开始对经济进行适当管制，经过近一个世纪的调整，才确立了自由市场经济模式。①

美国的自由市场经济模式，具有以下五个特点：一是奉行自由企业制度。崇尚私有制、强调经济自由，是美国经济模式的突出特点。最能反映这一特点的是自由企业制度，即企业自由组建、市场自由进入、经营自由决策、价格自由确定、经济自由竞争。二是限制垄断，保护竞争。美国经济虽然崇尚自由竞争，但实际上却是垄断资本占统治地位的市场经济。为了限制垄断和支持中小企业平等参与市场竞争，美国政府通过法令、法规和政策，积极干预和诱导企业的市场行为。三是实行宏观经济调节。20世纪30年代的经济大危机之后，美国开始对经济活动实行较大力度的控制。

---

① 彭有祥：《西方主要国家政治制度与经济模式》，昆明：云南大学出版社2007年版，第102—112页。

这主要包括：建立一定规模的国有经济，运用宏观政策进行政府干预，建立社会福利制度等。四是建立完善的法律制度。美国虽然实行的是自由企业制度，但企业必须在法律允许的范围内活动，政府对企业的管理和干预也必须依法行事。美国的市场经济法律，主要适用于调整和处理企业之间关系，调整和处理企业与雇员关系，保障公民权益和社会利益等方面。五是市场体系高度国际化。美国的企业非常注重对国外市场的发掘，它们依靠国际分工，进口廉价产品，集中发展具有优势的产品并努力占领国际市场。与此同时，外国的商品、劳务和投资持续不断进入美国市场，商品和劳务的进出口贸易不断扩大，加上资本的大量输出和输入，使美国市场经济的国际化程度不断提升。

美国自由市场经济模式的成功，主要得益于四个方面：一是建立适合自由市场经济的企业制度和发达的市场体系。二是政府通过调节市场参数特别是运用财政和货币政策等手段参与并引导经济活动。三是不断扩大对外开放，持续推动经济国际化。四是建立完善的法律体系。

美国的经济模式尽管对经济发展起到了重大推动作用，但也存在着诸多矛盾和问题：一是大企业和小企业的地位不平等，垄断企业对弱小企业存在排挤甚至剥削现象。二是在宏观调控上缺乏长期的、指导性的计划，容易造成不必要的浪费和损失，形成经济波动甚至频繁的经济起落。三是收入分配不公，贫富差距较大。

第二，法国有计划的市场经济模式。法国的经济模式是建立在自由与竞争、集中与分散互为补充、相辅相成的理论基础上的。这种经济模式的主要特征有三个：一是不仅有较大的国有企业，而且有较多的私有企业。二是中央政府对国有企业实行集权，对私有企业实行分权。三是市场和计划同时调节经济的运行。①

法国有计划的市场经济模式，是一种计划与市场相结合的新型模式。

---

① 彭有祥：《西方主要国家政治制度与经济模式》，昆明：云南大学出版社2007年版，第165—176页。

这种模式，既有长处，也有不足。其长处在于：一是对国有企业分类明确且管理严格。他们按照作用和性质的不同把国有企业分成非法人性质的公共事业机构、工商业性质的公共事业机构和国有化企业、政府掌握一部分股权的股份有限公司等三种类型，对不同类型的国有企业实行不同的管理政策。二是注重发挥市场配置资源的作用。市场机制居于主导地位，计划在市场主导基础上发挥作用。三是把指导性计划作为实现计划与市场结合的重要手段。

法国有计划的市场经济模式，对其经济的增长起到过重要拉动作用，但也显现出诸多弊端。比如，计划民主化的局限性问题、利益集团之间的矛盾难以协调问题、政府对国有企业控制的逐步弱化问题，等等。

第三，德国的社会市场经济模式。这种模式是战后德国取得经济长足发展的钥匙。正是在这把钥匙的推动下，德国得以在一片废墟中站立起来，并呈现过被称为“经济奇迹”的高速发展。[①]

社会市场经济的主要特点是，既充分尊重市场经济规律，发挥市场的竞争作用；又通过立法建立经济秩序，推动和维护正常竞争，保障利益分配公平，促进宏观经济协调、稳定运行。这种模式集中体现了经济自由与经济效率、社会公正与经济安全的辩证关系。

德国的社会市场经济模式，自 1948 年建立至今已有 60 多年的历史。其间，为完善这一模式，德国政府制定实施了一系列行之有效的战略策略和法律、法规。具体包括：一是整顿财政、压缩赤字、实行税制改革。二是改革社会保障制度和劳动市场。三是推动东部经济的发展，尽快缩小东西部差距。四是针对政府规制过于僵化问题，不断进行放松规制的调整。五是加快结构调整，着力支持企业重组和信息产业发展。六是加强国际经济和金融政策的协调与合作。七是积极推进环境保护。

目前，德国的经济发展和社会市场经济模式，既面临重大的历史机

---

① 彭有祥：《西方主要国家政治制度与经济模式》，昆明：云南大学出版社 2007 年版，第 231—240 页。

遇，也遇到了严峻的挑战。欧洲的一体化进程，虽然给德国经济社会的发展拓宽了空间，但也带来了更多的麻烦和更大的包袱。[①]

3. 中国特色市场经济模式

从上述分析研究可以看出，无论是传统计划经济模式，还是现代市场经济模式，它们的形成和变化都有其深刻历史背景，也都各有长短。我们所要创建的中国市场经济模式，应该是既取它们之长又符合自己国情的中国特色市场经济模式。

中国特色市场经济模式，主要应由以下六个方面的内容构成。

第一，社会制度与市场机制有机融合。这是建立完善的社会主义市场经济体制的必然要求，也是中国特色市场经济模式的一个重要特征。

把社会主义和市场机制融合起来，建立社会主义市场经济体制，是中国的正确选择和伟大创举。从1978年中共十一届三中全会召开不久开始承认社会主义社会仍然存在商品生产和商品交换，到1982年中共十二大提出计划经济与市场调节相结合，再到1987年中共十三大提出有计划的商品经济，最后到1993年中共十四大确定建立社会主义市场经济体制目标，前后经历了15年艰难曲折的不懈探索，终于找准了在坚持社会主义制度条件下，推进经济体制转型的正确方向。从这15年的探索进程可以看出，坚持社会主义制度是我们党一以贯之的坚定主张，而对其结合对象则是在不断探索中逐步确定的。实际上，社会主义制度与这些结合对象的探索过程，就是社会主义市场经济模式的选择过程。

社会制度和市场机制有机融合，既坚持了社会主义制度，又采用了市场经济手段；既有别于社会主义计划经济，又有别于西方国家的市场经济。也就是说，中国特色市场经济，既不是社会主义制度下的计划经济，也不是资本主义制度下的市场经济，而是社会主义制度下的市场经济。

中国社会主义制度下的市场经济，是有计划的市场经济。我国一直强

---

① 【美】布拉德·普卢默：《德国正在失去对欧影响力?》，载《国际经济评论》2012年第3期，第168—169页。

调经济体制改革的出发点和落脚点是为了增进人民福祉，我国的基本经济制度中包含的国有经济必须由代表人民利益的政府行使管理权，这就决定了政府需要通过计划指导来实现增进人民福祉的目的。在各国普遍承认并程度不同地运用政府干预手段的现实经济生活中，根据政府干预经济的范围、强度和方式，市场经济已经形成有政府调节的市场经济模式和有计划指导的市场经济模式。这两种模式的主要区别在于：前者没有常设的政府计划机构，通常不编制统一计划，没有确定必须完成的计划指标和保证计划实施的全套制度；后者则有常设的政府机构，编制年度和中长期计划，确定计划指标并有实施计划的全套制度。法国与美国、德国相比，因为其国有经济成分相对较多，所以实行了有别于美国和德国的有计划市场经济模式。我国实行公有制为主体、多种所有制经济共同发展的基本经济制度，因而在创建的市场经济模式中，计划特征就会比法国更为突出一些。

第二，市场决定资源配置。市场在资源配置中起决定性作用，既是完善社会主义市场经济体制的重要标志，也是中国特色市场经济模式的一个重要特征。

资源配置是指各种生产要素如何配置到各种商品的生产之中，以及所生产的商品如何分配到各个市场主体的过程。怎样有效配置资源是所有经济活动最根本的问题。不同的资源配置方式，就会产生不同的配置效率，从而就会获得不同的经济利益。市场经济之所以能够使资源配置以最低成本取得最大利益，是因为在市场经济体制下，有关资源配置和生产的决策是以价格为基础的；而由价值决定的价格，是生产者、消费者和生产要素所有者之间在市场自愿交换中发现和形成的。市场决定资源配置的优势在于：作为市场经济基本规律的价值规律，既具有通过市场交换形成分工和协作的社会生产的机制，又具有通过市场竞争激励先进、鞭策落后和优胜劣汰的机制，还具有通过市场价格自动调节生产和需求的机制，从而可以引导资源配置符合以最小投入取得最大产出的价值规律要求。因此，市场决定资源配置的本质要求，就是在经济活动中遵循价值规律；使市场在资源配置中起决定性作用的实质，就是让价值规律及竞争规律和供求规律等市场经济规律在资源配置中起决定性作用。

在完善社会主义市场经济体制过程中，使市场在资源配置中起决定性作用，其基础在于建立统一开放竞争有序的市场体系，其关键在于加快政府职能的转变。

第三，统一开放竞争有序的市场体系。建立统一开放竞争有序的市场体系，既是使市场在资源配置中起决定性作用的基础和保障，也是中国特色市场经济模式的一个重要特征。

要创立中国特色市场经济模式，就必须加快建设统一开放竞争有序的市场体系。“统一”，是指市场体系运行规则在全国一致，并使得各个要素实现有效衔接，而不是运行规则各异和各个要素相互分离。“开放”，是指市场体系既对国内开放，又对国际开放，而不是对国内开放、对国际封闭。“竞争”，是指市场体系必须遵循竞争规律，因为只有竞争才能形成合理的市场价格，才能引导资源的合理配置，从而才能实现公平和效率。“有序”，是指通过制定和实施符合经济规律的法律、法规，使市场运行保持市场结构的均衡性、市场运行的稳定性和市场行为的规范性。

建立统一开放竞争有序的市场体系，关键在于培育形成三个方面的市场主体。一是企业自主经营、公平竞争。就是说，在国家法律法规允许的范围内，实行企业自主经营制度，即企业自主组建、市场自主进入、经营自主决策、价格自主确定、经济自主竞争。这就必然要求对各种所有制经济一视同仁，切实做到依法平等使用生产要素、公开公平公正参与市场竞争、同等受到法律保护。二是消费者自主选择、自主消费。三是商品和要素自由流动、平等交换。

完善现代企业制度，是增强企业活力、健全市场体系、促进经济发展的基础，也是建立统一开放竞争有序市场体系的必然要求。目前我国最迫切的任务是建立产权清晰、权责明确、政企分开、管理科学的新型企业制度。

第四，科学有效的宏观调控体系。科学有效的宏观调控体系，既是建立完善的社会主义市场经济体制的内在要求，也是中国特色市场经济模式的一个重要特征。

宏观调控体系是为实现宏观调控目标，对宏观经济运行进行干预、调节和控制而综合运用各种手段和措施的总称。宏观调控体系主要包括战略、规划、计划、经济杠杆、经济法规、经济政策和经济组织等内容；主要职能是保持经济总量平衡，促进经济稳定协调发展。

科学有效的宏观调控体系，既要起到防止和打破垄断、维护市场秩序的作用，又要发挥增加公共产品供给、形成公平合理分配格局、确保广大群众共享改革发展成果的作用，还要增强促进经济总量基本平衡、熨平大的经济波动、保障经济持续健康发展的功能。

市场成熟国家的实践证明，市场配置资源是提高经济效率最有效的方式，但因市场存在自发性、盲目性和滞后性，必须进行科学有效的宏观调控。宏观调控的对象不是静止不变的，而是动态变化的，这就需要健全宏观调控体系，实施有针对性的灵活调控措施。

我国的社会主义市场经济体制是脱胎于传统计划经济体制而逐步建立起来的，在传统计划经济体制下形成的政府包揽一切的弊端时常反弹，有些部门和工作人员甚至仍在沿用过去的手段干预市场主体。因此，在建立科学有效的宏观调控体制过程中，必须正确处理政府与市场关系，切实管住政府这只乱加干预的手，努力使宏观调控科学有效。

第五，实现经济法治化。实现经济法治化，既是完善社会主义经济体制的必然要求，也是中国特色市场经济模式的一个重要特征。

法治经济，是指国家通过制定和实施法律、法规，调整经济关系，规范经济行为，维护经济秩序的立法、执法、司法、守法的过程。其目的是使整个经济活动按照法律、法规预定的方式快捷、健康、有序地发展。法治经济的内涵主要包括：完善的市场经济法律体系和健全的法律与经济互动机制，民商事活动和私权利得到充分维护，国家宏观调控法律化，经济社会可持续发展和社会基本公平得到有效保障。

我国的市场经济是从自然经济和产品经济发展而来的，在自然经济和产品经济向市场经济的转型过程中，必然要求把前者所依赖的行政手段逐步转为市场经济所必须的法律手段，也就必然要求实现经济法治化。

第六，形成开放型经济格局。开放型经济格局，既是社会主义市场经济体制的题中应有之义，又是中国特色市场经济模式的一个重要特征。

开放型经济格局，即是经济全方位和全过程的开放。也就是说，各个经济领域都对外开放，每个领域的全过程都对外开放。在开放型经济中，要素、商品与服务可以自由跨国界流动，从而实现最优资源配置和最佳经济效率。开放型经济强调，把国内经济和整个国际市场联系起来，尽可能充分地参加国际分工，同时在国际分工中发挥本国经济的比较优势。

我国开放型经济格局的形成，关键在于适应经济全球化新趋势，建立开放型经济新体制，尽快实现中国经济法律、法规与国际规则和惯例的接轨。

三、经济体制转型原理的实现形式

三驾马车拉动经济体制转型原理，是通过诸多实现形式而用于实践的。也就是说，只有找到与其相适应的实现形式，才能发挥三驾马车拉动经济体制转型原理的作用。

按照排列组合方式，可将三驾马车拉动经济体制转型原理，列为六种实现形式，其中一种属于基本实现形式、五种属于演化实现形式。

1. 基本实现形式

循着中共十一届三中全会以来经济体制转型的行进轨迹可以看出，“开放、改革、管理”，即是拉动经济体制转型的基本实现形式。这种实现形式又可细分为“开放、改革、管理”循序渐进和“开放、改革、管理”同步拉动两种形式。

第一，“开放、改革、管理”循序渐进实现形式。这种实现形式，可以表述为“开放打头、改革跟上、管理保障”。因为其运行轨迹是循序渐进的，所以称之为循序渐进实现形式。

“开放打头”，讲的是开放在前，改革在后，开放倒逼改革。就是说，通过对外开放，了解和掌握国际规则和惯例尤其是发达国家市场经济的经验等相关情况和发展趋势，针对我国融入经济全球化过程中遇到的矛盾和问题，反过头来审示我国现行体制机制存在的弊端，找到深化改革的切入点或着力点。

从 1977 年年初开始，中央派出若干个代表团先后出国考察。1977—1978 年，中国对外贸易部长李强对英国、法国、埃及、比利时、卢森堡、联邦德国、新西兰、澳大利亚等诸多国家进行了友好访问。1977 年 9 月，由中国国际贸易促进委员会主任王耀庭率领的代表团应邀访问美国。1978 年 5 月，国务院派出了新中国第一个由国务院副总理带队的西欧考察团，对法国、德国、比利时、丹麦和瑞士进行了一个多月的考察。6 月下旬，中央政治局召开专门会议听取考察团团长谷牧同志的汇报。这些海外考察活动开阔了决策层的视野，初步把握了现代经济发展的一些基本经验，从而明确了中国经济发展的方向。同年 7—9 月，国务院召开关于经济建设的务虚会，充分讨论对外经济合作问题，并在借鉴资本主义的优势、发展对外经济关系方面达成了诸多共识。此后，中共中央和国务院又多次进行讨论研究，最后下定了对外开放的决心，最终作出了以经济建设为中心，实行改革开放，加速社会主义现代化建设的战略决策。

以此为起点，中国对外开放的大幕迅速拉开，接连不断地上演了一幕又一幕波澜壮阔的大型话剧，并开创了以开放倒逼改革的壮丽篇章。由此，一个不可否认的事实摆在了人们的面前，这就是只有实行对外开放，才能有效推进改革；只有推进开放、改革，中国才有出路和前途。

“改革跟上”，讲的是改革在后，开放在前，改革跟上开放步伐。就是说，根据扩大开放的要求，及时推出有针对性的改革举措，着力革除体制机制存在的弊端，使其逐步适应生产力发展和经济全球化要求。

中共十一届三中全会作出改革开放的战略决策，主要是开放打头的结果，在此之后采取的若干重大改革举措，基本上都是开放打头带来的连锁效应，也就是人们常讲的“开放倒逼改革”。

实际上，我国举办“经济特区”的过程，就是改革跟上开放步伐的过程。没有开放就形不成举办特区的共识，改革跟不上就设立不了特区。

中共十一届三中全会之后，世界上许多国家设置经济特区的做法引起了中央决策者的高度关注。1979 年年初广东省拟在深圳、珠海试办出口加工区，并希望中央给广东下放一些权力。1979 年 4 月，中央召开工作会议，专门讨论经济建设问题。会议期间，主持广东省委工作的习仲勋同志和广州市委书记杨尚昆同志向中央政治局常委作了汇报，希望中央下放一定的权力，允许广东有一定的自主权，在毗邻港澳的深圳、珠海、汕头举办出口加工区。广东的创新想法引起了邓小平同志的极大关注，并对试办“出口加工区”表示赞同和支持。邓小平说，还是叫“特区”好。邓小平把办特区作为对外开放的突破口和试验场，要求“杀出一条血路来”。[①] 随后，谷牧同志带领国务院有关部门前往广东、福建两省进行调查研究。与此同时，广东省委《关于发挥广东优越条件、扩大对外贸易、加速经济发展的报告》和福建省委《关于利用侨资外资、发展对外贸易、加速福建社会主义建设的请示报告》分别呈送到中央。1979 年 7 月，经过各方面的充分讨论和准备，中共中央、国务院批准了广东省委和福建省委的报告，正式批准在深圳、珠海、汕头和厦门试办出口特区。1980 年 3 月，谷牧同志在广州召开了广东、福建两省有关领导参加的工作会议，讨论如何进一步贯彻中央关于两省实行对外开放的指示，并正式提出了“经济特区”的名称。1980 年 5 月，中共中央发出《关于广东、福建两省会议纪要的批示》，正式确认了经济特区的名称，提出经济特区的开放内容为利用外资、引进技术、发展对外贸易。1980 年 8 月，第五届全国人大常委会第十五次会议批准国务院在深圳、珠海、汕头和厦门设立经济特区，并批准公布了国务院提请的《中华人民共和国广东省经济特区条例》，标志着中国经济特区的正式诞生。

1978 年年底，第二汽车制造厂建设指挥部开始与美国通用公司谈判技术引进问题。在谈判过程中，通用公司提出：你们为什么只谈技术引进，

---

① 彭森、陈立等：《中国经济体制改革重大事件》（上），北京：中国人民大学出版社 2008 年版，第 52—55 页。

不谈合资合作呢？时任二汽重型汽车厂筹备处负责人的李岚清同志将此问题向国务院技术引进领导小组作了汇报，国务院技术引进领导小组据此形成了《关于美国通用汽车公司访华代表团愿意同我国合资经营办汽车厂》的报告。邓小平同志作出合资经营企业可以办的批示。这是中共最高层第一次关于中外合资问题的批示。1979 年 7 月 1 日，五届全国人大二次会议通过了《中华人民共和国中外合资经营企业法》，使我国有了第一部利用外资的法律。

从上述过程可以看出，无论是试办“出口特区”，还是颁布《中华人民共和国中外合资经营企业法》，都是开放和改革的产物，都包含着“开放打头、改革跟上”的内容。“经济特区”创办之初，就被确定为“对外开放窗口”和“改革实验区”。这表明开放是改革的钥匙，改革是开放的延伸，不搞开放就难以推进改革，不推进改革也难以扩大开放。

在中央确定举办“经济特区”之后的 30 多年里，我国采取的每一项开放举措，几乎都伴随着诸多改革和管理措施的出台，走的基本都是开放打头、改革跟上、管理保障的路径。

“管理保障”，讲的是开放和改革在前，管理寓于其中并强力跟进。就是说，根据开放和改革的要求提供相应的管理保障，并把开放、改革成功的经验和做法及时上升为法律法规，进而依据法律、法规巩固和发展开放、改革的成果。

举办经济特区，需要采取相应改革举措，也需要跟上相应法律、法规等管理手段。如果法律法规跟不上，经济特区就行不通、办不好。广东省是经济特区的先行先试者，特区法律法规的草创与广东省的努力密不可分。

在创立经济特区后不久，广东遇到了一个迫切需要解决的重大问题，这就是只有红头文件，没有法律、法规依据，难以与外商打交道、搞合作。为了解决这个问题，国务院委托广东起草一个法规性文件。于是，广东紧锣密鼓地开始了《广东省经济特区条例》（以下简称《条例》）的起草工作。为了论证“资为社用”这一命题是否站得住脚，起草人员查阅了大量马列经典著作，编写了《马克思、列宁论对外经济政策》，获得了诸多较为充分的依据。同时，通过各种渠道搜集了海外出口加工区的资料，包括斯里兰卡、菲律宾、北爱尔兰、墨西哥和我国台湾地区的，还有一些促进经济发展的法令、法规和政策措施。通过认真学习研究这些资料，从中吸取了大量有参考价值的东西。[①]

在草拟文件过程中，涉及若干具体而又敏感的问题，这主要包括：要不要跳出国家现行的管理体制赋予特区充分的自主权；对海外投资者的优惠待遇怎样确定；“地租”与“租界”、“收租”有什么联系，该如何确定。另外，外商投资企业录用职工，是不是国外资本家来华剥削工人阶级、会不会动摇工人阶级的主人翁地位，等等。经过一个月夜以继日的工作，《条例》的初稿终于完成，但始料未及的是《条例》初稿在香港知名人士座谈会上遭到了尖锐批评。与会者认为，《条例》的起草者思想不够解放，对投资者怀有太多戒备心理，唯恐国门打开之后，外商来了就乱套。有人甚至直言不讳地说：这不是一个鼓励外商投资的法规，而是一个怎样限制投资者的办法。这些中肯的批评意见，使《条例》起草者的思想观念得到很大转变，重新开始了起草工作。在此期间，谷牧同志多次亲临指导，其他领导同志也就特区的发展方向、管理体制和经济立法等问题提出了诸多指导性意见。

此后，国务院还责成国家进出口管理委员会组织有关人员，专门研究成立特区涉及的方针政策，并召开了深圳、珠海、汕头三市市委书记和广东省有关部门负责人参加的座谈会，随后向中共中央、国务院提交了《关于建立经济特区几个问题的汇报提纲》。1979 年 12 月，广东省第五次人民代表大会第二次会议审议并原则通过了《条例》。接着，国家进出口管理委员会组织相关同志，对《条例》进行了十几次修改。1980 年 1—2 月，全国人大常委会首开讨论地方条例的先例，专门讨论了这个《条例》。讨论后，广东省特区筹备组根据人大常委会的意见再次对《条例》作了认真

---

① 钟坚：《大试验：中国经济特区创办始末》，北京：商务印书馆 2010 年版。

修改。这个仅2000多字的《条例》，前后草拟了13稿。从研究起草、征求意见，到省人大审议、国务院讨论修改、全国人大常委会批准公布，前后整整用了一年时间。随后，全国人大常委会又批准了同样费了诸多周折的《厦门经济特区条例》。

从以上叙述可以看出：广东、福建经济特区条例的出台一直是沿着“开放、改革、管理”的脉络展开的，始终贯穿着“开放打头、改革跟上、管理保障”这条主线，尤其是“管理保障”一直发挥着重大作用。因此，我们应该特别重视管理在拉动经济体制转型中的地位，充分发挥“管理保障”的重大作用。

第二，“开放、改革、管理”同步拉动实现形式。这种形式的基本特征是：把“开放、改革、管理”内容一同决策部署，把“开放、改革、管理”举措放在一个平台，把“开放、改革、管理”手段一起协同运用，使“开放、改革、管理”浑然一体，同步推进。

2013年9月27日，国务院批准的《中国（上海）自由贸易实验区总体方案》（以下简称《总体方案》），完全体现了“开放、改革、管理”同步拉动形式。

对“开放、改革、管理”同时决策部署。《总体方案》开宗明义指出，试验区肩负着我国在新时期加快政府职能转变、积极探索管理模式创新、促进贸易和投资便利化，为全面深化改革和扩大开放探索新途径、积累新经验的重要使命。接着提出，要紧紧围绕国家战略，进一步解放思想，坚持先行先试，以开放促改革、促发展，率先建立符合国际化和法治化要求的跨境投资和贸易规则体系，使试验区成为我国进一步融入经济全球化的重要载体。同时确定，经过2～3年的试验，基本完成《总体方案》提出的既定任务，为加快经济体制转型，完善社会主义市场经济体制开辟新路子。

对全方位开放相应作出具体规定。一是扩大服务业开放，选择金融服务、航运服务、商贸服务、专业服务、文化服务以及社会服务领域扩大开放，营造有利于各类投资者平等准入的市场环境。二是探索建立负面清单管理模式，构建安全高效的开放型经济体系。三是改革境外投资管理方式，构筑对外投资服务促进体系。四是提升我国在全球贸易价值链中的地位。五是探索形成具有国际竞争力的航运发展制度和运作模式。

对深化经济改革一并提出明确要求。一是深化行政管理体制改革，探索建立与国际高标准投资和贸易规则体系相适应的行政管理体系。二是加快金融制度创新，探索建立与自贸区相适应的金融管理体制。三是创新促进投资和贸易的税收政策，探索建立与国际接轨的投资和贸易税收管理制度。

对完善法治、强化监管同步拟定行动措施。完善法治保障包括：加快形成符合试验区发展需要的高标准投资和贸易规则体系、按规定程序办理停止实施有关行政法规和国务院文件的规定、及时解决试点过程中的制度保障问题。同时，要求上海市通过地方立法，建立与试点要求相适应的试验区管理制度。创新监管服务模式包括：推进实施“一线放开”，适当放宽进出口检验模式，探索构建相对独立的以贸易便利化为主的货物贸易区域和以扩大服务领域开放为主的服务贸易区域，探索建立货物状态分类监管模式，允许在特定区域设立保税展示交易平台，推行“方便进出，严密防范质量安全风险”的检验检疫监管模式，等等。

总之，在《总体方案》的所有条文中，都清晰可见体现“开放、改革、管理”这三驾马车的基本内容和“以开放促改革、以改革促管理、以管理促开放”的具体要求。这不仅验证了开放、改革、管理同步拉动实现形式的可行性，而且为完善这种形式提供了良好平台。

2. 演化实现形式

在三驾马车拉动经济体制转型过程中，每驾马车的地位和作用不是固定不变的，而是动态变化的。这种变化，是由需要解决的问题所决定的。在完善社会主义市场经济体制攻坚阶段，更加需要针对存在的矛盾和问题，采取与之相适应的实现形式。现在看，依据问题导向原则，可将上述基本实现形式，演化为以下五种实现形式。

第一，“开放、管理、改革”循环拉动实现形式。这种形式的基本路径是，通过扩大开放，促进经济管理；通过强化管理，促进改革深化；通过改革深化，促进对外开放。

打破垄断行业的垄断，应该运用这种实现形式。

中国垄断行业的改革是从 20 世纪 80 年代中期开始的。当时，在不改变垄断行业基本体制框架基础上，国家逐步放松了价格管理和市场准入，并赋予国有企业更多的自主权。从 20 世纪 90 年代中期开始，垄断行业的改革进入了以政企分开、引入竞争和加强监管为主要内容的阶段，并取得了明显成效。但是，从现实情况看，仍然没有真正打破垄断行业的垄断。要打破垄断行业的垄断，需要运用“开放、管理、改革”的循环拉动形式。

在已经推行诸多改革措施基础上，必须加大开放力度、积极引入竞争。20 世纪 90 年代中期，我国曾提出引入竞争、打破垄断的要求，但进展一直比较缓慢。到目前，仍然存在三个方面的突出问题：一是专业性垄断和区域性垄断明显存在，有效竞争格局尚未形成。二是垄断行业中的国有企业改革滞后，法人治理结构尚未建立健全。三是打破垄断的立法跟不上形势发展要求，监管工作也不到位。这些问题的存在，一方面严重影响了垄断行业和企业效率的提高，从而拖累了全国资源配置效率的改善，也造成了行业间收入分配差距的扩大。另一方面严重阻碍了民营企业的进入，引发了社会的强烈不满，清除“天花板”、“玻璃门”、“弹簧门”和“旋转门”等现象的呼声越来越高。在这样的情况下，最有力的破解办法是加大开放力度，积极引入竞争。扩大开放，引入竞争，当前的首要任务是把国务院已经出台的两个“36 条”和实施细则落到实处。[①] 然后，需要对每个垄断行业的现状进行认真梳理，进一步找出存在的矛盾和问题，并有针对性地拿出放宽准入、保护竞争的措施。同时，必须跟上强有力的监督办法，确保出台措施落实到位。

在扩大开放、引入竞争基础上，必须紧紧跟上完善法律法规和强化监管。对垄断行业放宽准入和开放市场后，要不要强化监管，国内外学者的看法不尽一致，有些意见甚至完全相悖。有人认为，在放宽准入、引入竞争之后，对垄断行业的干预完全可以按《反垄断法》的规定来规范，没有必要建立专门监管机构进行监管。有人则认为，垄断行业监管的存在是短期的，其作用是促进它们从垄断到竞争的转变，一旦竞争格局形成，监管就可以放弃了。还有一些人认为，不仅放宽准入、开放市场的过程需要监管，而且竞争格局形成后也需要进行监管，监管是一项永久性工作。从理论上讲，监管与竞争（反垄断）各有各的边界，形成新的市场竞争格局，监管不会被反垄断替代。[②] 在中国垄断行业的竞争格局还没有形成的情况下，监管只能加强，不能弱化，更不能取消，就是在垄断行业“政企分开”基本实现后，也不能放弃监管的实施。这是由市场监管的功能和目的所决定的。市场监管是指监管主体依据法律法规对各类市场主体准入和准入后的行为进行的规范、约束等活动，是维护经济秩序的必然要求。无论是市场准入还是市场监管行为，都必须依据统一的监管制度，通过统一的

---

① 两个“36 条”，即“非公经济 36 条”和“新 36 条”。前者由国务院于 2005 年 2 月 25 日发布，文件全称为《国务院关于鼓励支持和引导个体私营等非公有制经济发展的若干意见》，是新中国成立以来首部以促进非公有制经济发展为主题的中央政府文件，因文件内容共 36 条，因此简称为“非公经济 36 条”。后者由国务院于 2010 年 5 月 13 日发布，文件全称为《国务院关于鼓励和引导民间投资健康发展的若干意见》，内容也有 36 条，为与“非公经济 36 条”相区别，简称“新 36 条”。

② 关于监管和反垄断政策之间的区别，参见张昕竹等：《网络产业：规制与竞争理论》，2000 年版，第 73—87 页。

监管部门来实施。特别需要强调的是，监管部门不能实行“政监合一”的体制，必须实现“政监分离”。也就是说，政府只负责制定政策和提供服务，具体监管任务必须交给专门的监管机构。[①] 目前，中国垄断行业的监管政策和服务、监管的具体实施都是由政府有关部门统一负责的。例如，信息产业部既是民航局的主管部门，又是监管部门。其他一些行政部门也在市场准入、定价与价格监督检查、反不正当竞争等方面行使监管职权，这就必然会导致监管职能交叉、多头监管弊病。中共十八届三中全会通过的《决定》，针对市场监管中存在的问题明确指出，要改革市场的监管体系，“实行统一的市场监管”。当前，应该按照《决定》精神，抓紧清理和废除妨碍全国统一市场和公平竞争的各种规定，建立健全社会征信体系，健全优胜劣汰市场化退出机制，完善企业破产制度，特别要注重搞好监管职能的调整与整合，建立职能单一的监管机构和统一监管制度，使监管机构按统一制度进行独立、专业、透明化的监管。

在完善法律法规和强化监管基础上，必须抓紧深化国有垄断企业产权制度改革。打破垄断的关键在于深化国有企业产权制度改革。在引入竞争、强化监管的基础上，必须及时跟进垄断企业产权制度改革。这是因为，放宽准入、引入竞争，只是解决了垄断行业准入的问题，而没有解决国有垄断企业自身存在的产权单一或一股独大问题。如果不改革国有企业产权制度，不实行产权多元化，所有国有企业的产权仍然属于一个利益主体，就难以避免政府偏袒国有企业，已经进入垄断行业的其他企业也就难以与国有垄断企业进行平等竞争。因此，必须通过国有企业上市改革或吸收民营企业、外资企业等市场主体入股等形式，使国有垄断企业转变为混合所有制企业。十八届三中全会通过的《决定》提出“要积极发展混合所有制经济”，同时指出：混合所有制经济有利于国有资本放大功能、保值增值、提高竞争力，有利于各种所有制资本取长补短、相互促进、共同发

---

① 邹东涛：《中国经济体制改革基本经验》，北京：中国人民大学出版社 2008 年版，第 387 页。

展。从过去的实践看，混合所有制经济已经发挥了推进国企和民企共同发展的重要作用。今后，更加积极发展混合所有制经济，对于打破国有垄断企业的垄断、促进各种所有制经济共同发展将发挥更大作用。

从放宽准入、引入竞争，到完善法规、强化监督，再到深化产权制度改革、发展混合所有制经济，都是环环相扣、密切相联的。也就是说，归属于开放范畴的放宽准入、引入竞争必须先行，归属于管理范畴的完善法规、强化监管必须紧紧跟上，归属于改革范畴的国有企业产权制度改革、发展混合所有制经济必须紧随其后。这样，从扩大开放入手，跟上监管保障，再到改革深化，再由改革促进开放，就形成了“开放、管理、改革”三者之间的良性循环。

第二，“改革、开放、管理”循环拉动实现形式。这种形式的循环方式是，通过改革，促进开放；通过开放，促进管理；再通过管理，促进改革。

根据问题导向原则，中国的金融体制转型，应当运用“改革、开放、管理”这种循环拉动形式。

目前，要把金融体制转型着力点放在利率和汇率市场化改革上。这是因为，使市场在资源配置中起决定性作用，客观上要求完善主要由市场决定价格的机制，凡是能由市场形成价格的都应交给市场，政府不应进行不当干预。利率和汇率作为发展市场经济的重要要素，理应由市场对其进行配置。稳步推进利率和汇率市场化改革，不仅有利于优化资金配置效率，而且有利于加快推进经济发展方式转变。推进利率市场化改革，必须以建立健全由市场供求决定的利率形成机制为方向，以完善市场利率体系和利率传导机制为重点，以提高央行宏观调控能力为基础。同时，必须健全反映市场供求关系的国债收益率曲线。推进汇率市场化改革，必须着力完善人民币汇率市场化形成机制，发挥市场供求在汇率形成中的决定性作用，提高国内国外两种资源的配置效率，促进国际收支平衡。

要在深化利率和汇率市场化改革过程中，加大对外开放力度。这是因为，中国金融已经走向世界，世界金融处在重大而又深刻的调整期，如果在深化改革中不跟上扩大开放，就会与世界金融调整相脱节，就难以使中国金融更好地走向世界。因此，在推进利率和汇率改革过程中，应该更大力度地推进对外开放。通过扩大开放，借鉴发达国家完善利率市场化、债券市场化和汇率市场化的经验，尽快实现中国金融与世界金融的真正接轨，切实提高中国在国际金融市场上的竞争能力。

要在推进改革和开放过程中，紧紧跟上强化监管。加强和改进金融监管，是维护金融稳定的基本措施。十八届三中全会作出的《决定》，针对中国金融监管机制不健全、监管不到位等问题，特别强调了强化金融监管的迫切性和重要性，明确提出“完善监管协调机制，保障金融市场安全高效运行和整体稳定”要求。金融监管始终是金融体系建设的永恒主题，在金融改革和开放力度不断加大的情况下，更加需要加强金融监管。

第三，“改革、管理、开放”循环拉动实现形式。这种形式的主要安排是针对存在的体制弊端进行改革，根据改革的需要强化管理，通过扩大开放推进改革深化和管理水平提升。

中国农业体制转型和“三农”发展当属这种形式的范例。

我们先从农村改革说起。中国的经济改革首先是从农村开始的，农村的改革首先是从“包产到户”发端的，“包产到户”是在农民难以维持生计的情况下逼出来的。为什么 1957 年、1959—1961 年、1964 年的三次“包产到户”遭到了扼杀，而 1978 年安徽凤阳小岗村发起的“包产到户”成了气候，并在全国各地开花结果呢？这是因为，以往的“包产到户”，是在“左”倾思想盛行的背景下发起和被扼杀的，而小岗村的“包产到户”则是在全国改革开放大潮中存活下来、发展起来的。由此可以说，没有全国改革开放的大背景，就没有“包产到户”的生存和发展。

同样的道理，没有属于管理范畴的中央方针政策的指导和法律、法规的保障，也不会有农村改革的不断深化和“三农”的蓬勃发展。1982—2000 年，中央为了指导和支持农村的改革与发展，先后出台了五个 1 号文件。1982 年 1 月，中共中央批转的《全国农村工作会议纪要》，第一次明确肯定了“包产到户”的社会主义性质，消除了人们的思想顾虑，促进了

"包产到户"的发展。1983年1月，中共中央在《当前农村经济政策的若干问题》文件中，高度赞扬包产到户"是我国农民的伟大创举"[①]，明确提出着力推进人民公社体制改革。到1983年年末，全国实行家庭联产承包的生产队已占到生产队总数的97.8%。1984年1月，中共中央下发《关于1984年农村工作的通知》，明确要求积极推进农村商业发展。1985年1月，中共中央、国务院印发《关于进一步活跃农村经济的十项政策》，明确提出了农产品统派购制度改革的政策措施。1986年1月，中共中央、国务院发出《关于1986年农村工作的部署》，要求各级各部门摆正农业在国民经济中的地位，着力支持农村经济发展。

2004年至今，中共中央、国务院每年制定发布一个1号文件，分别侧重推进农民增收、提高农业综合生产能力、新农村建设、发展现代农业、加强农业基础建设等内容。与此同时，全国人大根据中共中央和国务院出台政策性文件的实施情况，特别是"三农"发展的实际需要，修订和制定了若干支持与保护"三农"发展的法律、法规。这主要包括：《中华人民共和国农业法》、《中华人民共和国农产品质量安全法》、《中华人民共和国农村土地承包法》、《中华人民共和国农民专业合作社法》、《中华人民共和国农业技术推广法》、《中华人民共和国种子法》、《中华人民共和国畜牧法》、《中华人民共和国合伙企业法》以及《基本农田保护条例》，等等。

在农村改革和管理不断推进的同时，农业的对外交流与合作尤其是引进技术和对外贸易也随之得到拓展，从而使中国实现了由以接受援助为主转变为向其他发展中国家提供援助，由引进为主转变为引进和输出并重，由全球多边规则的被动接受者转变为国际规则制定者、主动参与者。同时，中国农业对外开放服务国内农业发展的水平也得到较大提高。

上述情况表明，农村改革的发端和成功，是得益于全国改革开放大背

---

① 《当前农村经济政策的若干问题》，载中共中央党校理论研究室编：《历史的丰碑：中华人民共和国国史全鉴（经济卷5）》，北京：中共中央文献出版社2005年版，第1120—1127页。

景的；农村改革发展的推进，是与中央方针政策支持和法律、法规保障分不开的；农村改革的深化和管理水平的提高乃至整个“三农”的发展进步，是与学习借鉴发达国家成功经验和引进先进技术直接相关的。这不仅体现了“三农”长足发展的历史轨迹，而且证明了“改革、管理、开放”循环拉动形式的可行性和有效性。

第四，“管理、改革、开放”循环拉动实现形式。这种形式的主要特点是：针对管理弱化问题，强化管理；根据强化管理要求，深化改革；适应强化管理和深化改革的需要，扩大开放；再根据扩大开放的要求，进一步推进管理和改革。

这种循环拉动形式，主要适用于目前正在着力推进的法治中国建设。

社会主义市场经济是法治经济，没有完善的法治体系就没有完善的社会主义市场经济。改革开放以来，伴随着经济体制的转型，法治体系的建设明显加快。但是，也存在着诸多亟待解决的矛盾和问题。一是轻视法治的思想还没有得到根本转变。不少人习惯于依靠道德规范和约定俗成的惯例，来约束自身的行为和调整相互之间的关系，而不习惯通过契约等现代法律方式解决遇到的问题；奉行“精英政治、贤人政治”等传统人治方式，而不信奉“法律至上、法律面前人人平等”的现代法治模式；不少公务员甚至包括一些高级干部，在工作中习惯于依赖政策和运用行政命令等方式，即使是在法律已有明确规定的情况下，也置法律的权威于不顾，依然以执行上级政策或指示为借口来拒绝法律的要求。[①] 二是法律体系的建设仍然滞后。法律的制定跟不上实践的要求，诸多方面的立法依然稀缺，有些已经公布的法律也不完善，甚至存在相互“打架”的条文。三是法律的实施仍不到位。有法不依、执法不严、违法不究的现象时常可见。

解决上述矛盾和问题，需要深化改革、强化管理、扩大开放，而最紧迫最根本的是强化法治管理。也就是说，需要从强化法治管理入手，紧紧

---

① 厉以宁、石军等著：《中国经济改革警示录》，北京：人民出版社 2013 年版，第 395 页。

跟上法治改革和开放等相关措施。

从目前看，强化法治管理，应该着力抓住三个重点。一是加强法治教育，牢固树立法治意识。近年来，我国经常组织开展一些法治宣传和教育活动，但大都没有收到预期效果，一方面是因为轻视法治的思想根深蒂固，另一方面是宣传和教育形式欠佳。应当认真总结过去的经验教训，积极采用干部群众喜闻乐见的方式强化法治宣传和教育。同时，需要动员各种新闻媒体，在全社会进行全覆盖式的普法宣传。另外，应该分门别类地选择一些案例，采取多种形式的案例剖析教育。二是加快立法步伐，着力提升法律体系的完备性。当前，应该针对公共权力约束弱化、行业和企业垄断尤其是公权力泛用等迫切需要解决的问题，加快立法步伐，努力做到有法可依、有据可循。同时，需要抓紧完善维护社会公平、健全社会保障、优化公共财政、完善生态保护和加强社会管理等方面的法律。三是维护法律的权威性，确保法律的有效实施。应该针对有法不依、执法不严、违法不究，特别是行政干预和司法腐败等问题，进一步完善司法体系，确保实现法官的独立审判和公正执法。同时，着力加强对法官的培训，努力提升法官的素质，特别要尽快完善监督机制，切实加强人民群众的监督，更加严厉地惩处司法腐败。

在强化法治建设尤其是解决有法不依、执法不严等问题的过程中，必然会遇到政府公权力的异化和既得利益者的阻碍，这就需要通过深化改革来革除体制机制弊端、清除各种障碍，拓宽法治体系建设的通道。2013 年 2 月，中央政治局在依法治国集体学习时，习近平总书记从立法、执法、司法以及干部选拔四个方面对法治中国建设作了深刻阐述：在立法上，要完善立法工作机制和程序，扩大公众有序参与；在执法上，要加强宪法和法律实施，行政机关要带头严格执法，坚决防止和克服地方保护主义和部门保护主义；在司法上，要重点解决影响司法公正的深层次问题，加大司法公开力度，回应人民群众对司法公正公开的关注和期待；在干部问题上，要求各级领导干部带头依法办事，带头遵守法律，各级组织部门要把依法办事、遵守法律作为选拔干部的重要条件。[①] 这四个方面的改革对法治中国建设至关重要。如果行政部门的内部之“法”，不让位于国家立法机关制定的法律，就难以加快法治体系建设；如果行政机关不带头严格执法，就难以建设法治社会；如果不公正司法，就难以树立法律权威；如果干部不遵守法律、公权力得不到有效约束和监督，就难以做到依法行政，也就难以解决由此产生的寻租问题。因此，只有大力推进这些方面的改革，才能加快法治中国建设。

在强化法治管理和深化法治改革的过程中，需要通过扩大对外开放，积极借鉴其他国家法治管理和改革的经验。同时，为进一步融入经济全球化，更加有效地参与国际竞争和合作，也迫切需要搞好国内法律、法规和国际通用法律及规则的衔接。

从上述内容可以看出，加强法治中国建设，迫切需要强化法治管理；强化法治管理，必须抓好政府和司法改革；强化管理和深化改革，应该通过扩大开放，学习借鉴国际经验，推进国内与国际法规衔接；学习借鉴国际经验和推进国内与国际法规衔接，必然促进法治管理乃至整个法治体系建设。这正是“管理、改革、开放”循环拉动形式在法治中国建设过程中的实际运用。

第五，“管理、开放、改革”循环拉动实现形式。这种形式的行进安排是：从注重管理开始，到管理、开放并举，再到“管理、开放、改革”协同推进。这种形式也可表述为：通过强化管理奠定发展基础，通过扩大开放提升发展水平，通过深化改革创新发展机制，通过创新机制增强发展活力。

这种循环拉动形式，主要适用于发展壮大过程中的民营企业。

2013 年中国企业联合会、中国企业家联合会发布的中国企业 500 强排

---

① 资料来源：新华网，http：//news. xinhuanet. com/politics/2013－02/24/c_114782088. htm。

行榜显示，民营企业在500强中的数量已扩大到191家。[①] 纵观这些民营企业的发展轨迹可以看到，多数企业是沿着“管理、开放、改革”的路径发展壮大起来的。

十一届全国政协经济委员会副主任、新希望集团董事长刘永好曾对改革开放以来的产品供求变化做过“三个阶段、三种对策”的研究。第一个阶段是产品供不应求阶段，主要对策是加强企业内部管理。当时，只要认认真真抓管理，一板一眼造产品，就一定能把企业办好，也一定能够赚钱。第二阶段是产品供求基本平衡阶段，主要对策是强化管理和扩大开放。通过积极引进发达国家先进技术、设备和管理经验，努力降低生产经营成本，就能够达到提高经济效益的目的。第三个阶段是产品过剩阶段，主要对策是在强化管理和扩大开放过程中，着力深化体制机制改革。通过学习借鉴先进经验，审视自己存在的体制机制问题，有针对性地革除家族式管理弊端，并着力改革不适应国际规则和惯例的规章制度。

刘永好的研究是很有道理的。在产品供不应求情况下，不管生产多少产品，甚至不管质量优劣，都能卖出去，只要企业生产出来就行；在产品供求平衡条件下，市场竞争压力增大，生产效率直接决定赚钱的多少，企业只有进一步强化管理和推进技术进步，才能取得更大的效益；在产品过剩背景下，企业必须加快“走出去”步伐，积极拓展新的市场。在企业走出去过程中，必然会遇到诸多矛盾和问题，而矛盾和问题的根源不在国外而在国内，在于体制机制的制约，这就必然倒逼企业进行有针对性的改革。于是，企业自然而然地走上了“管理、开放、改革”的循环路径。新希望集团、华为集团和吉利集团等一大批民营企业的发展壮大，走的正是这样一条路径。

---

① 数据来源：财富中文网，http：//www.fortunechina.com/fortune500/c/2013－07/16/2013C500.htm。

第三节
经济体制转型原理的方法论

研究经济体制转型的方法论，首先需要弄清三驾马车之间的逻辑关系，进而弄清怎样把握三驾马车的行进方向，然后探讨三驾马车的牵引作用。

一、三驾马车的逻辑关系

如前所述，开放、改革、管理这三驾马车，分别都对经济体制转型具有重要拉动作用。然而，它们的拉动作用却不仅仅体现在每驾马车的拉动力上，更重要的是体现在三驾马车的合力拉动上。这是因为，三驾马车是一个有机联系的整体和系统，整体的力量和系统的功能是任何一个个体所不能比拟的。

为了说明三驾马车的逻辑关系及其拉动特点，现绘如下总图和三个分图以作具体阐述。

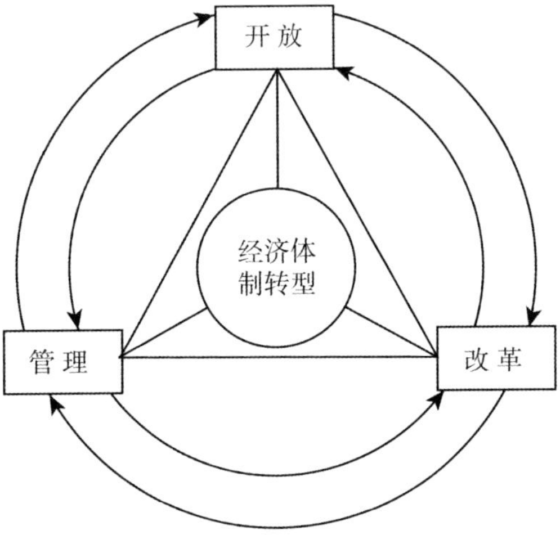

三驾马车拉动经济体制转型总图

1. 三驾马车是个整体，不能顾此失彼

分图①，即中心圆圈和三条直线连接的长方形框内所标注的内容，讲的是经济体制转型必须依靠开放、改革、管理这三驾马车拉动。之所以这样讲，是因为在拉动经济体制转型过程中，既离不开开放，又离不开改革，还离不开管理。开放、改革、管理是一个有机整体，同处一个转型平台，都是为了实现一个共同目标、达到一个共同目的，这就是由传统计划经济体制转为完善的社会主义市场经济体制、解放和发展生产力。这就要求我们在制定经济体制转型规划中，务必注重三驾马车的整体性。

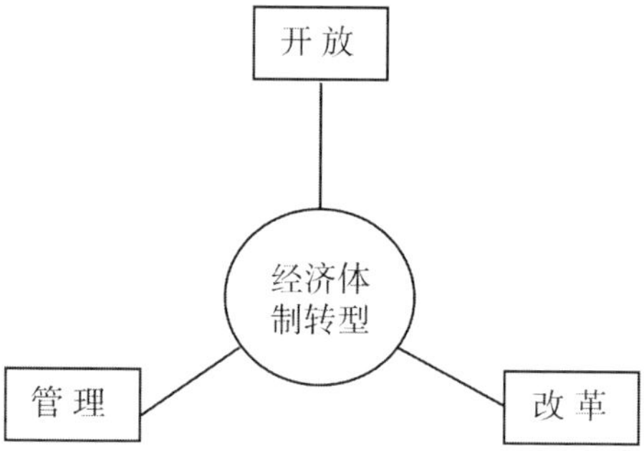

三驾马车拉动经济体制转型（分图①）

原中国政法大学校长、著名法学家江平同志，在《中国改革开放的成功经验是市场＋法治》一文中指出：市场的法律制度主要包括两大部分，一个叫作市场权力的法律制度，一个叫作市场秩序的法律制度。从市场权力的法律制度来说，国家应该更少干预，让市场主体有更多的自由；市场秩序的法律制度，恰恰应该需要更多的国家干预。[①] 这篇文章的题目和内容至少包括三层含义。一是“市场＋法治”是中国改革开放的成功经验，即没有改革开放就没有“市场＋法治”的经验。二是市场法律制度包括市场权力的法律制度和市场秩序的法律制度，即两个法律制度是有区别的，两者的作用是不一样的。三是市场权力的法律制度，国家应该更少干预；市场秩序的法律秩序，国家应该更多干预。即对市场权力和市场秩序的干预应该按照更少、更多的要求进行变革。这三层含义所讲的内容正与三驾马车的整体性对应：无论是在题目中，还是在内容中，都讲到了“开

① 江平：《中国改革开放的成功经验是市场＋法治》，载《中国经济周刊》2007 年第 38 期。

放”。就是说，成功的经验来自于开放，经验的内容包含着开放和其成效；无论是在题目中，还是在内容中，都讲到了改革。就是说，成功的经验来自于改革，经验的内容包含着改革和其成效；无论是在题目中，还是在内容中，都讲到了“市场＋法治”。就是说，成功的经验，既包括“市场”，也包括“法治”。“市场”需要管理，“法治”本身就属于管理范畴。

实际上，我国36年来的经济体制转型历程，就是三驾马车整体拉动的过程，这正与江平同志所阐述的观点相吻合。首先，从市场经济角度看，市场经济是发达国家创造的经济模式，我国只有通过开放才能学习借鉴发达国家的经验，才能创建包括开放型经济体制在内的具有中国特色的社会主义市场经济体制。如果不实行对外开放，就无法建立社会主义市场经济体制。其次，从国家干预多与少的角度看，在传统计划经济背景下，国家包揽一切，即使在现行体制下，国家干预市场主体仍然过多，而对应该管理的市场秩序却没有管住管好。要搞市场经济，政府就必须对市场权力更少进行干预，把应该回归市场的权力回归市场，以使市场起到配置资源的决定性作用；就需要对市场秩序更多进行干预，以建立健全统一开放竞争有序的市场体系。这里讲的“更少”和“更多”，讲的就是改革，即通过改革来划清政府和市场的边界，来搞好政府的简政放权，来发挥市场配置资源的决定性作用。最后，从立法和执法尤其是政府依法行政的角度看，这里讲的都属于管理的内容，如果加上立法的依据，就会前伸到开放、改革积累的成功经验和做法。

2. 三驾马车是个系统，不能将其分割

分图②，即三角形连接的长方形框内所标注的内容，讲的是开放、改革、管理这三驾马车构成一个完整的系统，这个系统能够发挥比单驾马车更大的拉动作用。系统论告诉我们，任何一个系统都是由若干要素以一定结构形式连接构成的具有某种功能的有机整体。三驾马车拉动经济体制转型正是这样一个完整系统：开放、改革、管理，是这个系统中的三个要素；三个要素构成的三驾马车，是这个系统的结构；拉动经济体制转型，是这个系统的功能。每驾马车都在这个系统中发挥作用，三者的合力自然

要比将其分割开来大得多。这就要求我们在谋划经济体制转型方略中，必须注重三驾马车的系统性。

在以往的经济体制转型过程中，我们时常看到：有的时候对外开放进展较快，而改革措施跟不上；有的时候改革进展较快，而管理严重滞后；有的时候管理搞得好，而开放和改革动作慢。导致这种状况的原因在于：没有把开放、改革、管理作为拉动经济体制转型缺一不可的三个要素，没有将这三个要素有机构成为三驾马车，也没有将三驾马车统一于拉动经济体制转型之中，因而形成了开放、改革、管理不协调、不同步的问题。这就必然会影响三驾马车拉动经济体制转型的效果，搞不好还会发生相互掣肘的现象。正是因为认真总结了这些方面的经验教训，所以中共十八届三中全会才明确提出要注重全面深化改革的系统性。

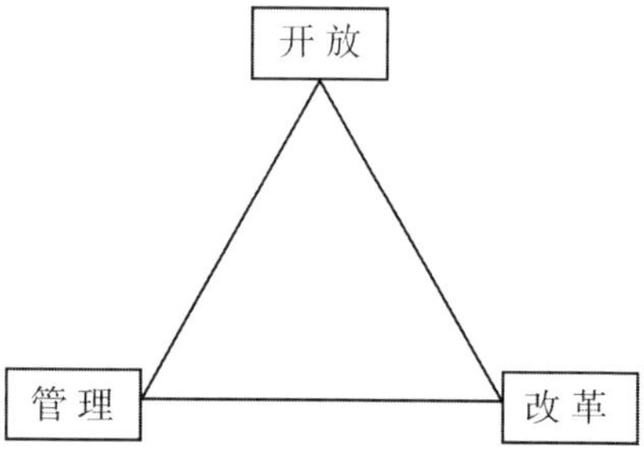

三驾马车拉动经济体制转型（分图②）

3. 三驾马车相互影响，不能厚此薄彼

分图③，即外圈顺时针和内圈逆时针所连接的三个长方形框内所标注的内容，讲的是三驾马车中的每一驾都相互联系和互相影响。任何一驾马车顺时针方向都会直接影响前一驾马车，逆时针方向都会直接影响后一驾马车。也就是说，无论是从顺时针还是逆时针方向看，任何一驾马车都会直接影响与其相联的另外两驾马车。这就要求我们在实施经济体制转型规划中，特别注重三驾马车之间的协同性。

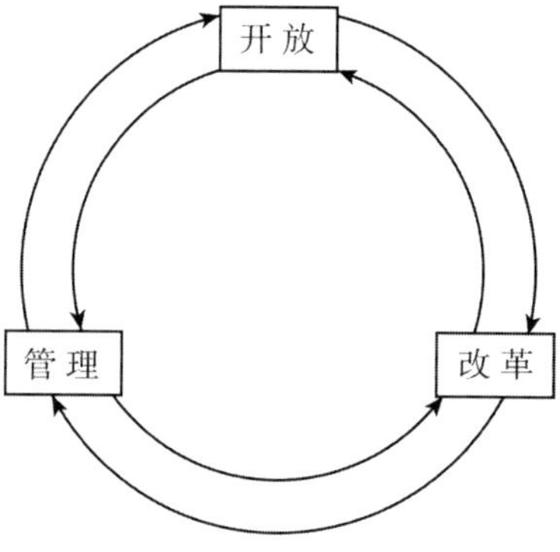

三驾马车拉动经济体制转型（分图③）

一驾马车拉不好而影响另外两驾马车的现象，在实践中也不少见。有的地方注重开放，而忽视改革，从而使改革拖了开放的后腿；有的地方注重改革，而忽视开放，又使开放拖了改革的后腿；有的地方重视开放和改革，而忽视发挥管理的作用，而使管理拖了开放和改革的后腿。因此，没有充分发挥出三驾马车的应有作用，直接影响了经济体制转型的进程。这也正是中共十八届三中全会强调全面深化改革协同性的意义所在。①

4. 三驾马车动态平衡，不能平均用力

三驾马车在拉动经济体制转型过程中是动态平衡的，其地位和作用不是一成不变的，也不是一直平均用力的。这是因为经济体制转型面临的主要矛盾变化了，每驾马车的地位和作用就必须相应变化。十一届三中全会召开的前一年，我们工作的着力点主要放在了对外开放尤其是外出学习考察上，此后若干年主要放在了深化改革上，目前则应主要放在制度创新特别是法律、法规建设上。这就要求我们根据问题导向原则，适时调整每驾马车的位置和着力点，尤其注重驾驭三驾马车的灵活性。

总之，开放、改革、管理这三驾马车相互联系、相互影响、相辅相成，构成一个闭环。对三驾马车，顾此失彼不行、相互分割不行、厚此薄彼不行、平均用力也不行，必须将其作为一个整体、一个系统、一个协同动作平台，注重发挥合力拉动效果。

二、三驾马车的行进方向

三驾马车拉动经济体制转型原理能否正确运用，关键在于三驾马车行

---

① 十八届三中全会报告中强调：全面深化改革的总目标是完善和发展中国特色社会主义制度，推进国家治理体系和治理能力现代化。必须更加注重改革的系统性、整体性、协同性，加快发展社会主义市场经济、民主政治、先进文化、和谐社会、生态文明，让一切劳动、知识、技术、管理、资本的活力竞相迸发，让一切创造社会财富的源泉充分涌流，让发展成果更多更公平惠及全体人民。

进方向是否正确。三驾马车行进方向正确，就会呈现正向拉动态势；行进方向偏离正确目标，就会呈现偏向拉动态势；行进方向错误，则会呈现逆向拉动态势。三驾马车是正向拉动，还是偏向拉动或逆向拉动，不是由三驾马车自身决定的，而是由三驾马车的驾驭者（集团）所决定的。也就是说，三驾马车的驾驭者，决定着三驾马车的行进方向是否正确，决定着三驾马车拉动经济体制转型原理能否成功运用。

1. 对经济体制转型的正向拉动

总的来看，中国改革开放36年，三驾马车拉动经济体制转型的行进方向是基本正确的，拉动的成效也是非常突出的。之所以这样讲，主要是因为三驾马车的驾驭者的战略决策是正确的，三驾马车基本上是朝着正确目标前行的。自1978年中共十一届三中全会确立改革开放基本国策，到1987年11月中共十三大确立“一个中心、两个基本点”（一个中心，指以经济建设为中心；两个基本点，指坚持四项基本原则，坚持改革开放）的基本路线之前，三驾马车在探索中前行，基本没有背离正确决策。在此之后，一直到1993年11月中共十四届三中全会确定建立社会主义市场经济目标之前，三驾马车基本上是沿着基本路线拉动经济体制转型的。中共十四届三中全会之后，三驾马车基本上沿着中国特色社会主义和市场化取向不断前行，并于2003年10月初步建立了社会主义市场经济体制。此后至今，特别是中共十八届三中全会以来，三驾马车一直朝着完善社会主义市场经济体制目标奋力前行。

三驾马车能否走上成功之路，关键取决于三大因素：其一，有没有一个具有政治勇气和智慧而又与时俱进的领导集体。如果有这样的领导集体，就能科学谋划和正确把握三驾马车的行进方向，及时矫正偏离目标问题，使其按照既定目标前行。反之，如果没有这样的领导集体，三驾马车就会在重大问题上迷失方向，或是停滞不前，或是走上邪路。其二，能不能得到广大群众的拥护和支持。如果得到群众的拥护和支持，三驾马车就有底气，就有较为稳定的社会基础作保障，就会产生强大的拉动力。反之，如果得不到群众支持，甚至遭到群众反对，就无法保持稳定，三驾马车就会因失去社会稳定环境而无力拉动经济体制转型。其三，是不是符合本国的基本国情。如果从本国国情出发，设置转型目标，创新转型理论，制定转型方略，就会使三驾马车闯出一条符合本国国情的路子。反之，如果不顾自己国情，硬行照搬他国模式、刻板照抄经典著作，三驾马车就会偏离正确方向，甚至发生逆转。中国的经济体制转型，正是因为具备上述三个因素的正能量，才使三驾马车走上了一条成功之路。

2. 对经济体制转型的偏向拉动

三驾马车在拉动中国经济体制转型过程中，虽然没有出现逆向拉动现象，但偏向拉动的问题却屡见不鲜。

20 世纪 90 年代中期，由于法律、法规和政策不配套，加之许多地方和企业不按规范程序操作，致使部分国有企业在改制中造成国有资产严重流失。有的地方进行暗箱操作，将国有资产卖给不符合购买条件的人；有的地方不顾企业债权人和职工利益，硬行卖掉国有企业，造成债务悬空和职工利益受损；有的地方财务审计不严、资产评估不实，低价贱卖国有资产；有的地方采用半卖半送、甚至“零”价出售方式，将国有资产贱卖乃至送给个人；有的企业负责人通过内外勾结、隐匿转移资产等手段，侵占私吞国有资产。诸如此类的改制方式，打的是推进经济改革的旗号，行的却是损害国家和职工利益的勾当。尽管中央及时发现并坚决纠正了这些问题，但也造成了许多国有资产的流失。这种偏向拉动的教训值得认真汲取。

在推进城乡发展一体化过程中，也存在许多三驾马车偏向拉动问题，并且直到现在有的问题仍然没有得到根本解决。在 20 世纪 90 年代初，中央就明确提出城乡发展一体化要求，在此之后不断加大推进力度，并在诸多方面取得重大进展。但是，由于城乡二元体制障碍一直没有根除，致使城乡一体化发展一直受到严重阻碍。推进城乡发展一体化，首先需要全面实行对内开放。但是，我国的对内开放却难以推进。上海的同志算过物流运费账，同样的商品从上海运到北京，运费居然比运到美国西海岸还要贵；省际之间、市际之间、县际之间、城乡之间的“断头路”时常可见；

至于城乡之间的壁垒更是重重叠叠，这既表现在户籍、土地和公共服务制度上，还表现在城乡管理观念、方式和政策等诸多方面。通过36年的对外开放，我们在很大程度上打破了国界；而在国内，却没有从根本上打破城乡之界乃至县界、市界和省界。破除城乡二元体制障碍，需要在统一对内开放思想和行动中，紧紧跟上相应改革举措。但是，长期以来户籍制度、公共服务体制、土地征收和交易制度等改革，一直没有真正破题。管理制度创新更是严重滞后，《户口登记条例》是1958年出台的，改革开放以来虽然采取了一些调整措施，但仍然没有从根本上改变原有户籍制度。对城市住户和农村居民的房屋拆迁补偿，也仍然按照原来的《城市房屋拆迁条例》和《土地管理法》来确定，两种不同的补偿方式导致了土地收益的天壤之别。这些偏向拉动问题，直到十八届三中全会才拿出了破解之法，才开始逐步破题。

在经济体制转型过程中，还出现了开放、改革、管理三个方面的安排相互脱节，政策措施相互矛盾，具体行动不协调不同步等问题。这既表现在农村改革与城市改革、国企改革与民企改革等诸多矛盾上，又表现在微观发展与宏观调控、经济体制转型与政府职能转变等诸多问题上，还表现在经济体制改革与政治、文化、社会和生态文明体制改革相互脱节上。正是为了有针对性地解决这些矛盾和问题，中共十八届三中全会才明确提出切实增强全面深化改革的整体性、系统性和协调性。

3. 对经济体制转型的逆向拉动

从新中国成立到中共十一届三中全会前的30年，我国不是没有搞过对外开放，也不是没有推进经济改革，更不是没有注重经济管理。只不过，那时的开放仅是对社会主义阵营国家的开放，那时的改革仅是放权收权式的改革，那时的管理仅是命令式计划管理。正是因为这种意义上的“开放、改革、管理”构成了三驾马车，所以形成了对经济体制转型的逆向拉动。

第一，在对社会主义阵营国家的开放中，照搬苏联计划经济模式。1917年十月革命胜利之后，苏联在世界上首创了高度集中的计划经济体制。这种体制曾成为后来所有社会主义国家照搬的理想模式，也曾成为西方思想家对未来社会的美好憧憬。中国也不例外，也是照搬苏联计划经济模式并改造利用其战争期间的做法，从而建立自己的计划经济体制的。在建立计划经济体制过程中，我们不仅以苏联创立的计划经济理论为指导，而且一直紧跟其重大政策甚至照搬其做法，最为典型的是所有制结构的改造和调整。

新中国成立前夕，在中国共产党领导下制定了《中国人民政治协商会议共同纲领》，并将其作为新中国建立之后的施政纲领。《共同纲领》规定：国营经济、合作社经济、农民和手工业者的个体经济、私人资本主义经济、国家资本主义经济成分并存，在国营经济的领导下分工合作、各得其所，以促进整个社会经济的发展。新中国成立初期，在《共同纲领》的指导下，各种所有制经济都得到了较快的发展。但是，在此之后的相当一段时间里，由于受到苏联经济模式的影响，尤其是国内诸多运动的冲击，各种经济共同发展的局面出现了逆转。在 1951 年开展的“三反”和“五反”运动中，相当一批工商业者受到处理，严重影响了私营工商业的发展。在此之后的 4 年时间里，快速完成了对农业、手工业和资本主义工商业的社会主义改造，实现了生产资料私有制向社会主义公有制的转变。在“大跃进”运动和“文化大革命”十年内乱中，由于受极“左”思潮的影响，非公有制经济被全部扫光，整个国民经济构成只剩下单一的纯而又纯的公有制经济。与此经济制度相适应，高度集中的计划经济体制也得以建立和巩固。当然，在十年内乱中，这样的经济制度和经济体制也与政治、文化、社会等制度一样，都没有逃脱全部被砸烂的厄运。

实行对外开放本来是国与国之间开展交流与合作，尤其是拓宽发展空间和通道的重大举措。但是，只对社会主义阵营国家开放，而不对资本主义国家开放，就无法通过比较来鉴别计划经济和市场经济体制的利弊得失，就不能吸收市场经济体制的长处，也就谈不到对计划经济体制的实质性改革。

第二，放权收权式的改革，不仅没有拉动经济体制转型，反而成为南

辕北辙的行动。改革开放前，我国进行过多次放权收权式改革，每次放权后都会因为出现混乱局面而收回所放的权力，一直难以跳出“一放就乱、一乱就收、一收就死、一死再放”的怪圈。

实际上，我国传统计划经济体制的弊端和根源与苏联模式一样，主要体现在三个方面。一是完全排斥市场配置资源的作用。通过建立无所不包的指令性计划经济体系，全部包揽国民经济整个生产和分配过程；通过实行高度集中的行政手段，严格控制和调节企业的生产经营。在这种完全排斥市场作用的体制下，企业和职工必然丧失积极性和创造性，整个经济也就相应失去动力和活力。二是所有制形式与生产力水平相背离。虽然经过全国人民的艰苦奋斗，国民经济得到了较快恢复，但社会生产力水平依然非常落后。在生产力水平非常落后的情况下，一味追求纯而又纯的公有制形式，就背离了生产力发展的要求，必然严重阻碍生产力发展。三是注重发展重工业而忽视农业和轻工业生产，导致经济结构严重失调，从而造成资源的巨大消耗，并严重影响人民群众生活水平的提高。

可惜的是，我们只看到了传统计划经济体制存在的表象问题，而没有看到实质性弊端和其根源。更为突出的是，一直认为计划经济是社会主义优越性的特征之一，因而一直力图坚持和完善计划经济体制，这就使放权收权式改革成为南辕北辙的行动，必然形成计划经济体制越改越固化的局面。

第三，僵化的经济管理，不可能起到拉动经济体制转型的作用。无所不包的指令性计划和高度集中的行政手段，不仅窒息了经济发展的活力，而且使得经济管理一直处于僵化状态，经济管理水平也一直难以提高。僵化的管理和较低的管理水平，自然不会起到拉动经济体制转型作用。进入“文化大革命”十年内乱之后，管理这驾马车也被彻底打烂，也就更谈不到管理拉动经济体制转型作用了。当然，这样的管理也不是一无是处，它在集中全国人、财、物办大事和提高决策效率等方面曾起到过重要作用，但总体而言，这样的管理必然影响甚至阻碍生产力发展，必定起不到拉动经济体制转型的作用。

改革开放前的命令式计划管理与放权收权式改革一样，都是立足于发挥社会主义计划经济的优越性而展开的，都是受制于各种运动的。经济管理强化了就等于强化了计划经济体制，经济管理弱化了就会弱化计划经济体制的作用。因此，根本谈不上管理对经济体制转型的正向拉动。

上述情况表明，我国改革开放前的三驾马车不仅没有起到经济体制转型的正向拉动作用，反而起到了固化计划经济体制的作用。这种状况的形成，不是三驾马车自身的问题，而是三驾马车的驾驭者没有确定其正确方向。也就是说，没有从中国国情尤其是生产力水平和发展要求出发，提出经济体制转型的正确目标。这一现实告诉我们，确定三驾马车拉动经济体制转型的正确方向和目标是多么重要。

三、三驾马车的牵引作用

生产力与生产关系、经济基础与上层建筑，前者决定后者、后者反作用于前者，是马克思主义的基本原理。经济体制是生产关系尤其是经济制度的实现形式，它不仅取决于生产力发展水平并反作用于生产力，而且对上层建筑起着极为重要的影响。同理，三驾马车拉动经济体制转型，不仅可以起到解放和发展生产力的作用，而且可以起到牵引上层建筑变革的作用。

1. 对完善政治体制的牵引作用

政治体制指的是一个国家的组织结构和管理体制及相关法律和制度。政治体制的完善，与经济体制转型密切相连、相互影响。要完善政治体制，必须推进经济体制转型，发挥其对政治体制变革的牵引作用；要推进经济体制转型，必须推进政治体制变革，发挥其对经济体制转型的保障作用。

三驾马车在拉动经济体制转型中对完善政治体制的牵引作用，主要表现在四个方面。一是经济体制转型可以使属于上层建筑范畴的政府找到自己的准确定位。我国经济体制转型的目标是建立完善的社会主义市场经济体制，核心是正确处理政府与市场的关系，使市场发挥资源配置的决定性作用；中心环节是搞活企业、完善市场体系、改善宏观调控。这些内容都涉及到政府的定位。要使市场发挥资源配置的决定性作用，政府就必须把理应属于市场的权力回归市场；要搞活企业，就必须搞好政企分开；要完善市场体系，就必须改善宏观调控。二是经济体制转型制约和改变着政府的行为。从理论上讲，政府是政治主体，政府的行为都是政治行为，但影响甚至决定政府行为的却不只是政治因素，经济因素和经济制度往往起着至关重要的基础性作用。这包括直接影响甚至决定政府行为的税收和财政制度、重大金融和财政调控政策，等等。而这些制度和政策，既决定着政府自身的运转，又决定着公共服务等人民群众的切身利益，还直接影响着经济的发展。三是经济体制转型的成果影响甚至决定着法治建设的进程。任何法律的修订和制定，都是以实践过程中创造的成功经验和发展趋向为依据的，没有经济体制转型创造的成功经验和做法，就难以修订和制定法律法规。四是经济体制转型起着倒逼政治体制变革的重要作用。这不仅体现在上面讲到的让市场决定资源配置必然倒逼政府简政放权上，还表现在扩大对外经济合作与交流，尤其是企业走出去，必须跟上国内法律、法规与国际规则接轨等方面。

当前，制约政治体制变革的诸多障碍主要集中在经济领域，不加快三驾马车拉动经济体制转型步伐，就无法克服制约政治体制变革的障碍，也就难以推进政治体制的完善。因此，必须高度重视并积极发挥三驾马车对完善政治体制的牵引作用。

2. 对变革文化体制的牵引作用

文化是一种生产力，是综合国力的重要组成部分。当今世界，文化与经济、政治相互交融，在综合国力竞争中的地位和作用越来越突出。因此，必须深入推进文化体制改革，促进文化大发展大繁荣。而文化的发展离不开经济发展的支撑，文化体制的变革更离不开经济体制转型的牵引。

三驾马车拉动经济体制转型对文化体制变革的牵引作用，主要体现在三个方面。一是推进文化产业的发展，必须使其进入市场，在市场竞争中发展和壮大。而建立统一开放竞争有序的现代市场体系，正是经济体制转型的重要目标和主要任务。只有加快三驾马车拉动市场体系建设步伐，才能促进文化产业在市场竞争中发展壮大。二是文化资源只有让市场起到对其配置的决定性作用，才能提高使用效率并发挥其应有的作用。而使市场在资源配置中发挥决定性作用，正是经济体制转型过程中着力解决的核心问题。这就是说，只有着力发挥市场在资源配置中的决定性作用，才能更好地配置文化资源，从而才能更好发展和繁荣文化。三是经济体制转型不仅可以为文化体制变革奠定基础并起着支撑作用，而且可以为其提供激励和约束机制及可资借鉴的成功经验。

3. 对创新社会体制的牵引作用

社会体制是指一个国家为搞好社会管理、提供公共服务和解决社会纠纷，而确定的政府、市场与社会组织职能和中央与地方政府之间权责关系的一组机制和制度。社会体制的建立和完善是在特定经济基础范围内进行的，它不可能脱离经济基础的要求和制约而展开。因此，社会体制的创新，也不能脱离经济体制转型的要求和制约。要推进社会体制的创新，就必须发挥三驾马车在拉动经济体制转型中的牵引作用。

三驾马车对社会体制创新的牵引作用，主要表现在四个方面。一是只有通过经济体制转型，才能有效拉动生产力的解放和发展，进而才能为社会体制创新奠定坚实物质基础。二是收入分配制度变革和社会保障体系建设，既属于经济体制转型内容，又是社会制度创新的题中应有之义。也可以说，它们是经济体制转型和社会体制创新的结合部。因此，三驾马车拉动收入分配制度变革和社会保障体系建设，本身就是拉动社会体制创新。三是经济体制转型改变了社会结构，对社会体制创新提出了更高要求。改革开放以来，我国的社会结构已经发生了深刻变化，这主要表现在：原有的敌对阶级已经消失；原有的民族资产阶级已经消失；工人阶级的队伍迅速壮大，知识分子已成为工人阶级的一部分；个体农民已成为集体农民，其中部分已变为工人阶级的成员或农民工；新产生了实力强大的企业家和“白领阶层”。这种社会结构的深刻变化，不仅有利于推动经济发展，而且对于创新社会管理体制提出了更高要求。只有根据这种深刻变化的需要创新社会体制，才能适应形势发展的要求，也才能进一步推动经济社会发展。四是经济体制转型有力地促进社会和谐发展。三驾马车拉动经济体制转型，经济体制转型拉动经济发展，经济的发展是为了增进人民福祉。只有不断增进人民福祉，才能促进社会和谐稳定，实现国家的长治久安。人民幸福、社会和谐，既是经济体制转型的根本宗旨和基本条件，也是社会体制创新的出发点和落脚点。如果经济体制转型不能拉动经济发展，人民幸福、社会和谐就会成为无源之水。

三驾马车除了对完善政治体制、变革文化体制和创新社会体制具有强有力的牵引作用之外，还对生态文明和党的制度建设等诸多领域具有重大的牵引作用。这是因为经济体制属于经济基础范畴，经济基础的变革必然会引发上层建筑等领域的变革。

三驾马车对上述领域的牵引作用，主要通过五种方法实现。一是三驾马车直接拉动政治体制完善、文化体制变革、社会体制创新。二是三驾马车拉动经济体制转型的进展，可以为推进政治体制完善、文化体制变革、社会体制创新创造更好的环境和时机。三是经济体制转型引发的社会结构变化，可以影响和推动政治、文化和社会体制变革。四是三驾马车在拉动经济体制转型过程中创造的经验和做法，可以为政治、文化、社会体制变革所借鉴和利用。五是三驾马车拉动经济体制转型取得的成就，可以增强全社会的勇气和信心，进一步凝聚广大人民群众的力量，从而为政治、文化和社会体制的变革提供更大的动力和合力。

第三章

三驾马车拉动经济体制转型原理的实践特征

第二章着重研究了三驾马车拉动经济体制转型原理的基本内涵。为了检验这一理论内涵正确与否，本章将其放在中国改革开放36年的实践轨迹中，集中进行验证和论述。

中国经济体制转型的历史进程，就是三驾马车的拉动过程。无论是在起步和探索阶段，还是在入轨和完善阶段，三驾马车始终处在经济体制转型前沿，并持之以恒地拉动经济体制转型。

三驾马车在拉动经济体制转型过程中，不仅跨过了一个又一个难关，而且形成了自下而上、由点到面、上下结合、由外到内、内外兼顾和“五位一体”等运作方式。总结提炼这些运作方式，既对完善社会主义市场经济体制具有重大意义，也对推动政治、文化、社会和生态文明体制变革具有现实意义。

三驾马车拉动经济体制转型，是以中国基本国情为立足点、以思想解放为先导、以经济建设为中心、以统筹兼顾为根本方法、以探索渐进为前行方式的。这些实践特征既体现了中国特色社会主义和市场化取向这一基本特征，又构成了一整套较为完善而又相互匹配的经济转型方式。

第一节
经济体制转型的历史进程

中国经济体制转型的进程，从中共十一届三中全会开始到现在，大致可以分为“起步、探索、入轨、完善”四个阶段。

一、经济体制转型的起步阶段

起步阶段的起止时间是：1978 年 12 月中共十一届三中全会召开，到 1984 年 9 月中共十二届三中全会前夕。这一阶段的主要特点是：在真理标准问题大讨论取得丰硕成果和对外开放开始启动的基础上，中共十一届三中全会顺利召开，接着农村改革率先突破，城市改革借鉴农村改革经验快速推进，重要领域的改革取得较大进展。

1. 真理标准问题大讨论

真理标准问题的讨论，是在党和国家处于重大历史性转折的背景下，在邓小平等老一辈无产阶级革命家的领导和支持下展开的。“文化大革命”结束后，我们党面临着在思想、政治、组织等各个领域全面拨乱反正的艰巨任务。然而，由于“左”的思想长期束缚特别是“两个凡是”形成的桎梏，致使拨乱反正异常艰难。①

在上述背景下，1978 年第一季度，邓小平同志反复强调毛泽东思想的精髓是实事求是，并旗帜鲜明地指出“两个凡是”不符合马克思主义，必须恢复和发扬党的实事求是的优良作风。1978 年 5 月 10 日，中央党校内

---

①《胡锦涛在纪念真理标准讨论二十周年座谈会上的讲话》，1998 年 5 月8 日。

部刊物《理论动态》，发表经胡耀邦同志审定的《实践是检验真理的唯一标准》一文。5 月 11 日，《光明日报》公开发表了这篇文章，随后新华社向全国转发了这篇文章。由此，一场规模宏大、内涵丰富、影响深远的关于真理标准问题的大讨论，迅速在全国轰轰烈烈地展开。[①]

真理标准问题的大讨论，为实现重大历史转折提供了思想先导和理论基础。邓小平同志在 1978 年 12 月 13 日中央工作会议上所作的《解放思想 实事求是 团结一致向前看》著名讲话，高度评价了这场讨论的伟大意义，充分肯定了实践是检验真理唯一标准的讨论成果，清晰指明了党和国家拨乱反正的前进方向，为创建有中国特色社会主义理论奠定了坚实基础。[②]

1978 年 12 月召开的中共十一届三中全会，果断废弃了“阶级斗争为纲”的指导思想，明确作出了把全党和全国工作重心转移到社会主义现代化建设上来的重大决策，吹响了改革开放的进军号角，从而拨正了中国社会主义现代化建设和改革开放的前进方向。

2. 农村改革率先突破

从安徽凤阳小岗村的“包产到户”开始，农村改革经过一波三折，终于得到中央的肯定和支持。自此，以家庭联产承包为主要内容的承包制在全国各地得到普遍推广。这一创举，彻底打破了人民公社“三级所有、队为基础”的管理体制，充分调动了农民群众的积极性和创造性，极大地促进了农村经济的全面振兴特别是乡镇企业的迅速发展，大大提高了广大农民的收入水平。抽样调查显示，从 1978 年到 1983 年，农民的人均纯收入由 134 元提高到 310 元，年均增长率高达 18.3%。

3. 城市改革快速推进

在农村改革实现重大突破的鼓舞和启发下，全国重要领域的改革开放全面启动。从 1981 年年初开始，国务院在总结扩大企业自主权试点经验的

---

①《胡锦涛在纪念真理标准讨论二十周年座谈会上的讲话》，1998 年 5 月8 日。
②《邓小平文选》(第二卷)，北京：人民出版社 1994 年版，第 140—153 页。

基础上，对部分工业企业实行利润包干为主要内容的经济责任制。到1981年年底，全国实行经济责任制的工业企业已达4.2万家。随后，先后进行了两步“利改税”。政府把一部分权力放给企业，企业的生产经营开始进入市场，职工收入逐步实行按劳分配，初步打破了企业吃国家“大锅饭”和职工吃企业“大锅饭”格局，较好调动了企业和职工搞好生产经营的积极性。

4. 对外开放成果丰硕

这一阶段的对外开放，也开了一个好头。1980年8月，第五届全国人大常委会第十五次会议审议批准建立深圳、珠海、汕头、厦门四个经济特区，批准公布了国务院提请审议的《广东省经济特区条例》和《福建省厦门经济特区条例》，标志着中国经济特区的正式诞生。1984年1月24日至2月15日，邓小平视察深圳、珠海、厦门等地，对特区建设给予了充分肯定。2月24日，邓小平正式提出再开放几个港口城市。5月4日，中共中央、国务院决定开放大连、秦皇岛、天津、烟台、青岛、连云港、南通、上海、宁波、温州、福州、广州、湛江、北海等14个沿海港口城市。这些城市是中国经济比较发达的地区，原本应是中国与世界经济的联结点，因而被视为对外开展经贸活动、对内推动经济协作的两个辐射扇面的交汇点，起着非常重要的外引内联枢纽作用。

二、经济体制转型的探索阶段

探索阶段的起止时间是：1984年10月中共十二届三中全会召开，到1992年1月邓小平视察南方谈话前夕。这一阶段的主要特点是：提出发展社会主义“有计划的商品经济”，确立社会主义初级阶段理论，改革开放的重点由农村转到城市，基本形成城乡改革开放全面推进的良好局面。

1. 提出发展社会主义有计划的商品经济

1984年10月20日，中共十二届三中全会正式举行。这次会议，在此前充分讨论的基础上，顺利通过了《中共中央关于经济体制改革的决定》

（以下简称《决定》）。这个《决定》总结了中国社会主义建设正反两方面的经验，进一步重审了对内搞活经济和对外扩大开放的原则，明确提出了从根本上改变束缚生产力发展的经济体制，建立起具有中国特色并充满生机与活力的社会主义经济体制的基本任务。《决定》明确指出：商品经济的充分发展，是社会经济发展不可逾越的阶段，是实现我国经济现代化的必要条件。中国现阶段的经济是计划经济，也是商品经济，是计划经济与商品经济的统一体，是社会主义有计划的商品经济。这个表述，首次突破了社会主义传统经济理论，初步打开了发展商品经济的大门。

2. **确立社会主义初级阶段理论**

中共十三大报告对社会主义初级阶段的理论进行了系统阐述。《报告》指出：正确认识我国社会现在所处的历史阶段，是建设有中国特色社会主义的首要问题，是我们制定和执行正确线路和政策的基本依据。从社会主义初级阶段的实际出发，《报告》提出了必须集中力量进行现代化建设；必须坚持全面改革；必须坚持对外开放；必须以公有制为主体，大力发展有计划的商品经济；必须以安定团结为前提，努力建设民主政治；必须以马克思主义为指导，加快建设精神文明六个方面的指导方针。同时，还提出了党在社会主义初级阶段的基本路线和“三步走”的战略目标，以及深化经济体制改革和推进政治体制改革的具体要求。

3. **改革开放实现重大突破**

在中共十二届三中全会和十三大精神的指引下，全国财税体制、投资体制、金融体制、价格体制、国有企业和教育、医疗等方面的改革全面展开，其中最有代表性的是乡镇企业的发展和国有企业的改革。

1984 年乡镇企业开始迅速崛起，到 1992 年乡镇企业总收入高达 17975 亿元，比 1983 年增长了近 17 倍。各种媒体纷纷用“异军突起”、“半壁江山”来形容当时的乡镇企业在国民经济中的重要地位。

这一阶段，国有企业的兼并重组也如火如荼地展开。1986 年企业的兼并和企业集团的创建逐步进入高潮，到 1989 年 4 月，全国已有 2856 个企业兼并了3224个企业，并且企业兼并已经走上跨地区、跨行业发展和经常化、程序化的路子。与此同时，各地还加大了企业劳动制度和分配制度改革力度，直接涉及产权制度改革的股份制试点也已开始启动，并破天荒地允许职工投资入股。根据乡镇企业崛起和国有企业兼并重组的要求，财税、金融、投资、价格、收入分配、就业和社会保障等领域的改革随之展开，有力地促进了乡镇企业的发展和国有企业的兼并重组。

这一阶段，对外开放连续搞了几个大的动作。一是将珠江三角洲、长江三角洲、闽南厦漳泉三角地区的61个市县列为沿海经济开放区，从而形成了从东到西有重点、多层次、梯度推进的开放局面。二是针对办事效率低、服务质量差和涉外经济法规缺乏等问题，国务院制定下发了《关于进一步改善外商投资企业生产经营条件的通知》、《关于鼓励外商投资的规定》和相关实施细则。这些文件的出台，不仅扭转了招商引资工作的被动局面，而且使对外开放开始进入法治轨道。三是抓住世界产业结构调整出现的机遇，不失时机地实施了以“两头在外、大进大出”为主要内容的外向型经济发展战略。这一战略的实施，不仅迅速增强了出口能力、扩大了对外贸易，而且有效促进了对外经济的合作与交流。四是面对经济增长放缓和西方国家制裁的严峻局面，毅然决然地决定开发开放上海浦东，向世界表明了中国坚定不移推进改革开放的决心，拉开了向更高层次、更大范围开放的序幕。

三、经济体制转型的入轨阶段

入轨阶段的起止时间是：1992年1月邓小平视察南方谈话，到2003年10月中共十六届三中全会召开之前。这一阶段的主要特点是：拨正经济体制转型前进方向，确定建立社会主义市场经济体制目标，着力推进经济体制转型并初步建立社会主义市场经济体制。

1. 拨正经济体制转型前进方向

在姓“资”姓“社”争论白热化的情况下，邓小平这位中国改革开放的总设计师踏上了视察南方的道路。在视察过程中，邓小平对事关中国前途命运的姓“资”姓“社”争论一槌定音，并对若干重大问题作出了掷地有声的回答。

邓小平南方谈话的核心内容，主要体现在六个方面：一是反复强调坚持党的“一个中心、两个基本点”的基本路线，坚持走有中国特色的社会主义道路。二是明确指出社会主义的本质是解放生产力，发展生产力，消灭剥削，消除两极分化，最终达到共同富裕。三是果断提出计划和市场都是经济手段，明确指出判断姓“资”姓“社”的标准主要看是否有利于发展社会主义社会的生产力、是否有利于增强社会主义国家的综合国力、是否有利于提高人民的生活水平。四是明确指出科学技术是第一生产力，经济发展必须依靠科技和教育。同时要求抓住有利时机，集中精力把经济建设搞上去。五是明确要求两手抓两手都要硬，一手抓改革开放，一手抓打击各种犯罪活动。六是突出要求坚定社会主义信念，特别强调正确的政治路线要靠正确的组织路线来保证。①

邓小平视察南方的谈话，不仅拨正了经济体制转型的前进方向，极大地推动了改革开放的伟大进程，而且奠定了中国特色社会主义理论的核心基础，立起了建设有中国特色社会主义的一座丰碑。

2. 确立经济体制转型正确目标

1992年10月，中共十四次全国代表大会召开。这次大会是在改革开放和现代化建设进入新阶段的背景下召开的。大会以邓小平建设有中国特色社会主义理论为指导，通过总结十一届三中全会以来的实践经验，牢固确定了加快改革开放和现代化建设的指导思想与战略部署，为夺取中国特色社会主义事业的更大胜利奠定了坚实基础。

在这次大会上，明确作出了在中国历史上具有重大意义的三大决策。一是科学概论和高度评价了邓小平建设有中国特色社会主义的理论体系，确立了这一理论在全党的指导地位。二是强调坚持社会主义初级阶段的基本路线不动摇。三是确定了中国经济体制转型的正确目标，明确提出建立

---

①《邓小平文选》第三卷，北京：人民出版社1993年版，第370—383页。

社会主义市场经济体制。

1993 年 11 月召开的中共十四届三中全会，通过了《中共中央关于建立社会主义市场经济体制若干问题的决定》，对社会主义市场经济体制的基本框架作了更加清晰的设计安排，并对国有企业、收入分配制度、社会保障制度和市场体系、宏观调控体系建设等重点领域的改革创新提出了明确要求，从而使经济体制转型进入了目标明确、措施配套、有序推进的正确轨道。

3. 初步建立社会主义市场经济体制

经过前两个阶段的积极探索，中国打破了传统计划经济旧体制；经过本阶段的扎实有效推进，使经济体制转型向着既定目标更快前行，2003 年初步建立起了社会主义市场经济体制。

我们之所以说社会主义市场经济体制初步建立，主要基于市场经济体制的五大支柱已经基本立起。一是企业的市场主体地位初步确立，国有企业有了一定的生产经营自主权，初步成为参与竞争的市场主体。二是市场体系建设取得较大进展，市场开放和公平竞争尤其是企业“走出去”都已收到明显成效。三是宏观调控体系不断完善，以财税和货币政策为主要手段的调控政策，对经济持续高度快速发挥了重要作用。四是社会保障制度建设迈出较大步伐，以养老、失业、医疗保险和城镇最低生活保障为主要内容，独立于企事业单位的社会保障体系初步形成。五是法律体系建设进程加快，市场经济的主要法律基本建立。同时，各级人大和政府不断加大执法监督力度，对保证各项法律法规的实施起到了重要作用。

四、经济体制转型的完善阶段

完善阶段是指从 2003 年 10 月中共十六届三中全会召开，到目前仍在进行的完善社会主义市场经济体制的过程。这一过程的主要特点是：不断推出重大举措，逐步加大推进力度，全面深化以经济体制转型为牵引作用的政治、文化、社会和生态文明体制变革，着力完善社会主义市场经济体制。

1. 不断加大完善社会主义市场经济体制力度

中共十四届三中全会确定建立社会主义市场经济体制目标之后，历次党的代表大会都对完善社会主义市场经济体制提出过明确要求，并采取了一系列重大举措，有力有序有效地推进经济体制转型向既定目标前行。2012年11月召开的中共第十八次代表大会，在前几次大会所提要求基础上，对完善社会主义市场经济体制的目标和任务作了更加全面更加深刻的阐述，还陆续出台了一些行之有效的重大举措，使社会主义市场经济体制不断得到完善。但是，我国的市场经济仍然是发育程度较低的市场经济，传统计划经济遗留下来的许多深层次矛盾尚未得到根本解决，诸多新矛盾和新问题又集中凸显出来，特别是在处理政府与市场、公平与效率、人治与法治、中央与地方等重大关系上一直没有得到根本性突破，完善社会主义市场经济体制的任务依然十分繁重。

2. 对全面深化改革作出重大部署

正是在完善社会主义市场经济体制的关键时候，中共十八届三中全会作出了《关于全面深化改革若干重大问题的决定》。这个《决定》在总结改革开放36年来的宝贵经验基础上，对完善和发展中国特色社会主义制度尤其是完善社会主义市场经济体制作出了一系列重大决策，进行了全面系统的战略部署。在指导思想上，突出强调坚持社会主义市场经济改革方向，以促进社会公平正义、增进人民福祉为出发点和落脚点，进一步解放思想、解放和发展生产力、解放和增强社会活力，坚决破除各方面体制机制弊端，努力开拓中国特色社会主义事业更加广阔的前景。在总体目标上，明确提出完善和发展中国特色社会主义制度，推进国家治理体系和治理能力现代化，让一切劳动、知识、技术、管理、资本的活力竞相迸发，让一切创造社会财富的源泉充分涌流，让发展成果更多更公平惠及全体人民。在战略任务上，作出了六个紧紧围绕的决策部署：紧紧围绕使市场在资源配置中起决定性作用深化经济体制改革；紧紧围绕坚持党的领导、人民当家作主、依法治国有机统一深化政治体制改革；紧紧围绕建设社会主义核心价值体系、社会主义文化强国深化文化体制改革；紧紧围绕更好保障和改善民生、促进社会公平正义深化社会体制改革；紧紧围绕建设美丽中国深化生态文明体制改革；紧紧围绕提高科学执政、民主执政、依法执政水平深化党的建设制度改革。在推进措施上，提出了坚持和完善基本经济制度、加快完善现代市场体系、加快转变政府职能、深化财税体制改革、健全城乡发展一体化体制机制、构建开放型经济体制、加强社会主义民主政治制度建设、推进法治中国建设、强化权力运行制约和监督体系、推进文化体制机制创新、创新社会治理体制、加快生态文明制度建设、深化国防和军队改革、加强和改善党对全面深化改革的领导等 15 项重大措施。①

3. 着力推进制度创新

中共十八届三中全会以来，全国各重点领域的改革正在朝着坚持和完善中国特色社会主义制度、推进国家治理体系和治理能力现代化的目标向前推进，特别是在成立中央全面深化改革领导小组和国家安全委员会之后，各个领域各个系统按照中央的统一部署和安排，协同推进经济、政治、文化、社会、生态文明体制和党的建设制度等方面改革，已经迈出坚实一步。一是在经济体制转型方面，党中央、国务院及其有关部门已出台涉及改革、开放和管理方面的文件近 200 份，各省市区党委和政府已出台 300 余份文件，这些文件既涉及推进政府职能转变、发挥市场在资源配置中的决定性作用，又涉及推动城乡发展一体化和新型城镇化，还涉及以经济体制转型牵引其他领域改革等内容。同时，各项政策措施的落实力度不断加大，尤其是取消和下放行政审批事项已取得重大突破。二是在政治体制改革方面，立足推进社会主义民主政治制度化、规范化、程序化进程，加快社会主义法治国家建设，在健全人大监督制度和讨论、决定重大事项制度，健全宪法实施监督机制和程序，完善立法、司法和执法体系等方面

---

① 徐华：《在新的历史起点上吹响全面深化改革“集结号”》，载《中外企业家》2013 年第 11 期，第 1—2 页。

迈出坚实步伐。协商民主广泛多层制度化建设取得重大进展，人民政协协商民主建设扎实推进，创立了以专题为内容、以界别为纽带、以专委会为依托、以座谈会为方法的协商形式，积极开展专题协商、界别协商、对口协商、提案办理协商，形成了协商活动多样化，推动了政治协商的深入发展。司法体制改革也已拉开序幕，已经部署的各项改革事项正在稳步推进。特别是依法执政、依法行政取得明显成效，不仅有力促进了经济体制转型，而且有效推进了政治、文化、社会和生态文明体制改革。三是在文化体制改革方面，切实加强统筹规划，积极完善政策措施，文化体制机制不断完善，文化事业和产业健康发展，培养弘扬社会主义核心价值观取得新进展。四是在社会体制改革方面，紧紧围绕更好保障和改善民生，推出一系列促进社会公平正义政策措施，新型农村社会养老保险和城镇居民社会养老保险两项制度合并实施，教育、计生、社保、就业创业和医疗等改革措施陆续出台，使广大群众得到了更多的实惠。五是在生态文明体制改革方面，已在广泛调查研究和采取诸多具体措施基础上，制定《关于加快推进生态文明建设的意见》，全面安排和推进美丽中国建设、加快生态文明建设、推动粗放型发展方式向绿色循环低碳发展方式转变、完善生态文明制度体系等方面的政策措施。

第二节
经济体制转型的运作方式

在经济体制转型实践过程中，党和政府充分尊重人民群众的首创精神，广泛听取并积极采纳有关方面的意见和建议，创造出了诸多行之有效的运作方式。

一、自下而上的递进方式

自下而上的递进方式，有人称为新的“农村包围城市”方式，其主要含义是改革发端于基层，经过实践检验得到上级认可，并由中央指导和促进其深化与发展。

中国农村的改革和扩大国营企业自主权，都是典型的自下而上的递进方式。农村改革的过程，已在上一章作过阐述。这里，仅以扩大国营企业自主权为例，来论述自下而上的递进方式。

扩大国营企业自主权是从四川开始的。四川启动这一改革，是在农村“包产到户”启示和国营企业干部职工强烈要求背景下进行的。

在四川、安徽等省部分农村实行以“包产到户”为主要内容的责任制迅速见到成效后，被传统计划经济体制压抑多年的国营企业的干部职工再也坐不住了，许多企业强烈要求参照农村改革的做法，给企业扩大生产经营自主权。实行“包产到户”前的农村没有多少生产经营自主权，当时国营企业的自主权远远不如农村，产、供、销和人、财、物一切都被捆得死死的，连处理废旧物品的权力也没有。自 20 世纪 50 年代开始，企业要求扩大自主权的呼声一直没有停止过。

早在 1956 年，毛泽东同志就在《论十大关系》的报告中，根据基层和企业的强烈要求，针对经济高度集权的弊端提出："应当在巩固中央统一领导的前提下，扩大一点地方的权力，给地方更多的独立性，让地方办更多的事情。"[①] 同时主张给企业一点权力、一点机动、一点利益。可惜的是，由于政治运动的冲击，这些主张没有得到实施。十年后的 1966 年 3 月，毛泽东同志再次感到集权过多的管理体制对经济发展的不利影响，他在写给刘少奇同志的一封信中说："一切统一于中央，卡的死死的，不是好办法。"[②] 同时提出，中央开会讨论这一问题。然而，由于搞起了轰轰烈烈的"文化大革命"，对经济管理体制进行改革的想法自然搁浅。到了形势稍微平稳一点的 1970 年，国务院于 3 月 5 日发出《关于工业交通各部直属企业下放地方管理的通知》，随后有关部委将一万余个部属企业下放到地方管理，其中包括大庆油田、鞍钢、武钢、包钢、一汽、二汽等许多关系到国民经济全局的重点企业。这些企业下放到地方后，生产计划和物资供应仍然按"条条"纵向下达，地方则只管劳动和资金。这样一来，不仅企业没有得到一点生产经营自主权，反而形成了中央与地方多头、多层次管理，并导致人事权、财权、物权、计划权彼此脱节，经济效益也因此不升反降。到 1976 年，全国工业企业资金利润率只及 1965 年的一半，三分之一的企业亏损，亏损额达到 73 亿元。[③]

20 世纪 80 年代，日本著名经济学家小宫隆太郎在考察中国企业现状后感言："中国不存在企业，或者几乎不存在企业。"[④] 中国的国营企业只能算是党和政府控制下的行政性生产机构，仅仅是一个"生产单位"或"车间"。

1978 年 10 月，四川省委根据企业的强烈要求，借鉴农村"包产到户"

---

① 《毛泽东文集》（第 7 卷），北京：人民出版社 1999 年版，第 31 页。

② 毛泽东：《关于农业机械化问题的一封信》，载《人民日报》1977 年 12 月 26 日。

③ 赵德馨：《中国近现代经济史（1949—1991）》，第 306 页。

④ 刘世锦：《中国国有企业的性质与改革逻辑》，载《经济研究》1995 年第 4 期，第 29—36 页。

的经验，选择重庆钢铁公司、宁江机床厂等 6 个地方国营工业企业进行扩大企业自主权试点。对此，两个月后召开的十一届三中全会给予肯定：让地方和企业在国家计划指导下有更多的自主权。1979 年 1 月，四川省制定了《地方工业企业扩大企业自主权、加快生产建设步伐的试点意见》，决定把试点范围扩大到 100 个工业企业，并在 40 个商业企业进行了试点。同时提出，允许试点企业在计划安排、产品销售、劳动人事、利润分成、资金使用以及外汇分成等方面享有部分或完整的自主权。紧接着，云南、北京等地也在国营企业中开始了扩大自主权的改革试点。

1979 年四川省盘点扩权试点企业成果发现：当年前 8 个月这些企业的产值和实现利润分别比上年同期增长 14.1％和 21.8％，与非试点企业相比，平均增长幅度高出 39.3％；产品质量的提高和品种的增加也都好于非试点企业。四川的试点经验和成果，使更多企业要求试点的呼声再起，也使各相关方面的争论更加激烈。时任国家经委主任的袁宝华回忆说：在全国工业会议讨论拟以国务院名义下发的五个“扩权”文件时，“来自企业的同志和四川的同志与财政部的同志争论了好几个钟头。我记得当时田纪云同志的发言很有力，因为他是（四川）财政厅厅长，他说服了财政部的同志。”袁宝华同志说，“什么叫自主权？很重要的就是个‘自主钱’，财政部也确有困难，实在舍不得放啊。”[①] 经过激烈的争论、妥协，最终达成了共识，五个扩权文件得以顺利出台。此后，扩权试点开始向全国拓展。1979 年年底试点企业扩大到 4200 个，1980 年发展到 6000 个，约占全国预算内工业企业数的 16％、利润的 70％。1980 年 9 月 2 日，国务院批转国家经委《关于扩大企业自主权试点工作情况和今后意见的报告》，决定从 1981 年起，将扩权工作在国营工业企业中全面铺开。接着，国家经委、国家计委等部门印发了《贯彻落实国务院有关扩权文件、巩固扩权工作的具体实施暂行办法》，对计划、利润留成、产品销售、新产品试制、出口和

① 贺耀敏：《扩权让利：国有企业改革的突破口——访袁宝华同志》，载《百年潮》2003 年第 8 期，第 4—11 页。

外汇分成、价格、税收、银行贷款、机构设置、人事劳动等问题都作出了具体规定。

从1981年年初开始，国务院在推进扩大企业自主权基础上，对部分企业实行了以利润包干为主要内容的经济责任制。到1981年年底，全国实行经济责任制的工业企业已达到4.2万家。随后，又进行了两步“利改税”改革。1986年12月，国务院颁发了《关于深化企业改革增强企业活力的若干规定》，强调深化改革要围绕企业经营机制进行，并鼓励企业积极探索股份制、租赁制、资产经营责任制、承包经营责任制等多种形式。由于承包制有利于落实企业自主权，又是一种简便易行的形式，因而得到了较快发展。到1988年年底，全国已有78%的预算内国有企业实行了承包责任制，大中型企业达到了80%。但是，由于承包制没有涉及国有企业作为法人应有的财产权，不能使国有企业成为自负盈亏的法人实体，因而导致了企业行为的短期化，甚至造成了国有资产的流失。同时，由于企业外部环境的不确定性造成承包合同的约束软化，从而产生了企业负盈不负亏和国家仍然要承担亏损责任等弊端。

从扩大企业自主权，到实行承包经营责任制；从实行承包经营责任制，到建立现代企业制度；从建立现代企业制度，到对国有经济实行结构性战略调整，再到改革国有资产管理体制和完善出资人制度，这样四个阶段和四大步的跨越，使国有企业改革逐步深化，并初步形成了自主经营、自负盈亏的法人实体。

如果没有当时国营企业的强烈要求，没有农村“包产到户”的重要启示，没有扩大企业自主权的试点和扩大，也就没有承包经营责任制、现代企业制度、国有经济战略性调整和国有资产管理体制变革等诸多重大改革举措。由此看出，自下而上的递进方式是一种尊重基层首创精神而创造出来的有效运作方式，应当认真总结和完善这种方式，以利于充分发挥基层特别是人民群众在完善社会主义市场经济体制中的积极性和创造性。

二、由点到面的拓展方式

由点到面的拓展方式，包括三个方面的含义：一是先确定试点内容和单位。二是通过总结试点单位的经验教训，提出推广指导意见。三是以指导意见和试点经验来指导工作拓展。

回过头来看，中国在36年的改革开放中，大多数经济体制转型举措都是先从试点开始，在试点取得成果和经验并得到中央尤其是群众认可后，才由点及面逐步扩大其实行范围的。农村“包产到户”到家庭联产承包责任制是这样走过来的，扩大企业自主权到建立现代企业制度也是这样走过来的，设立经济特区到形成全国对外开放格局更是这样走过来的。

从设立经济特区到形成全国对外开放格局，大体经历了“四步走”拓展过程。

第一步是设立经济特区。经过外出考察、激烈争论与反复研究，中央终于在1979年7月决定在深圳、珠海、汕头、厦门试办出口特区。1980年5月，国务院决定把出口特区定为经济特区。1988年3月，中央决定将海南省作为全国最大的经济特区对外开放。1990年4月，中央又决定开发开放上海浦东，并确定实行经济特区的政策。这些经济特区的设立，既有力有效地推进了自身的发展壮大，又为全国扩大对外开放提供了成功的经验。

第二步是开放沿海港口城市。1984年5月，在总结对外开放尤其是经济特区发展经验基础上，中共中央、国务院决定进一步开放大连、秦皇岛、天津、烟台、青岛、连云港、南通、上海、宁波、温州、福州、广东、湛江、北海等14个沿海港口城市。这些城市在对外开放中，通过积极利用外资、大力引进先进技术和管理经验、加强与内地横向经济联合，促进资金、设备、技术和人才的合理交流，不仅使自身得到了长足发展，而且带动了内地经济开放。

第三步是开辟沿海经济开放区。在总结设立经济特区和开放沿海港口城市经验基础上，党中央和国务院于1985年1月决定将长江三角州、珠江三角州、闽东南地区开辟为沿海经济开放区。1988 年年初，又将山东半岛、辽东半岛列入沿海经济开放区。这些沿海经济开放区凭借交通方便和对外联系广泛的优势，通过吸引外商直接投资，大力发展外向型加工工业和出口创汇农业，得到了又好又快发展，并为全国进一步扩大开放奠定了坚实基础。

第四步是将开放区域向内地延伸。1992 年 6 月，中共中央、国务院决定开放长江沿岸的芜湖、九江、岳阳、武汉和重庆的同时，决定开放地处内陆的合肥、南昌、长沙、成都、郑州、太原、西安、兰州、银川、西宁、乌鲁木齐、贵阳、昆明、南宁、哈尔滨、长春、呼和浩特等 17 个省会城市。另外，还逐步开放了黑河、绥芬河、珲春、满洲里、二连浩特、伊宁、博乐、塔城、普兰、樟木、瑞丽、畹町、河口、凭祥、东兴等内陆边境的沿边城市。至此，形成了由南到北、由东到西层层推进的全面开放格局。

这种由点到面的拓展方式，最大的优点是能够降低风险和成本，避免大的失误，即使试验不成功甚至造成意想不到的损失，纠正起来也会容易一些，也不至于导致大范围的损失和负面影响。同时，还可以通过点上试验的成功效应消除人们的疑虑，统一干部群众的思想认识，为向更大范围拓展创造良好的环境。

然而，这种方式也存在着许多矛盾和问题。用行政手段把试点和非试点单位或地区人为地隔开，给予试点单位或地区特殊优惠政策和特许权，就会使试点单位或地区的发展处于更加有利地位，就会使其他单位或地区受到相应影响，从而就会带来发展不平衡、收入分配不公等一系列问题，还会刺激其他企业和地区竞相争取特殊政策。这不仅不符合市场经济的公平公正规则，也不利于整体推进社会主义市场经济体制的完善。这正是国务院确定让中国（上海）自由贸易试验区放手创造可复制、可推广经验，而不给予特殊优惠政策的一个重要原因。

三、上下结合的联动方式

上下结合联动方式的主要含义是：行动举措发端于中央，中央和地方协同行动，通过中央与地方联动完成既定任务。

正在紧锣密鼓进行的政府审批制度改革，就是通过上下结合的联动方式运作的。政府推进审批制度改革的动力，虽然主要来自改革发展的压力，但其发端却是中央政府直接决定的，具体措施的落实则靠中央和地方政府协同推进。

1. 行政审批制度改革的重启发端

我国行政审批制度的改革始于20世纪70年代初。新一轮行政审批制度改革的重启则发端于2013年3月新一届国务院成立之初，主要标志是2013年3月17日，李克强总理在会见采访两会中外记者时的谈话。他指出："现在国务院各部门行政审批事项还有1700多项，本届政府下决心再削减三分之一以上。"[①] 在此之后，按照李克强总理提出的这一目标，国务院在一年多的时间里连续采取了一系列有力有效的措施。

2013年3月18日，李克强总理主持召开国务院第一次常务会议。这次会议研究的主题是落实政府职能转变各项任务，加快推进机构改革，重点是怎样搞好审批制度改革。

同年5月6日，李克强总理主持召开国务院常务会议。这次会议主要是研究部署2013年深化经济体制改革，抓紧清理并分批取消和下放投资项目审批、生产经营活动和资质资格许可等事项，制定实施严格控制新设行政许可和规范非许可审批项目的措施。

同年5月15日，中国政府网公布《国务院关于取消和下放一批行政审批项目等事项的决定》，具体落实前两次会议研究决定的内容，取消和下放了133项行政审批事项。

---

① 《李克强总理等会见采访两会的中外记者并回答提问》，载《人民日报》2013年3月17日。

同年 6 月 19 日，国务院常务会议决定：取消和下放新组建机构的 32 项行政审批事项，包括取消能源企业发展建设规划审批、铁路客货直通运输审批、出版单位变更登记、下放电力业务许可、港澳台在内地设立独资医院审批等。

同年 9 月 11 日，国务院公布《关于取消 76 项评比达标表彰评估项目的决定》，在前一阶段已经取消和下放两批共计 13 项评比达标表彰评估项目基础上，再取消 76 项。

同年 9 月 23 日，李克强总理主持召开国务院常务会议，系统研究部署审批制度改革。会议决定全面展开审批制度改革、加快法治制度建设和配套政策制定；全面修订政府核准投资项目目录；在已取消和下放 146 项行政审批事项基础上，再取消和下放 75 项行政审批。同时，特别强调：要做到“放”、“管”结合，在有序推进“放”的同时，紧紧跟上“管”的措施。

同年 11 月 1 日，李克强总理在地方政府职能转变和机构改革工作电视电话会议上强调指出，要在累计已取消和下放 334 项行政审批事项基础上，继续把转变政府职能作为第一件大事，把审批制度改革作为转变政府职能的第一个推手，紧紧抓住不放。

2014 年 1 月 8 日，李克强总理主持召开国务院常务会议提出，要把简政放权作为新一年的“当头炮”，持续推进审批制度改革，并推出深化此项改革的三项措施：一是公开国务院各部门全部审批事项清单，推进取消和下放行动，促进规范管理，接受社会监督，切实防止边减边增、明减暗增。二是清理并逐步取消各部门非行政许可审批事项。三是再取消和下放 70 项审批事项。

同年 1 月 28 日，国务院发布《关于取消和下放一批行政审批项目的决定》，决定指出：经研究论证，国务院决定再取消和下放 64 项行政审批项目和 18 个子项，另建议取消和下放依据有关法律设立的 6 项行政审批项目，国务院将依照法定程序提请全国人大常委会修订相关法律规定。同时，要求各地区、各部门抓紧做好落实和衔接工作，切实加强事中事后监管。

同年4月4日，国务院下发《关于清理国务院部门非行政许可审批事项的通知》，明确提出了清理对象和工作目标，并决定取消面向公民、法人或其他组织的非行政可审批事项、取消和调整面向地方政府等方面的非行政许可审批事项。同时，明确要求各部门要在2014年5月底前将清理工作方案送交国务院审改为审核后实施，地方各级政府要结合各自实际迅速组织开展清理工作。

2. 行政审批制度改革的联动措施

这一轮行政审批制度改革，既是以转变政府职能、促进全面深化改革为主题，又是在统筹谋划全面深化改革整体性、系统性、协同性的前提下通盘决策部署，还是以中央政府和地方政府的协同联动为运作方式。

第一，统筹安排部署。国务院在2013年11月1日和2014年1月8日先后召开的专题会议上，对行政审批制度改革作出了全面安排部署，既讲明了行政审批制度改革在全面深化改革尤其是转变政府职能中的重要地位和作用，又对行政审批制度改革进行了通盘部署，还对中央政府及其部门和地方政府推进行政审批制度改革行动作出了衔接和安排，从而形成了整体性、系统性和协同性推进行政审批制度改革的行动网络。

第二，“接、放、管”并举。接，就是对中央下放给市场的权力接转放开，把中央下放给地方的职能接好；放，就是把确定下放的权力全部放下去、放到位；管，就是把地方该管的事项管起来、管到位。也就是说，对取消的审批事项要不折不扣地放给市场、放给社会、任何一级政府不能变相保留；对下放的权力，该由哪一级接管就由哪一级接管，任何上级政府都不能截留；对本级该管的事项，本级必须真正负起责任，切实管住管好。

第三，管住省级新设、取消市县原设审批事项。国务院明确规定：今后省一级原则上不得新设行政审批事项；对市县一级政府本来不应设定而以“红头文件”设定的管理事项，包括登记、备案、审定、年检、认证、监制、检查、鉴定以及各种证件等一律取消。同时规定，实行最严格的行政审批“准入制”，对于不符合法律规定、利用“红头文件”设定的管理、收费、罚款等项目一律作为违法违规行为查处。

第四，切实强化监管。能不能把该取消的审批事项全部取消，该下放的全部放到位，关键在于能不能强化监管。为此，国务院强调并强化了四项措施：一是强化对审批制度改革本身的监管，确保该取消的彻底取消，该下放的真正放到该放的地方。二是把市场监管职能履行到位，把市场监管重心下移，加强市县政府的市场监管职能。三是减少事前审批，跟上事中事后监管。四是创新监管方式，规范监管行为，降低监管成本，提高监管效率。

3. 行政审批制度改革的初步成效

2013 年 3 月启动的新一轮行政审批制度改革，虽然只进行了一年多的时间，但其成效已在诸多方面显现出来。

第一，改革进展扎实有效。国务院立足于转变政府职能、充分发挥市场在资源配置中的决定性作用和更好发挥政府作用，对行政审批制度以及非行政许可审批和评比达标表彰等改革进行统筹谋划、全面安排部署，既清晰确定了指导思想和目标任务，又明确提出了工作思路和政策措施，还及时制定了相应的法规并采取了一系列监管措施。国务院各部门和地方各级政府迅速落实国务院决策部署，结合各自实际纷纷出台行动方案和实施细则，细化分解目标任务，着力抓好工作落实，从而使行政审批制度等改革扎实有效向前推进。到目前，全国已取消和下放行政审批事项 468 项、评比达标表彰评估项目 100 余项。天津市不断加大行政审批制度改革力度，全市行政审批事项由 1133 项减少到 295 项。浙江省、广东顺德等地率先推行“审批清单”和“监管清单”，既提高了工作效率，又方便了群众办事，还强化了对政府的监督。

第二，政府效率明显提高。在新一轮行政审批制度改革前，天津市办理企业营业执照至少需要 40 个工作日，现在只用 3 天时间就可领到营业执照。天津滨海新区的办事效率更高，设立企业通过“车间流水线”一口式审批，24 小时即可办结“四证一章”手续，而在改革之前至少需要在工商、国税、地税、质监和公安这 5 个部门往返一二个月时间。有关部门的调查统计显示，80%以上企业的经营者认为政府办事效率已有明显提高，85%以上认为政府工作人员的服务质量得到明显改善。

第三，企业活力得到增强。各级政府通过推进行政审批制度改革，不仅促进了自身工作效率的提高，而且促进了企业活力的增强。青岛市对外贸企业实行的“提速、减负、输血”办法就是一个典型例子。为了提高办事效率，青岛海关和山东检验检疫局建立协同联动机制，实行“一次审批、一次查验、一次放行”，有效消除了通关“堵点”；市国税局完善出口退税政策，退付时间比国家规定时限缩短了近一半，尤其是对 A 类企业实行“先退后审”办法后，由 18 个工作日缩短为 10 个工作日。为了减轻企业负担，他们对企业报检的所有出境货物、运输工具、集装箱及其他法定检验检疫物免收出境检验检疫费，并推进跨境人民币结算业务，使企业节省了汇兑倒手费用，一年即可节约 20 亿元的财务成本。为了支持企业发展，金融机构积极做好出口退税账户质押贷款工作，今年前 5 个月 12 家银行就为外贸企业发放贷款 15.5 亿元。

第四，群众反映日趋好转。过去，群众对政府部门办事效率、服务态度和质量意见很大，并由此引发出诸多矛盾。现在，群众已明显感受到政府职能转变尤其是行政审批制度改革带来的好处。据《光明日报》报道，内蒙古自治区赤峰市翁牛特旗对 307 项行政审批事项进行清理，通过取消、合并，只保留了 85 项，该地一位居民办理餐馆营业执照仅用了半个小时。这里的居民反映：政府简政放权真好，现在好办事了，我们再也不受刁难了。《南方日报》报道，广东省惠州一位市民一直打算开设一家电子商务公司，但因了解到成本高、审批难、办照时间长一直未敢行动，当得知政府采取“零首期”、“认缴制”、“免验资”等政策后，打消了顾虑，仅用了 3 个工作日便顺利拿到了营业执照。

四、由外到内的倒逼方式

由外到内的倒逼方式，主要包括三个方面的含义：倒逼动力源自国外；倒逼载体处在国内；倒逼内容是开放倒逼改革。

中国诸多领域的改革乃至整个经济体制转型，都是运用由外到内的倒逼方式促进的。之所以这样说，主要基于以下三个理由。

1. **对外开放形成了启动改革的强大动力**

中共十一届三中全会之前，中国政府派出的若干赴海外考察团首先发现了与外部世界的极大差距，并由此带来强大的危机感和紧迫感，迅速形成了启动改革开放的强劲动力，从而促使十一届三中全会果断作出了改革开放的战略决策。

2. **对外开放的程度决定着经济改革的力度**

改革开放以来，尤其是加入世贸组织之后，不断扩大的对外开放不断推动着经济改革的深化。举办经济特区、引进国外资本和跨国公司，必然要求政府按国际规则和惯例办事，进而必然要求国内经济法律法规与国际规则和惯例接轨，这就必须改变传统计划经济条件下形成的惯用办法，通过深化改革建立与国际规则和惯例接轨的法律法规体系。国有银行改革也是如此，按规定加入世贸组织之后的五年过渡期内，必须达到金融改革的承诺要求，这就给国有银行带来了强大的压力和动力，必然会倒逼金融改革不断加大力度。历史证明，当开放力度大的时候，改革动力就大；当开放遇到波折时，改革动力就会减弱。①

3. **国际经济的深刻调整必然牵动我国经济改革举措的调整**

在我国已经融入经济全球化的背景下，国内采取的改革措施必须兼顾国际经济调整变化的要求。否则，就会因不适应国际经济形势的变化，而直接影响对外合作特别是竞争力的发挥，进而影响整个经济发展进程。比如，在国际经济正常发展的情况下，我国改革的措施就可按照推进经济体制转型的要求正常进行，而在国际金融危机发生并引起国际经济剧烈变化

---

①《宏观调控九大新视角　解构经济政策新理念》，中国经济网，2013年7月24日。

和深刻调整的时候，我国的改革措施和其着力点就要根据国际形势的变化而作相应调整。

五、内外兼顾的统筹方式

内外兼顾的统筹方式，也包括三个方面含义：一是“内”指国内或体制内。二是“外”指国外或体制外。三是国内和国外或体制内和体制外的统筹兼顾。

近几年，我国着力推进的五个统筹（统筹城乡发展、统筹区域发展、统筹经济社会发展、统筹人与自然和谐发展、统筹国内发展和对外开放）中的统筹国内发展和对外开放，就是典型的内外兼顾的统筹方式。

统筹国内发展和对外开放，就是要在国内发展中兼顾对外开放，在对外开放中兼顾国内发展，把两者统筹安排，协同推进。从实践看，要在对外开放中求得国内发展，在国内发展中扩大对外开放，需要做到三个结合。

1. 要把拓展国际市场和扩大内需结合起来

当前，我国经济发展仍然面临着诸多严峻挑战。由于国际金融危机的影响，各国经济复苏缓慢，致使我国对外贸易增速大幅降低；国内扩大消费增长，由于城乡居民收入不高尤其是贫富差距拉大，也难有较大幅度提高。在这种情况下，必须统筹国内和国际市场，一手抓好内需扩大，一手抓好国际市场开拓，从而使这两手协调推进，共同拉动经济的持续增长。

2. 要把“引进来”和“走出去”结合起来

实践证明，“引进来”，是推进经济改革和经济发展的有力措施；“走出去”，也对推进经济改革和经济发展具有重要拉动作用。在国际经济格局深刻调整的今天，把“引进来”和“走出去”结合起来向前推进，具有更为重大的现实意义。这是因为，只有把“引进来”和“走出去”紧密结合起来，才能把经济改革和经济发展放在国际经济格局中去谋划去推进，才能在经济全球化中抓住机遇、加快发展，也才能更大力度地推进改革和开放。[1]

3. 要把适应国际规则和争取国际规则修订制定权结合起来

国际经济规则，是参与经济全球化的所有国家都必须遵守的法规，也是各国解决矛盾的妥协产物。我们既要积极主动地适应现行的国际经济规则，又要积极争取修订和制定国际经济规则中的话语权。这就必然要求采取内外兼顾的统筹方式，力求使两者协调推进。

六、“五位一体”的协同方式

顾名思义，“五位一体”即是将五个方面的内容视为一个整体；协同即是将五个方面协调一致向前推进。这里讲的“五位一体”协同方式，是指把经济、政治、文化、社会和生态文明体制这五个方面的改革作为全面深化改革的整体，协同起来向前推进。

1. “五位一体”总体布局的形成过程

我国推进现代化建设的“五位一体”总体布局，是在实践中逐步形成的。最初的提法是“三位一体”，然后调整为“四位一体”，到中共十八大得以全面形成“五位一体”。

“三位一体”的提法可追溯至改革开放初期。1986 年 9 月，中共十二届六中全会通过的《关于社会主义精神文明建设指导方针的决议》，首次提出了“总体布局”的概念。《决议》指出：“坚定不移地进行经济体制改革，坚定不移地进行政治体制改革，坚定不移地加强精神文明建设。”“三个坚定不移”即是经济、政治和文化“三位一体”总体布局的雏形。中共十五大和十六大报告中关于建设和改革的安排，都是从经济、政治、文化这三个方面来展开的。十六大报告将经济建设、政治建设、文化建设与物质文明、政治文明、精神文明相联系相融合，使“三位一体”的总体布局

① 蔡仕魁：《论改革开放“引进来”与“走出去”的辩证统一关系》，载《中国市场》2011 年第 9 期，第 94—95 页。

更加明晰。[①]

2005年2月，胡锦涛同志在省部级主要领导干部研讨班上明确提出，随着我国经济社会的不断发展，中国特色社会主义事业的总体布局，已由社会主义经济建设、政治建设、文化建设“三位一体”发展为社会主义经济建设、政治建设、文化建设、社会建设“四位一体”。

“五位一体”的概念是在十八大报告中正式提出来的。报告指出：建设中国特色社会主义，总依据是社会主义初级阶段，总布局是经济建设、政治建设、文化建设、社会建设和生态文明建设。

2.“五位一体”的整体性、系统性和协同性

把经济、政治、文化、社会和生态文明作为一个整体纳入总体布局，并协调向前推进，这是由五个方面的有机联系规律所决定的。[②]

第一，“五位一体”具有不可或缺的整体性。中共十八届三中全会《决定》指出：“全面深化改革的总目标是完善和发展中国特色社会主义制度，推进国家治理体系和治理能力现代化”，“进一步解放思想、解放和发展社会生产力、解放和增强社会活力”，“以促进社会公平正义、增进人民福祉为出发点和落脚点”。这些表述，构成了全面深化改革的目标体系（包括目标、目的和条件等）。这个目标体系，不仅与经济、政治、文化和社会体制改革紧密相联，而且与生态文明建设体制改革直接相关。也就是说，实现目标体系必须靠这五个方面的改革支撑，缺少任何一个领域的改革也难以达到预期目的。

第二，“五位一体”具有不可分割的系统性。“五位一体”所包含的内容是一个有机联系的系统，任何一个领域的改革都与其他四个方面的改革紧密相联。随着改革的不断深入，各个领域各个环节改革的关联性和互动

---

① 侯德泉、何芳：《从“三位一体”到“四位一体”——中国特色社会主义事业总体布局的历史演变》，载《当代中国史研究》2008年第4期，第5—6页。

②《中共中央关于全面深化改革若干重大问题的决定》，2013年11月12日。

性将会明显增强，每一项改革都会对其他改革产生重要影响，每一项改革都需要其他改革协同配合。如果各个领域改革不配套，各个环节的措施不衔接，“五位一体”改革就难以向前推进。因此，不能将五个方面分割开来，不能使其各自为战、单兵独进。比如，经济体制改革尽管属于经济基础范畴，但它却离不开属于上层建筑范畴的政治、文化、社会等领域改革的跟进和保障。否则，就会直接影响甚至阻碍经济体制改革的进程。再如，社会体制与经济体制改革，如果后者与前者分割，就会因失去经济体制改革的牵引和支撑而难以深化社会体制改革。政治、文化和生态文明等各个领域的改革也是一样，也都需要其他领域改革与其互动互促。

第三，“五位一体”具有不可脱节的协同性。经济、政治、文化、社会和生态文明体制改革这五个方面，既不能缺少任何一个，也不能将其分割开来，还不能相互脱节。改革开放初期，我们在推进经济体制改革和相关领域改革过程中，一直采用“先试点、再推进”的办法。中共十四大确定建立社会主义市场经济体制目标之后，经济体制和相关领域改革开始向着这个目标协同推进。现在，我国正处于完善社会主义市场经济体制的攻坚阶段，在各种利益关系盘根错节、各种矛盾错综复杂的情况下，必须注重各个领域改革的协同性，努力使之协调前行。当然，协同推进、协调前行，不是硬要齐步走，不是不搞试点和重点突破。相反，搞好试点、突破重点仍然是必须的。只不过，这种试点和突破不再是单兵或单门独进式的试点和突破，而是侦察兵、先锋部队和整个改革大军浑然一体、前后衔接的试点和突破。因此，在完善社会主义市场经济体制攻坚过程中，更加需要防止和避免各个领域的改革脱节，更加需要统筹谋划和协同推进。

3. 加大“五位一体”协同推进力度

推进“五位一体”改革是一项庞大的系统工程，必须整体谋划、通盘安排、协同推进，特别需要协调解决好遇到的矛盾。

现在看，加大“五位一体”改革的协同推进力度，应该着重在四个方面下功夫。一是整体谋划“五位一体”改革方案，统盘安排全面深化改革的路线图和时间表，为协同推进奠定良好的规划基础。二是系统研究各项改革的关联性和耦合性，据此制定相互衔接的法律法规和政策措施，使之相互配套、相得益彰，为协同推进提供配套的规则依据。三是按照规划和规则要求，协同推进“五位一体”改革，防止畸重畸轻、顾此失彼、单兵突进，尤其要注重抓主要矛盾和矛盾的主要方面、重要领域和关键环节，并及时协调解决遇到的问题，防止和避免出现梗阻现象。四是把改革的力度、社会可承受程度统一起来，切实做到在保持社会稳定中推进改革、在推进改革中促进社会稳定。

第三节
经济体制转型的实践特征

从第二章第二节的论述中可以看出，坚持中国特色社会主义和市场化取向是经济体制转型的本质规律之一。在三驾马车拉动经济体制转型过程中，必然呈现出与这一规律相一致的若干实践特征。研究和提炼这些实践特征，对于完善社会主义市场经济体制乃至推进整个经济转型升级都具有极为重要的意义。

一、以基本国情为立足点

三驾马车是在中国经济体制转型的实践中长出，又是以中国基本国情为立足点拉动经济体制转型的。实践表明，真正认知中国基本国情很不容易，始终坚持以基本国情为立足点拉动经济体制转型更加艰难。[①]

1. 对基本国情的认知过程

我们通常讲的基本国情，主要是指一个国家的社会性质及其所处的发展阶段。那么，中国的基本国情到底是个什么样子？现在，大家都会作出明确回答：中国的基本国情就是中国的社会主义初级阶段。它具体包括两层含义：一是中国是社会主义社会，必须坚持而不能离开社会主义。二是这个社会主义社会还处在不发达的初级阶段，必须从初级阶段的实际出发而不能超越这个阶段。[②] 然而，这个回答却是来之不易的，是经历了若干

---

① 胡鞍钢：《影响决策的国情报告》，北京：清华大学出版社 2002 年版。

②《毛泽东思想和中国特色社会主义理论体系概论》，北京：高等教育出版社 2009 年版。

年的艰难探索才得出来的。

早在1958年，毛泽东同志就开始研究探索社会主义两阶段发展的可能性，第一阶段是不发达的社会主义，第二阶段是比较发达的社会主义。[①]遗憾的是，这一思想仅是昙花一现，中国社会很快就进入了赶英超美的不切实际轨道。经历了20多年脱离国情的“赶超”，中国离英、美距离不是近了，而是远了。通过总结以往的沉痛教训，1979年9月，叶剑英同志《在庆祝中华人民共和国成立三十周年大会上的讲话》中，明确提出了我国的“社会主义制度还处在幼年时期”的历史判断。1980年，在对新中国30年全面总结和深刻反思的基础上，中央开始着手研究起草党的历史问题的决议。邓小平同志针对一些“左”的错误观点指出：“第一，不要离开现实和超越阶段采取一些‘左’的办法，这样是搞不成社会主义的。我们过去就是吃‘左’的亏。第二，不管你搞什么，一定要有利于发展生产力。”[②] 在邓小平、胡耀邦等同志的亲自指导下，经过反复讨论和修改完善，1981年形成了《关于新中国成立以来党的若干历史问题的决议》。这个决议指出：“尽管我们的社会主义制度还是处于初级阶段，但是毫无疑问，我国已经建立了社会主义制度，进入了社会主义社会，任何否认这个基本事实的观点都是错误的。”在党的历史文献中，这是第一次明确提出社会主义初级阶段。[③]

2. 社会主义初级阶段的基本特征

改革开放以来，中国经济发展取得举世瞩目的成就，经济总量跃居全球第二位。中国是不是还处于社会主义初级阶段？这个阶段又发生了什么样的变化？回答这些问题，必须从中国社会面临的主要矛盾入手，只要中国社会面临的主要矛盾没有得到根本性解决，社会主义初级阶段的基本国

---

① 《胡锦涛在纪念真理标准讨论二十周年座谈会上的讲话》，1998年5月8日。

② 《邓小平文选》（第2卷），北京：人民出版社1994年版，第312页。

③ 张建君：《社会主义初级阶段理论的演进历程与理论创新》，载《学习与实践》2011年第7期，第28—35页。

情就不会发生根本性变化。从现实情况看，中国经济发展尽管取得了辉煌成就，但其面临的主要矛盾仍然是人民日益增长的物质文化需求同落后的社会生产力之间的矛盾，社会主义初级阶段的基本特征仍然非常突出。

第一，社会生产力还不发达。尽管中国经济总量已居全球第二位，但人均水平仍排在世界100位左右，并且经济质量和竞争力大大落后于发达国家。社会主义初级阶段的首要特征，就是生产力不发达。因此，解放和发展生产力，推动中国向社会主义现代化跨越，是社会主义初级阶段的历史使命。

中国人均 GDP/世界人均 GDP

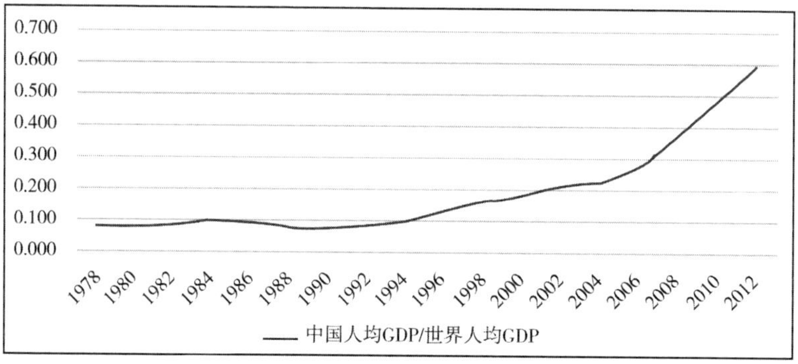

（资料来源：世界银行发展统计数据库）

第二，现代化生产生活方式远未形成。按常住城镇人口计算，2012年我国的城镇化率达到52.6%，意味着农业人口占大头的现象已经初步改变，但我们的现代化农业、现代服务业的发展远远落后于西方工业化国家，更重要的是"人的城镇化"仍然面临严峻挑战，实际城镇化率只有42%左右。

第三，市场化程度较低。1992年，我国开始向社会主义市场经济转型，但市场配置资源的作用还没有得到充分发挥，政府职能转变的任务还相当繁重。

第四，科技教育文化比较落后。2012年，我国15岁以上人口平均受教育年限达到9年以上，高等教育毛入学率提高到30%，但科技教育文化落后的状况仍然没有从根本上得到改变，我国是一个教育大国而不是教育强国，是一个制造业大国而不是科技创新强国。

城镇人口/乡村人口（1978—2012 年）

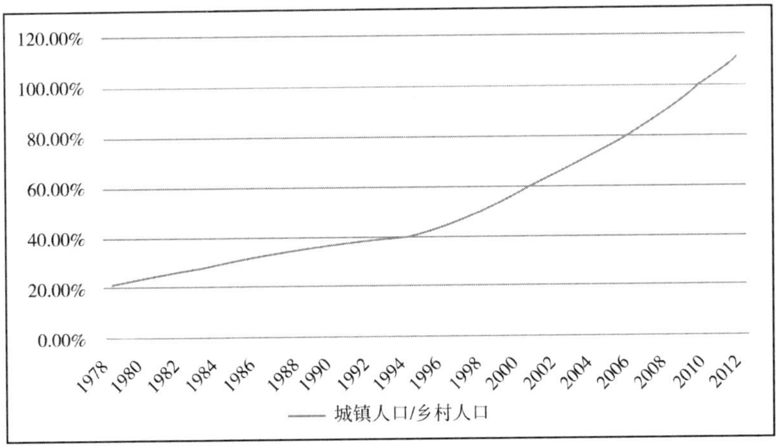

（数据来源：《中国统计年鉴》，1978—2012 年）

中国中小学升学率（1978—2012 年）

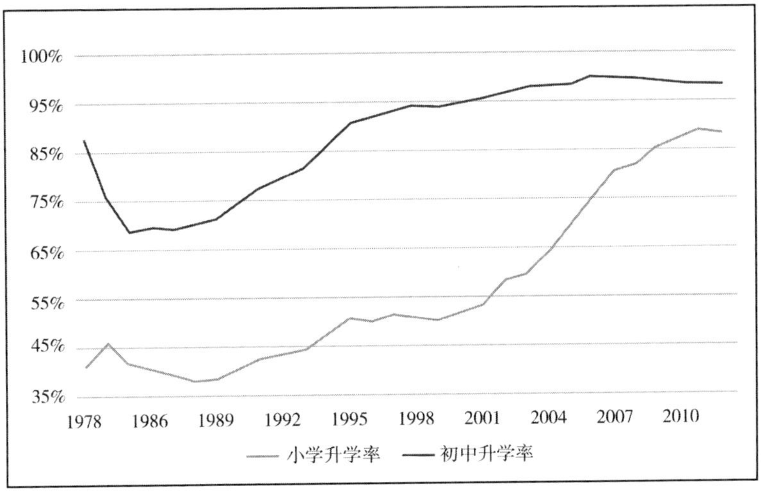

（数据来源：《中国统计年鉴》，1978—2012 年）

第五，贫困人口仍占较大比重。2012 年，按照农村扶贫标准年人均纯收入2300元（2010年不变价）计算，我国年末农村贫困人口尚有9899万人。人们的生活水平没有得到根本性改善，贫困人口没有得到大规模消除，就很难说实现了社会主义初级阶段的有效跨越。

第六，缩小地区差距和城乡差距任重道远。改革开放以来，我国西部省份和东部省份的差距虽然有所缩小，但西部省份的人均GDP水平仍不足东部的2/3。城乡之间的差距尤其是居民贫富差距，不仅没有缩小，反而不断拉大。

中国四大地区主要指标占全国比重（2012年）

指标	东部（10个）	中部（6个）	西部（12个）	东北（3个）
土地面积（%）	9.62	10.71	71.56	8.42
人口（%）	38.01	26.53	25.42	8.10
城镇就业人口（%）	47.42	21.69	21.99	8.89
GDP（%）	57.02	22.41	21.95	9.73
地方财政收入（%）	53.50	16.91	20.90	8.69
地方财政支出（%）	39.44	21.11	30.11	9.77
出口额（按经营单位所在地分）（%）	83.03	5.88	7.62	3.83
出口额（按境内目的地和货源地分）（%）	85.61	5.47	5.58	3.34
进口额（按经营单位所在地分）（%）	69.88	4.01	4.65	4.83
进口额（按境内目的地和货源地分）（%）	83.79	4.17	6.12	5.64

（资料来源：中国国家统计局，《中国统计年鉴2012》，http：//www.stats.gov.cn/tjsj/ndsj/2013/indexch.htm；中国政府网：http：//www.gov.cn/guoqing/）

第七，精神文明建设水平亟待提高。目前，不仅我们的物质财富不能满足人们的需要，而且精神文明建设的程度仍然较低。需要在建设物质文明的同时，加大力度建设社会主义精神文明。

第八，重点领域协调发展的任务相当繁重。无论是在经济、政治、文化、社会建设上，还是在生态文明建设上，我国同世界先进水平相比都存在着巨大差距。推进这些领域的协调发展，仍然面临着严峻挑战。

上述八个方面的特征，就是中国基本国情的具体表现，如果不能有效消除这些特征，就谈不上社会主要矛盾被有效解决，更不能说已经跨越了社会主义初级阶段。

中国社会主义初级阶段，既有稳定性，又呈动态性。稳定性是指这一阶段是长期的，不是在短期内就可以跨越的；动态性是说各种特征的程度是变化、发展的，而不是一成不变的。改革开放 36 年来，我国经济发生了翻天覆地的变化。但是，2013 年人均 GDP 水平仅占世界银行划定的高收入国家标准的 1/2，并且中国还有近 20 个省份达不到全国均线，一些西部落后省份更是不及均线的 60%。如果考虑到我国还有 9899 万贫困人口的严峻现实，我们就会认识到社会主义初级阶段绝不是在短期内可以跨越的。

3. 经济体制转型必须以基本国情为立足点

中国和苏联正反两个方面的经验表明，三驾马车拉动中国经济体制转型，必须从自己的国情出发，而不能脱离基本国情。

改革开放 36 年来，三驾马车拉动中国经济体制转型的方向基本上是正确的。之所以说方向正确，主要是因为开放、改革、管理的轨道一直没有脱离中国的基本国情，没有像苏东国家那样将自己的火车跑到西方国家的轨道上去。也就是说，三驾马车在拉动中国经济体制转型过程中，既没有背离社会主义初级阶段内在规定性的基本制度取向，也没有背离社会主义初级阶段内在规定性的基本价值取向。

改革开放前 30 年，中国的火车跑到了苏联的轨道上；改革开放后，中国的火车才真正跑到了中国自己的轨道上。在改革开放的探索阶段，以邓小平同志为核心的中央领导集体反复强调，无论是改革开放，还是经济建设，都要从中国的基本国情出发，都不能照搬其他国家的模式。① 在确定建立社会主义市场经济体制目标之后，江泽民同志突出强调，必须从社会主义初级阶段这一基本国情出发，来谋划和把握中国的改革开放和现代化建设的行动方向。② 在经济持续高速增长情况下，胡锦涛同志强调指出，我国处于并将长期处于社会主义初级阶段的基本国情没有变，人民日益增长的物质文化需求同落后的社会生产力之间的矛盾这一社会主要矛盾没有变，我国是世界最大发展中国家的国际地位没有变，并要求全党和全国人民将“三个没有变”作为一切工作的总依据。③ 在进入着重推进国家治理体系和治理能力现代化新阶段，习近平同志更加明确指出：“坚持实事求是，就要清醒认识和正确把握我国仍处于并将长期处于社会主义初级阶段这个基本国情。我们推进改革发展、制定方针政策，都要牢牢立足社会主义初级阶段这个最大实际，都要充分体现这个基本国情的必然要求，坚持一切从这个基本国情出发。”④

正是因为中央一直强调和坚持一切从基本国情出发，经济体制转型的基本特征——中国特色社会主义和市场化取向才得以坚持；正是因为坚持中国特色社会主义和市场化取向，社会主义市场经济体制才得到不断完善。事实雄辩地证明，坚持从基本国情出发是三驾马车拉动经济体制转型的立足点。今后，我们要正确把握三驾马车拉动经济体制转型的前行方

---

①《邓小平在中国共产党第十二次全国代表大会上的开幕词》，1982 年 9 月。

②《高举邓小平理论伟大旗帜，把建设有中国特色社会主义事业全面推向二十一世纪——江泽民在中国共产党第十五次全国代表大会上的报告》，1997 年 9 月 12 日。

③《坚定不移沿着中国特色社会主义道路前进　为全面建成小康社会而奋斗——胡锦涛在中国共产党第十八次全国代表大会上的报告》，2012 年 11 月 8 日。

④《习近平同志在纪念毛泽东诞辰 120 周年座谈会上的讲话》，2013 年 12 月 26 日，新华社北京电。

向，就必须始终坚持和正确把握社会主义初级阶段这个最大国情。

二、以思想解放为先导

改革开放36年的历程，既是经济社会长足发展的过程，更是思想解放为先导的进程。今后推进国家治理体系和治理能力现代化，完善社会主义市场经济体制，更加需要以思想解放为先导。

1. 以思想解放突破前行桎梏

在“文化大革命”刚刚结束，“两个凡是”严重阻碍生产力发展的情况下，以邓小平同志为核心的中央领导集体以其远见卓识、丰富的政治经验和高超的领导艺术，果断地从端正思想路线入手，启动了解放思想的历史进程。1978年5月开始的针对“两个凡是”错误的真理标准问题大讨论，标志着连续36年的思想解放的正式启动。①

1978年6月，邓小平在全军政治工作会议上强调：打破精神枷锁，使我们的思想来个大解放。同年9月，邓小平在东北发表重要讲话，严厉批评“两个凡是”。他说：“有一种议论，叫作‘两个凡是’，不是很出名吗？凡是毛泽东同志圈阅过的文件都不能动，凡是毛泽东同志做过的、说过的都不能动。这是不是叫高举毛泽东思想的旗帜呢？不是，这样搞下去，要损害毛泽东思想。”②

在1978年底召开的中共中央工作会议上，邓小平再次强调，“一个党，一个国家，一个民族，如果一切从本本出发，思想僵化，迷信盛行，那它就不能前进，它的生机就停止了，就要亡党亡国。”叶剑英也指出，许多同志对“从经济基础到上层建筑的深刻革命”思想准备不足，这些人“前怕狼后怕虎，墨守成规，因循守旧，思想就是不解放，不敢往前迈出一步。”他还说，“为什么不怕两千多年来遗留下来的手工业生产方式继续保

---

① 《理论：思想解放创造了中国30年来的发展成就》，中新网，2008年12月9日。

② 同上。

存下去，不怕中国贫穷落后，不怕中国人民不答应这样的现状?”在这次会议上，邓小平、叶剑英、陈云、胡耀邦等同志依靠集体力量，彻底冲破了“两个凡是”的禁锢。

邓小平在中央工作会议闭幕会上所作的《解放思想　实事求是　团结一致向前看》的著名讲话，把解放思想与实事求是紧密结合，使党的思想路线更为完备，为即将召开的中共十一届三中全会确定了主题和方向，并把由真理标准问题大讨论开启的思想解放运动转化为改革开放和社会主义现代化建设的伟大实践。

中共十一届三中全会闭幕之后，解放思想，实事求是的思想路线得到了深入贯彻落实。这主要体现在：果断地否定了“文化大革命”，从以阶级斗争为纲转到以经济建设为中心；深刻认识传统计划经济体制的弊端，积极推动经济体制改革；客观把握时代发展趋势，适时将对外开放确立为基本国策；根据经济发展的实际需要，及时采取调整改革整顿提高的方针；吸取“文化大革命”惨痛教训，推动党和国家领导制度的改革；正确对待毛泽东和毛泽东思想，实事求是作出关于新中国成立以来若干重大历史问题的决议，等等。

中共十一届三中全会以来，根据邓小平关于什么叫社会主义、什么是马克思主义、怎样推进改革开放等一系列论述，中央先后确立了“建设有中国特色的社会主义”的战略思想、“一国两制”的方针、有计划的商品经济理论、社会主义初级阶段理论和党的基本路线，基本形成了中国特色社会主义理论框架。

2. 以思想解放促进改革开放

1992 年，面对苏东剧变带来的严峻挑战，党中央以极大的政治智慧和勇气，明确回答了党内和社会上出现的关于姓“社”姓“资”的争论，端正了全党和全国人民对社会主义的认识，推进了改革开放和现代化建设。

以思想解放促进改革开放，集中体现在 1992 年邓小平同志的“南方谈话”之中。这次谈话，深入引导人们解放思想，冲破姓“资”姓“社”的束缚，端正对社会主义的认识，为十四大将社会主义市场经济体制确定为中国经济体制转型的目标，把改革开放和社会主义现代化建设推向新的发展阶段奠定了坚实的思想基础。[①]

中共十五大进一步解放思想，确定了中国特色社会主义的基本纲领。这个基本纲领突破了传统社会主义模式，作出了一系列重大正确决策。在经济方面，确定建立和实行公有制为主体、多种所有制经济共同发展的基本经济制度；建立完善社会主义市场经济体制；实行按劳分配为主体的多种分配方式；积极参与国际经济合作和竞争的对外开放政策；让人民共享经济繁荣成果的根本目的等。在政治方面，强调实现中国共产党领导、人民当家作主和依法治国有机统一；坚持和完善人民民主专政，人民代表大会制度和共产党领导的多党合作、政治协商制度以及民族区域自治制度；发展民主，健全法治，建设社会主义法治国家。在文化方面，确定以培育有理想、有道德、有文化、有纪律的“四有”公民为目标，发展面向现代化、面向世界、面向未来的，民族的科学的大众的社会主义文化；努力提高全民族的思想道德素质和教育科学文化水平；建设社会主义精神文明。[②]

以江泽民同志为核心的中央领导集体，把解放思想、与时俱进作为神圣的历史责任，在推进发展中国特色社会主义理论的实践中，创立了“三个代表”重要思想，把邓小平开创的改革开放和现代化建设事业继续推向前进。江泽民同志在多次讲话中强调：创新是一个民族进步的灵魂，是一个国家兴旺发达的不竭动力，也是一个政党永葆生机的源泉。江泽民同志在《在庆祝中国共产党成立八十周年大会上的讲话》和《科学对待马克思主义》报告中，提出“三个解放出来”和“两个坚定不移”的著名论断。他说：“解放思想、实事求是，是引导社会前进的强大力量。社会实践是不断发展的，我们的思想认识也应不断前进，应勇于和善于根据实践的要求进行创新。要坚持实践是检验真理的唯一标准，在党的基本理论指导

---

① 《理论：思想解放创造了中国30年来的发展成就》，中新网，2008年12月9日。

② 同上。

下，一切从实际出发，自觉地把思想认识从那些不合时宜的观念、做法和体制中解放出来，从对马克思主义错误的和教条式的理解中解放出来，从主观主义和形而上学的桎梏中解放出来。”他强调指出，“必须坚持马克思主义的立场、观点、方法，坚持马克思主义的基本原理。这一点，要坚定不移，不能含糊；一定要贯彻解放思想、实事求是的思想路线，坚持勇于追求真理和探索真理的革命精神。这一点，也要坚定不移，不能含糊。”①

思想解放的不断深入，结出了一系列丰硕成果。使人们在什么是社会主义和怎样建设社会主义、建设什么样的党和怎样建设党的认识上发生了质的飞跃，形成了推动改革开放和现代化建设的强大力量。

3. 以思想解放催生科学发展

中共十六大以来，中国的发展站在了新的历史起点上。面对复杂多变的国际形势和繁重艰巨的改革发展任务，以胡锦涛为总书记的党中央坚持解放思想、实事求是、与时俱进，勇于探索中国特色社会主义发展道路，逐步形成了指导改革开放和现代化建设的科学发展观。②

科学发展观的基本内涵和精神实质，主要体现在五个方面：一是坚持以经济建设为中心。执政党的首要任务是推动经济社会发展，如果发展搞不上去，就会从根本上丧失执政的物质基础。因此，在改革开放初期，邓小平同志就明确指出“发展才是硬道理”③，随后，江泽民同志也明确提出“必须把发展作为党执政兴国的第一要务”④，胡锦涛同志进一步提出“必

① 《理论：思想解放创造了中国 30 年来的发展成就》，中新网，2008 年 12 月 9 日。

② 同上。

③ 《邓小平文选》（第三卷），北京：人民出版社 1993 年版，第 377 页。

④ 《全面建设小康社会，开创中国特色社会主义事业新局面——江泽民在中国共产党第十六次全国代表大会上的报告》，2002 年 11 月 8 日。

须以科学发展为主题，以加快转变经济发展方式为主线”的论断。① 二是坚持以人为本。把以人为本作为科学发展观的核心加以突出，集中体现了马克思主义的历史唯物论，充分体现了我们党全心全意为人民服务的根本宗旨和经济社会发展的根本目的。三是坚持全面协调可持续发展。胡锦涛同志指出：全面，是指发展要有全面性、整体性，不仅经济发展，而且各个方面都要发展；协调，是指发展要有协调性、均衡性，各个方面、各个环节的发展要相互适应、相互促进；可持续，是指发展要有持久性、连续性，不仅当前要发展，而且要保证长远发展。四是坚持统筹兼顾的根本方法。这既是我们党在长期社会主义建设实践中形成的重要历史经验，也是在解决面临的极其复杂的国内外新矛盾和新问题中得出的正确结论。五是坚持解放思想，实事求是，与时俱进，求真务实。②

思想解放催生了科学发展观，科学发展观推动了改革开放和现代化建设。在科学发展观形成和发展的 2001 年至 2011 年，我国跃居世界第二大经济体，GDP 总量由 10.97 万亿元增加到 47.3 万亿元，人均 GDP 由 1042 美元增加到 5500 美元；国家财政实力显著增强，财政收入由 1.64 万亿元增加到 10.37 万亿元；开放型经济达到新水平，进出口总额跃居世界第二位。同时，创新型国家建设、新农村建设、和谐社会建设也都取得长足进展。

党的十八大站在历史和时代的高度，着眼中国特色社会主义事业长远发展，顺应全党全国人民的共同意愿，把科学发展观同马克思列宁主义、毛泽东思想、邓小平理论、“三个代表”重要思想一道，确立为党必须长期坚持的指导思想。我们要坚持不懈地用科学发展观武装头脑、指导实践，奋力开拓中国特色社会主义更为广阔的发展前景。

---

① 《坚定不移沿着中国特色社会主义道路前进　为全面建成小康社会而奋斗——胡锦涛在中国共产党第十八次全国代表大会上的报告》，2012 年 11 月 8 日。

② 《科学发展观之认识篇：中央为何提出科学发展观?》，新华网，2004 年 2 月 25 日。

4. 以思想解放推动制度创新

中共十八大以来，以习近平同志为总书记的党中央着力推进思想解放，并以思想解放推动理论和制度创新，取得了诸多重大成果。

习近平总书记在十八届三中全会上的讲话中指出："解放思想、实事求是、与时俱进、求真务实是个根本的思想武器，要深入探求和把握事物发展规律，勇于变革、勇于创新、永不僵化、永不停滞，使各项工作体现时代性、把握规律性、富于创造性。"为了充分利用这个思想武器推进制度创新，习近平总书记提出了明确而又具体的要求："在深化改革问题上，一些思想观念障碍往往不是来自体制外而是来自体制内"，"要实现新的突破，就必须进一步解放思想"，"一定要有自我革新的勇气和胸怀，跳出条条框框限制，克服部门利益掣肘，以积极主动精神研究和提出改革举措"；他强调，"如果我们不进一步解放思想，那么就很难看清各种利益固化的症结所在，很难找准突破的方向和着力点，很难拿出创造性的改革举措。只有进一步解放思想，才能冲破思想观念的障碍、突破利益固化的藩篱，从而才能完成制度创新的艰巨任务。"

中共十八届三中全会的理论创新主要体现在10个方面：一是关于全面深化改革的内容与出发点和落脚点的论述；二是关于"三个解放"的论述；三是关于完善和发展中国特色社会主义制度，推进国家治理体系和治理能力现代化的论述；四是关于经济体制改革是全面深化改革重点和牵引的论述；五是关于使市场在资源配置中起决定性作用和更好发挥政府作用的论述；六是关于到2020年在重要领域和关键环节改革上取得决定性成果并使各方面制度更加成熟更加定型的论述；七是关于坚持和完善社会主义基本经济制度的论述；八是关于推进协商民主广泛多层制度化发展的论述；九是关于怎样推动思想解放的论述；十是关于以思想解放推动理论和制度创新的论述。

从上述梳理可以看出，制度创新是一系列理论创新的核心。这既表现在完善和发展中国特色社会主义制度、推进国家治理体系和治理能力现代化这个总目标上，又表现在到2020年在重要领域和关键环节改革上取得决定性成果并使各方面制度更加成熟更加定型上，还体现在坚持和完善社会主义基本经济制度、推进协商民主广泛多层制度等各种制度化创新安排上，就是其他方面的理论创新也都是以制度创新为重点的。正如习近平总书记在十八届三中全会上的总结讲话中指出的："我们之所以决定这次三中全会研究全面深化改革问题，不是推进一个领域改革，也不是推进几个领域改革，而是推进所有领域改革，就是从国家治理体系和治理能力的总体角度考虑的。"他进一步指出，"国家治理体系和治理能力是一个国家制度和制度执行能力的集中体现。国家治理体系是在党领导下管理国家的制度体系，包括经济、政治、文化、社会、生态文明和党的建设等各领域体制机制、法律法规安排，也就是一整套紧密相连、相互协调的国家制度；国家治理能力则是运用国家制度管理社会各方面事务的能力，包括改革发展稳定、内政外交国防、治党治国治军等各个方面。"①

三、以经济建设为中心

中共十一届三中全会认真总结新中国成立以来的经验教训，果断摒弃以阶级斗争为纲的指导思想，明确决定把一切工作转到以经济建设为中心的轨道上来。随后，经过不断充实完善，形成了"一个中心、两个基本点"的党在社会主义初级阶段的基本路线。"一个中心"，就是以经济建设为中心；"两个基本点"，就是坚持四项基本原则和实行改革开放。坚持四项基本原则，目的是保证在经济建设和改革开放中坚持社会主义方向；实行改革开放，主要是为了创新经济发展的体制机制，解放和发展生产力。通俗讲实行改革开放就是为了推进经济建设。三驾马车拉动经济体制转型，不是为转型而转型，而是为了拉动经济建设，实现建设现代化国家的目标。这也就决定了三驾马车拉动经济体制转型，必须始终围绕经济建设这一中心。

---

① 习近平：《切实把思想统一到党的十八届三中全会精神上来》，新华网，2013年12月31日。

中国36年来的实践，正是循着三驾马车拉动经济体制转型、经济体制转型拉动经济建设的轨迹走过来的。换言之，就是运用三驾马车不断解决经济建设中遇到的体制机制障碍，进而不断解放和发展生产力的。36年来，我们坚持以经济建设为中心，扎实推进经济体制转型，取得了经济建设重大进展。据统计，2010年中国成为世界第二大经济体，人民生活水平得到较大提高；2013年经济总量达到568845亿元，人均GDP比1978年增长了16.2倍。历史充分证明，要强国富民、长治久安，必须坚持以经济建设为中心，必须以经济体制转型拉动经济建设。

前些年，许多同志对以经济建设为中心提出了一些不同看法。有人认为，当前社会矛盾突出，群体性事件频发，社会建设滞后于经济建设，应该由以经济建设为中心转变为以社会建设为中心。有人认为，我国经济建设已经取得巨大成就，并已进入新的发展阶段，我们的工作着力点应该转到社会建设上来。还有人认为，以经济建设为中心必须坚持，但经济建设的内容必须充实完善。现在看，前两种认识有失偏颇，第三种认识是有道理的。这是因为人类社会发展的基础是经济，政治、文化、社会等建设都是上层建筑范畴，经济基础与上层建筑的关系是后者适应前者和服从服务于前者的关系。以经济建设为中心，其他领域建设服从和服务于经济建设并与之适应，正是与马克思主义基本原理相吻合的，也是由我国基本国情所决定的。我国的经济发展虽然取得重大成就，但仍是一个发展中国家，人均收入还排在世界后列，人民不断增长的物质文化需要同落后生产力之间的矛盾也很突出。因此，中共十一届三中全会以来，党中央不断重申坚持“一个中心、两个基本点”的基本路线，始终抓住经济建设不放松。邓小平同志在视察南方谈话中强调“基本路线要管一百年，动摇不得”；中共十七大报告指出：“以经济建设为中心是兴国之要，是我们党、我们国家兴旺发达和长治久安的根本要求”；中共十八大报告明确要求“聚精会神搞建设、一心一意谋发展，着力把握发展规律、创新发展理念、破解发展难题”；中共十八届三中全会《决定》更加深刻地指出，“全面深化改革，必须立足于我国长期处于社会主义初级阶段这个最大实际，坚持发展仍是解决我国所有问题的关键这个重大战略判断，以经济建设为中心，发挥经济体制改革牵引作用，推动生产关系同生产力、上层建筑同经济基础相适应，推动经济社会持续健康发展。”这些都表明，在整个社会主义初级阶段，以经济建设为中心不仅不能动摇，而且应该不断强化和完善。

坚持和完善以经济建设为中心，必须注重克服重生产和交换、轻分配和消费的倾向，不能只顾扩大投资和增加项目，而要特别注重引导消费和合理分配。同时，要更加重视经济建设与政治、文化、社会、生态文明建设的协同发展，特别要注重解决社会建设滞后于经济建设的矛盾，着力扩大公共服务，尽快完善社会管理，积极促进社会公平正义，使人民群众学有所教、劳有所得、病有所医、老有所养、住有所居持续取得新进展，逐步建立起以权力公平、机会公正、规则公平、结果公平为内容的社会分配和公平保障体系，真正使现代化建设的成果惠及全体人民。

四、以统筹兼顾为根本方法

为了克服改革开放初期形成的“单打一”和“单兵独进”改革办法带来的矛盾和问题，中央反复强调要注重各项工作的统筹兼顾，并在总结历史经验基础上，将统筹兼顾明确为必须坚持的根本办法。同时，提出了城乡发展、区域发展、经济社会发展、人与自然和谐发展、国内发展和对外开放等五个方面的统筹内容。在驾驭三驾马车拉动经济体制转型过程中，也更加注重运用统筹兼顾这个根本方法，更好地把握和处理国内与国际、顶层设计与群众首创精神、正能量与负能量、改革发展稳定等方面的重大关系。

1. 正确把握和处理中国与世界的关系

近年来，我国高度重视统筹国内国际两个大局，积极稳妥处理与世界各国的关系，取得了经济体制转型和开放型经济发展的重大进展，并为今后更好地处理中国与世界的关系积累了丰富经验。

当今世界，国际局势继续发生深刻调整变化，综合国力竞争日益激烈，各种矛盾错综复杂。各国都在有针对性地推进经济改革和新一轮科技革命与产业变革。现在，我国国际环境总体稳定，经济发展能力和潜力巨大，国际地位和国际影响力不断提高，塑造国际关系和国际秩序的能力逐步增强。同时，也要清醒看到外部环境中影响和平与发展的不稳定不确定因素仍在增多，西方发达国家在经济科技等方面对我国的压力在加大、西方敌对势力对我国实施西化和分化形势日益严峻、我国改革发展稳定面临的矛盾仍很突出。

在中共十八届三中全会上，习近平总书记在回顾近代以来的历史时意味深长地说："我们深切感受到抓住机遇，赶上时代的极端重要性；我们一定要抓住机遇，千万不能丧失机遇；我们不仅要赶上时代，而且要勇于引领时代潮流、走在时代前列。"同时，他告诫全党："抓住机遇就能赢得战略主动，否则就有可能陷于被动。"我们必须全面审视世界发展大势，努力化挑战为机遇，积极争取战略主动，不断提高我国综合国力和国际竞争力。

2. 正确把握和处理发挥顶层设计作用与尊重群众首创精神的关系

改革开放以来，我国的经济建设和经济体制转型之所以取得重大进展，最根本的原因是使改革开放事业深深扎根于人民群众之中，得到了人民群众的衷心拥护和积极参与；最主要的经验就是坚持以人为本，尊重人民主体地位和群众首创精神。

中共十八届三中全会通过的《决定》，确定了完善和发展中国特色社会主义制度，推进国家治理体系和治理能力现代化总目标，明确了以经济体制改革为重点，协同推进政治、文化、社会、生态文明体制和党的建设制度改革的六大任务，分别提出了各领域深化改革的重要方针和有力措施。可以说，全面深化改革的顶层设计、路线图和时间表一应俱全，整体性、系统性和协同性特征十分突出，指导性、针对性和可操作性也很强。在全面深化改革安排部署如此缜密的情况下，需不需要继续发挥群众的首创精神、紧紧依靠人民推动改革呢？回答是肯定的。历史已经并仍在证明，人民是历史的创造者，是改革开放和现代化建设的力量源泉，如果没有人民的支持和参与，改革开放和现代化建设就不能取得成功，全面深化改革的目标和任务就不能得到实现。

正确把握发挥顶层设计作用和尊重群众首创精神的关系，必须把维护和发展人民的根本利益作为出发点和落脚点，凡是符合人民群众利益的事情就要给予支持；必须充分听取群众意见，真正把群众拥护不拥护、支持不支持、答应不答应、满意不满意作为衡量标准，凡是人民群众拥护、支持、答应、满意的事情就要大胆决策、勇于推进。反之，违背群众意愿，损害群众利益的事情就坚决不办、坚决排除。同时，要积极支持群众大胆探索大胆试验，并及时总结群众创造的新鲜经验，把广大人民群众的智慧和力量凝聚到全面深化改革和现代化建设事业上来。

3. 正确把握和处理正能量与负能量的关系

正能量和负能量是物理学常用的一对名词。正能量的流行源于英国心理学家理查德·怀斯曼的专著《正能量》。[①] 现在人们常讲的正能量是指能让人开心、给人希望、积极向上的动力和情感；负能量则与其相反，是指让人消沉的东西。习近平总书记在广东视察时首次提出“要聚合各项相关改革协调推进的正能量”，其精神实质就是要求在全面深化改革中给人希望，让人们以积极向上的态度投身于改革开放的大潮之中。

在改革开放36年的征程中，我们曾遇到过诸多来自国内外负能量的干扰甚至阻碍，最终都通过凝聚正能量和转化负能量取得了胜利。毋庸讳言，在当前推进全面深化改革中，已经遇到一系列严峻挑战，凝聚正能量、转化负能量的任务更加繁重。正如习近平总书记在十八届三中全会上所说：“36年来的改革历程也不是那么一帆风顺的，也经历过曲折，但由于方向正确、驾驭得当，有了问题及时纠正，所以取得了历史性成就。现在，我国改革面临十分复杂的国际国内环境，各种思想观念和利益诉求相互激荡，要从纷繁复杂的事务表象中把准改革脉搏，在众说纷纭中开好改革药方，没有很强的战略定力是不行的。”同时指出，“现在，改革到了一个重要关头，推进改革的复杂程度、敏感程度、艰巨程度，一点都不亚于

---

① 【英】理查德·怀斯曼：《正能量》，长沙：湖南文艺出版社2012年版。

30 多年前。有的牵扯复杂的部门利益，有的在思想认识上难以统一，有的要触动一些人的‘奶酪’，有的需要多方面配合、多举措并举。”

能不能使正能量变得更强、使负能量转化为正能量，这是能不能实现全面深化改革既定目标的关键所在。现在看，聚集正能量、转化负能量至少需要在四个方面下功夫。一是要高度重视，切实将其放在重中之重位置，要厘清正能量和负能量各种表现、弄清形成的思想和实际原因，有针对性地采取聚集正能量和转化负能量措施。二是要广泛开展宣传教育，及时回答干部群众所关心的重大思想认识问题，使广大干部群众真正理解全面深化改革的指导思想和目标任务，特别要使大家真正明白全面深化改革是为了增进人民福祉、实现强国富民的道理。三是要及时发现和协调解决全面深化改革中出现的不协调不和谐问题，适时转化负能量。四是要注重解决广大群众遇到的实际问题，给群众带来实实在在的好处，让群众切实感受和享受到改革的成果。

4. 正确把握和处理改革、发展、稳定的关系

改革、发展、稳定三者之间的关系，一直是我国改革开放和现代化建设过程中必须把握和处理好的重大关系，更是完善社会主义市场经济体制中必须更好把握和处理好的重大关系。

有人认为，稳定是第一位的，稳定压倒一切，没有稳定局面，改革、发展就会因社会秩序混乱而难以进行。有人认为，改革是第一位的，改革搞不好，发展就会因体制机制障碍而难以为继。有人认为，发展是第一位的，发展是解决中国所有问题的关键，发展搞不上去，改革和稳定就会失去基础和支撑。实际上，改革、发展、稳定是互为条件的辩证统一体。改革是现代化建设的根本动力，发展是现代化建设的基本途径，稳定是现代化建设的重要前提，三者统一于中国特色社会主义现代化建设的伟大事业之中。因此，对于三者之间的关系，不能偏重某一方面，而应从整个现代化建设大局出发加以把握。改革、发展、稳定也是一个因果链条，只有通过改革、才能推动发展，从而才能促进稳定；只有推进发展，才能支撑改革，才能奠定稳定基础；只有营造稳定的环境，才能有利于改革，更好地

推动发展。

1985 年 4 月，邓小平同志就曾指出："我们确定的原则是：胆子要大，步子要稳。胆子要大，就是坚定不移地搞下去；步子要稳，就是发现问题赶快改。"① 他反复强调，发展是硬道理，贫穷不是社会主义，不发展中国就没有希望，稳定是改革与发展的前提和保障。由此看出，邓小平同志一贯重视并始终注重正确处理改革发展稳定的关系。随着改革开放的步步深入，针对实践过程中出现的新矛盾和新问题，江泽民、胡锦涛同志都非常重视正确把握和处理改革发展稳定的关系，从而有力地保证了我国经济体制转型的推进和现代化建设的发展。中共十八大以来，面对更加错综复杂的国内外形势和更为艰巨的任务，以习近平同志为总书记的党中央更加重视把握和处理改革发展稳定关系，从而使全面深化改革迈出了坚实步伐，整个社会保持了大局稳定。

通过总结过去的经验和分析面临的形势可以看出，正确把握和处理改革发展稳定的关系，需要在四个方面下功夫。一是要注重研究改革发展稳定三者之间的关联性，切实弄清三者有机联系的规律性，按其相互之间的关联性和规律性作出整体性决策部署。二是要注重论证改革发展稳定联动措施的可行性，充分考虑实施过程中可能遇到的矛盾和问题，切实保证各项措施有力有序有效实施。三是要注重改革发展稳定决策部署和联动措施实施的协同性，防止单门独进和单兵作战，尽力使其相互协调、相互促进、相得益彰。四是要注重把握改革力度、发展速度、社会可承受程度的统一性和动态性，适时调整工作立足点和着力点，切实做到与时俱进、因地制宜。

五、以探索渐进为前行方式

在总结 36 年经济体制转型的经验中，人们通常将转型的前行方式概括为"渐进式"或直接通俗称为"摸着石头过河"。笔者认为，还是称其为

---

①《邓小平文选》第三卷，北京：人民出版社 1993 年版，第 118 页。

"探索渐进"更为符合实际。这是因为，探索是渐进的前提，渐进是探索的结果，把因果都体现出来表述会更加完整一些。

中国的经济体制转型为什么能够稳步推进？稳步推进的特点是什么？原世界银行资深副行长、首席经济学家尼古拉斯·斯特恩认为，中国经济转型的成功经验主要有两条："第一，脚踏实地，一步一个脚印地稳步推进。中国的经验表明，一个合适的循序渐进的转型过程能够保持前一个发展阶段所创造和积累的社会资本和集体资本，并且能够将这些社会资本和集体资本转移到可以提高经济效率和生产能力的一些领域。第二，边干边学，摸着石头过河。在任何一项改革进程的初始阶段，不管采取何种方法，人们都不可能预见到未来各个阶段中将会显现出来的所有问题。因此，改革一定是一个边探索边改革的适时学习的过程，而不是一个按照既定蓝图进行临摹的过程。"①

实际上，中国36年来的经济体制转型，正是在实践探索中实现渐进的。这不仅体现在本章第二节经济体制转型的运作方式之中，而且还体现在以下四个方面。

第一，先农村后城市。中国的经济改革是从农村开始的，由于农村改革的突破为城市改革提供了启示和经验，极大地鼓舞和推动了城市改革。1985年9月23日，邓小平同志《在中国共产党全国代表会议上的讲话》中曾对中国改革的进程和特点进行过高度概括。他说："改革从农村开始……十二届三中全会以后，改革的重点转移到城市。在多年酝酿和农村改革成功的基础上，经济体制的全面改革逐步展开。"

第二，先试点后推广。邓小平同志在改革之初就反复告诫大家，"改革没有万无一失的方案，问题是要搞得比较稳妥一些，选择的方式和时机要恰当。不犯错误不可能，要争取犯得小一点，碰到问题就及时调整。"按照邓小平同志的这个要求，中国各个领域的改革大都经过先行试点、扩

① 布成良：《渐进式改革的张力——中国改革的特点、风险及前景》，载《当代世界与社会主义》2008年第5期，第121—126页。

大试点、全面推广的过程。家庭联产承包责任制，先从安徽、四川的包产到户开始，在经过试点取得成功后，才在全国广泛推开；价格改革，先从基本消费品以外的消费品开始突破，然后才逐步向生活消费品和生产领域推进；农村税费改革，先在安徽试点，再在28个省市取消农业税，最后才在全国全部免除农业税；对外开放，也是先从经济特区启动，再开放沿海城市，然后逐步向内陆和边远地区推进的。①

第三，先易后难。这种做法用得比较普遍，最有代表性的是“农村到城市”和“增量到存量”的改革。农村“包产到户”既简单易行、便于操作，又没有很大阻力，还可以调动农民积极性和创造性，为城市改革提供经验；城市改革相对农村改革，不仅难以操作，而且涉及面广、牵扯利益关系多。因此，这种先从农村开始再向城市拓展的办法取得了良好效果。由增量改革向存量改革推进，也就是人们通常说的由体制外向体制内推进。这种办法不仅矛盾较少、风险较小，而且还不影响经济发展。非国有经济与市场经济具有天然的一致性，其产生和发展都是以市场为导向的，不存在国有企业那样的政企不分和吃“大锅饭”问题，也不存在与政府及其部门那种剪不断、理还乱的天然联系。从体制外入手，再向体制内延伸肯定风险小、收益大。

第四，先做后说。这种做法的特征是，尊重群众首创精神，允许基层大胆试、大胆闯，然后再根据实践效果加以评说，正确的，坚持和发扬；不足的，进行补充完善；错误的，坚决予以纠正。这种做法的特点是，不争论，争取时间干，鼓励开拓创新；不操之过急，拿事实说话；总结实践经验，提升理论水平，再用新的理论指导实践。在这方面，邓小平同志一直强调两点：第一点是克服一个“怕”字，要有勇气。“改革开放胆子要大一些，敢于试验，不能像小脚女人一样。看准了的，就大胆地试，大胆地闯。”第二点是总结经验。“每年领导层都要总结经验，对的就坚持，不

---

① 布成良：《渐进式改革的张力——中国改革的特点、风险及前景》，载《当代世界与社会主义》2008年第5期，第121—126页。

对的赶紧改，新问题出来抓紧解决。”正是因为在改革中坚持边走边看，边探索边总结，才有效调动了各个方面的积极性和创造性，也才一步一个脚印地推进了经济体制转型。[①]

从以上分析可以看出，探索渐进方式是行之有效的，也是得到国内外大多数学者肯定的，但也有一些学者认为，探索渐进方式，可能使改革久拖不决，久拖不决可能窒息发展的活力，窒息活力可能使中国滑向“发展陷阱”。对这种推论，需要在具体分析中作出判断。从过去实践看，这种推论是站不住脚的。这是因为中国探索渐进转型的成功和苏联休克疗法的失败已经提供了充足的理由。从今后走势看，这种警示又是有道理的。这是因为中国的制度创新已经进入经济、政治、文化、社会和生态文明领域全面展开阶段，经济体制转型也已进入攻坚时期，这不仅需要继续采用探索渐进方式，搞好某些方面的实验；而且更加需要搞好顶层设计和全面规划，协同推进各个重要领域的改革。因此，应该根据实际情况，实事求是确定转型方式。现在看，最可行的就是把两者紧密结合起来，形成整体性、探索性相统一的统筹探索推进方式。否则，如果仅靠探索渐进方式就可能出现顾此失彼的矛盾，就会延缓制度创新的进程；如果只强调整体性，不注重发挥基层和群众首创精神，也会延缓制度创新的进程。由此可以说，整体性、探索性有机结合的统筹探索推进方式，应是今后优先选用的前行方式。

① 布成良：《渐进式改革的张力——中国改革的特点、风险及前景》，载《当代世界与社会主义》2008年第5期，第121—126页。

第四章

三驾马车拉动经济体制转型原理的践行难点

从第三章的论述中可以看出，三驾马车拉动经济体制转型，已在诸多方面取得重大进展，并已获得举世公认的成就。但是，目前仍然存在许多尚未突破的重大难题，迫切需要三驾马车破浪前行、攻坚克难。

政府与市场的关系，是世界经济发展史上的一大难题，更是中国完善社会主义市场经济体制迫切需要突破的一大障碍。尽管我们在以往经济体制转型探索中找到了许多破解之法，但要从根本上解决这一难题，必须寻求更为有效的路径和办法，必须切实加大三驾马车拉动前行力度。

公平与效率的关系，是一个世界上长期争论不休的话题，甚至被称为政治经济学中的“哥德巴赫猜想”。我国在处理这一关系的过程中，既有成绩和经验，又有问题和教训。现在看，要解决存在的矛盾和问题，既需要在理论上深入探讨，又需要在实践中着力探索，更重要的是充分运用三驾马车拉动求解。

人治与法治的关系，是一个新中国成立以来长期注重解决而又没有处理好的重大难题。在一个奉行人治几千年的国度里，要彻底革除人治弊端并建立起法治国家，是一个极为艰难的系统工程。虽然我国高度重视处理这一关系并取得了重大进展，但还面临着诸多矛盾和问题，必须积极寻求新的应对之策，必然需要三驾马车持之以恒地拉动前行。

中央与地方的关系，是一个植根于每个国家并直接影响国家统一和社会稳定的重大问题。在中国这样一个长期实行中央高度集权制且人口众多的国家，不实行中央集权制不行，集权太多、地方没有应有的自主权也不行。怎样才能做到集权与分权适度，充分调动中央和地方积极性，也需要向三驾马车索求答案。

第一节
怎样处理政府与市场的关系

政府与市场的博弈由来已久。尼古拉斯·维普肖特的《凯恩斯大战哈耶克》和杰夫·马德里可的《政府与市场的博弈》都认为，世界经济学史是一部国家干预和自由放任的争论史，世界经济发展史是一部政府和市场的博弈史。在中国，无论是在过去的经济体制转型进程中，还是在今后的完善社会主义市场经济体制的攻坚中，政府与市场关系的处理都是一个回避不了的重大难题。

一、处理政府与市场关系的理论探讨

在历史上，政府与市场关系的争论有什么样的结论？在市场经济条件下，政府应当如何定位、市场应当发挥什么作用？这些都是必须搞清楚的理论问题。

1. 政府与市场关系的争论

对政府与市场关系的争论由来已久，最早提出这一命题的是英国经济学家亚当·斯密。1776 年，他在《国富论》中讲道：在一只“看不见的手”指引下，即通过市场机制自发调节，各人为追求自己利益所做的选择，自然而然地会使社会资源获得最优配置。[①] 1917 年之后，苏联建立了高度集中的计划经济体制，这种体制曾经成为所有社会主义国家照搬的理想模式，也曾成为一些西方思想家对未来社会的美好憧憬。1920 年，奥地

---

①【英】亚当·斯密：《国富论》，北京：商务印书馆 1972 年版。

利经济学家米塞斯发表《社会主义国家的经济计算》，从根本上怀疑甚至否定了计划经济合理配置资源的可能性，引发了世界范围的大论战。波兰经济学家奥斯卡·兰格写的《社会主义经济理论》，强烈反对米塞斯的观点，极力主张计划配置资源。针对兰格的观点，英国经济学家哈耶克摆出“价格千变万化、信息收集和处理困难、激励乏力”等三点理由驳斥计划配置资源的观点，坚决主张通过市场配置资源。[①]

1929 年，资本主义国家爆发大危机之后，众多西方经济学家认识到完全依赖市场配置资源是不行的。这时，以政府干预为核心的凯恩斯主义登上历史舞台，但在 20 世纪 70 年代发达国家出现经济严重“滞胀”之后，新经济自由主义又重新取代了凯恩斯主义。不过，政府干预仍然存在，只是干预的程度明显弱化。美国经济学家萨缪尔森的《经济学》是西方最具权威的经济学教科书之一，他在书中指出：所有的社会都是既带有市场经济成分，也带有指令经济成分的混合经济，从来没有一个百分之百的纯粹的市场经济。至此，这个持续了 200 多年，并经过若干回合交锋的重大理论难题，才有了一个较为一致的说法，即政府这只看得见的手和市场这只看不见的手都应该运用。但是，在实践中怎样才能用好两只手，却始终没有圆满的答案。

2. 注重发挥市场机制作用

在政府和市场这两只手需要并用的共识基础上，许多经济学家坚持突出市场调节作用。他们的理由主要有三点。

第一，通过市场配置资源可以实现资源的合理配置。他们强调，市场对资源的配置是通过价格指导进行的，价格指导又是由供求机制和竞争机制决定的。在经济活动中，市场价格及时、灵活地反映市场供求和竞争的变化，传递市场供求和竞争信息，市场主体根据相关信息采取资源配置行动。不仅可以实现资源的合理配置，而且可以及时、快捷地配置资源。

---

① 石军：《找准立足点，抓住着力点，凝聚拉动力，加快推进经济体制转型》，载《天津大学学报（社会科学版）》2013 年第 6 期，第 481—486 页。

第二，通过市场配置资源可以提高资源的利用效率。他们认为，市场机制具有直接的利益刺激性。任何市场主体的经济活动都是为了赚取更大的经济利益并在竞争中取胜，它们必然千方百计挖掘和调动一切要素资源，竭力推进科技和管理创新，积极促进生产效率的提高。通过市场机制追求利益刺激的激励，不仅可以使资源得到有效利用，而且可以提高市场主体的竞争力。

第三，通过市场配置资源可以促进资源的优化组合。由于市场主体在市场竞争中的竞争能力不同，导致资源的流向不同，竞争力强的自然可以凭借自己的优势获得更多更好的资源，竞争力弱的自然会丧失自己吸收资源的机会，这就会使资源更多流向竞争力强的市场主体，从而实现资源的优化组合，也就自然形成优胜劣汰的格局。

上述观点，不是完全否认政府干预，而是承认弥补市场缺陷需要政府干预。但是，他们认为政府作用的扩张超过一定限度，就会破坏市场机制，限制资源的合理流动，削弱资源的有效利用，阻碍经济的正常发展。

3. 强调政府更多实施行政干预

在政府与市场关系的争论中，也有一些经济学家主张更多地实施行政干预，他们摆出的理由是多方面的。

第一，市场机制无法防止和遏制垄断。他们认为，在自由竞争中往往会自然形成垄断，而一旦出现垄断，企业就会利用自己的垄断地位高价出售产品和服务，以获得高额垄断利润。这样的垄断必然会影响公平竞争，阻碍技术进步。在这种情况下，市场机制就会束手无策。

第二，市场机制不能有效提供公共产品。这是因为公共产品具有产权的非排他性和受益的不可阻挡性等特点，提供者难以获取直接经济收益，市场主体自然就不愿意把要素投向公共产品领域。

第三，市场机制无力制止市场主体损害他人或社会利益。某些企业为了追求自身利益最大化，肆意排放污染物而导致环境受到污染，这类问题单靠市场机制是解决不了的。

第四，市场机制难以在分配上遏制两极分化。在市场经济条件下，公平竞争虽然有利于缩小收入差距，但若没有政府干预则容易产生两极分化，导致社会矛盾激化。另外，市场机制难以防止和有效控制经济危机，经济周期是经济运行规律的体现，政府干预虽然难以消除经济周期，但可以减小经济波动的幅度。

4. 政府干预应该多点还是少点

市场机制既有优势又有缺陷，政府干预既能弥补市场缺陷又容易过度。那么，怎样才能发挥两者长处、避免两者短处呢？这就引发了政府干预应该多点还是少点的争论。

笔者认为，在第二章第三节中论及的江平关于对市场权利的法律制度应该更少干预、对市场秩序的法律制度应该更多干预的观点，已经明确回答了这个问题。这里讲的市场权利即是市场配置资源的权利，这里讲的市场秩序即是政府应当履行的职能。对于市场配置资源的权利，政府必须更少干预，以充分发挥其配置资源的决定性作用；而对政府应当履行的维护市场秩序的职能，政府自然应当更多干预。这就是说，政府对市场干预多点还是少点不能一概而论，而应首先分清干预的对象，不应干预的就少点或不要干预，应该干预的就多点干预并干预好。

从国际社会情况看，各国政府对市场的干预，也不是“一刀切”，采取统一办法的。有的国家干预多点，有的国家干预少点；有的国家此时干预多点，彼时干预少点。这表明，政府干预要根据自己的国情，尤其是当时的实际情况而定，需要多时就应该多点，需要少时就应该少点。但是，政府干预不能放任和过度，必须遵循经济规律，必须依法依规进行。

二、处理政府与市场关系的实践探索

在处理政府与市场关系的实践探索中，我国既有成绩和经验，也有问题和教训。我们应当认真总结经验，注重吸取教训。

1. 探索进展及存在的问题

改革开放之前，我国实行的经济管理模式是在借鉴苏联模式的基础上构建起来的。这种模式的主要特点是：一切由政府说了算。凡是能够纳入计划的资源，一律实行政府配置，什么事项都以“官批为准、官有为主、官办为好、官管为妥”。可以说，只有“看得见的手”，没有“看不见的手”。①

通过 36 年的改革开放，我们才逐步有了市场这只“看不见的手”，并正在发挥着越来越大的作用。但是，强势政府、弱势市场的格局尚未得到根本改变，在处理政府与市场关系时，仍然存在诸多亟待解决的矛盾和问题。国务院发展研究中心课题组 2013 年进行的问卷调查，对此提供了有力的佐证。

第一，理应回归市场配置的资源，有些已经回归，有些仍由政府掌控。课题组对 1539 家企业的问卷调查显示，96.7%的企业认为，目前市场已在多数资源的配置上开始发挥较大作用，但对某些重要资源的配置没有取得进展。一是土地资源的市场化配置水平很低。名义上虽已建立土地招拍挂制度，但很多工业用地的实际配置权仍在政府手中，企业必须先与政府谈定土地出让协议，然后再走招拍挂程序，而在招拍挂中还存在较为严重的暗箱操作。二是能源配置仍以政府掌控为主。86.7%的企业希望政府彻底放开对能源开发和价格的管制。在对“哪些垄断行业需要着力推进改革”的选择中，71.2%的企业选择石油天然气行业，54.0%选择电力行业，40.8%选择铁路运输。三是融资难、融资贵、融资不公平问题仍然突出。上市公司中，59.0%的企业认为融资中遇到的主要困难是行政干预太多，40.2%的企业认为融资成本高。非上市公司中，38.8%的企业认为融资的主要困难是成本高，还有 32.9%的企业认为融资和发债审批中行政干预过多。民营企业反映最大的问题是，国有企业与他们享受的政策差异太大，前者优先保障贷款且利率较低，后者难获贷款且利率较高。

第二，非公有经济发展环境有所改善，但相比公有经济仍然存在较大

---

① 石军：《找准立足点，抓住着力点，凝聚拉动力，加快推进经济体制转型》，载《天津大学学报（社会科学版）》2013 年第 6 期，第 481—486 页。

差距。在如何评价“目前非公经济发展的总体环境”一题中，2.3%的企业认为“很好”，30.9%认为“较好”，51.5%认为“一般”，13.1%认为“较差”，2.2%认为“很差”。许多人认为总体环境已有改善，但在一些重要领域，民营企业的环境不是改善了而是恶化了。52.9%的民营企业认为政府主导且有选择性的配置土地和矿产资源，导致国有企业和民营企业的机会不公，并且民营企业在获取资金（贷款）、政府补贴、户口指标等方面仍然时常遭遇不公平待遇。

第三，企业创新和开放环境得到改善，但仍有不少问题亟待解决。一是缺乏对知识产权保护的法律和执法环境。46%的企业反映遭遇过知识产权受到侵犯的行为，39%的企业反映采用法律手段保护知识产权收效甚微。有些企业反映，法律诉讼通常一审需要半年，二审需要一年以上，遇到地方保护更是无人受理。为避免侵权，一些企业甚至放弃国内市场，专做国外市场。二是创新体系不完善。超过60%的企业反映融资、人才、市场准入、标准缺乏是制约创新的主要因素。32%的企业反映财政补贴和评审过程缺乏透明度，38%的企业反映补贴的资格、标准和程序不清楚，55%的企业反映无法及时获取政府补贴信息，还有一些企业反映补贴资金中的1/3到1/2变成了争取补贴过程中的成本花费、中间人代理费用等。三是对外投资和来华投资管理跟不上。中国企业反映缺乏行业自律，企业间的恶性竞争非常突出；境外投资存在“监管过度、服务不足”问题。外资企业希望中国进一步改善投资环境，一些制造企业反映总体税收占到利润的35%，已远高于东南亚国家，69%的在华外资企业认为“法律制度和政策不完善、不透明，政策变化快、可预见性差”，28%的认为“行业利润严重失衡，投资科技创新不如房地产、金融业的收益高”①。

新一届中央领导集体在处理政府与市场关系上加大推进力度，进行了积极探索，并取得明显成效。一是着力推进简政放权、放宽市场准入、公

① 国务院发展研究中心课题组：《深化改革，为发展注入新动力》，载《光明日报》2013年10月29日。

平竞争等项改革，在释放改革红利特别是调动社会投资和创业积极性等方面取得了明显进展。2013年，国务院共取消和下放416项行政审批事项，2014年正在组织实施取消和下放200多项审批事项计划；2013年全国新注册企业增长27.6%，2014年前5个月增速提高到47.9%；2013年民间投资占全部固定资产投资比重达到63%，2014年前5个月上升到65.1%。二是创新政府宏观调控方式，明确经济运行合理区间，增强市场主体的信心和稳定预期。只要经济运行处于稳增长、保就业的“下限”与防通胀“上限”之间，就保持宏观政策的稳定，放手让市场发挥作用。同时，根据形势变化适时适度进行预调、微调和精准调控。例如，实行定向降准、优化财政支出、扩大小微企业减税等措施，增强了宏观调控的预见性、针对性和有效性。三是注重发挥市场推动经济结构调整作用，促进资源合理配置，推动经济提质增效升级。2013年以来，国务院对症下药，运用市场化手段和差别化政策扶控并举，促进市场公平竞争推动优胜劣汰，使经济结构调整取得明显进展。同时，高度重视保障和改善民生，着力做好“托底”工作，促使消费对GDP的贡献率逐步提高，服务业发展不断提速，中西部地区增速快于东部地区，农村居民收入增幅超过城镇居民，使城乡收入差距明显缩小。

2. 面临的矛盾及其危害

这种强势政府、弱势市场的状态，虽然较前些年已有很大转变，但存在的矛盾及其危害仍然显而易见。

第一，生产要素紧缺与严重浪费并存。由于政府主导重要生产要素配置问题没有从根本上得到解决，致使有限的生产要素难以用到最需要的地方，更难以解决生产要素紧缺的矛盾。有研究者指出，近年来，我国科研经费投入以年均超过20%的速度递增，但仅有四成科研资金用在项目实施上，流失在项目之外的竟达六成之多，有人将此戏称为“吃喝拉撒睡，挤占科研费”。导致这种状况的主要原因就是科技体制的过度行政化。一些科技界人士直言，相关行政管理人员对科技立项、执行、监督“一手包揽”，必然导致科研基金分配乱象频现。[①]

第二，公平竞争难以实现。由于政府干预市场过多，尤其是主导重要资源的配置，使市场不能真正发挥配置资源的作用，致使资源配置不当和不公的问题时常发生，这不仅造成重要资源的浪费，而且导致市场主体的不公平竞争，拿到政府掌控资源的就会获得高额利润，而拿不到的则难以获得收益。

第三，公共服务严重滞后。由于政府一直充当经济建设主体和投资主体角色，无力操办甚至无暇顾及理应由政府主导的公共服务，致使医疗、教育、生态环境建设大大滞后于人民群众不断增长的需求。

第四，市场监管跟不上市场发展要求。有些该监管的没有监管，不该监管的却管得太多；有些监管政出多门、关系复杂，时常出现中央与地方之间、部门与部门之间政策不衔接甚至相互打架的情况；[②] 有些监管缺乏法律法规依据，任由监管人员说了算；有些监管部门管理混乱，甚至执法犯法、以权谋私。市场监管的弱化，已经严重影响市场秩序的建设甚至市场经济的发展。

第五，滋生腐败的土壤无法彻底铲除。政府继续掌控理应由市场机制配置的重要资源，必然会造成诸多市场主体不惜代价争取拿到资源的权钱交易现象，也就必然产生腐败。这是多年来重拳治腐而又屡禁不止的主要根源。

3. 探索过程中的经验教训

我国在处理政府与市场关系的实践探索中，既有丰富的经验，又有深刻的教训。总体来看，这些经验教训集中表现在三个方面。

第一，市场化改革取向不能动摇。中共十四大确定建立社会主义市场经济体制目标以来，我国的经济体制转型基本上是沿着市场化方向推进

---

① 钟经文：《一鼓作气打好改革攻坚战》，载《经济日报》2013年11月8日。

② 周健奇：《理顺政企关系的调研与建议》，载《中国经济时报》2013年10月11日。

的，但在某些时间段、某些领域和某些问题上也存在着偏离市场化取向的现象。一是在国内外经济环境较好时，市场化改革的推进力度比较大；而在经济环境趋紧尤其是出现较大波动时，市场化改革的推进力度则比较小，有时甚至存在放弃市场化手段而转用行政手段的现象。比如，在应对国际金融危机过程中，就出现过偏重大规模投资而忽视运用市场化手段的问题，最终因投资过于集中和投向不合理而导致了诸多方面的浪费和损失。二是对民营企业的市场化改革干预较少，而对国有企业改革则限制较多，致使垄断行业和国有企业的改革进展迟缓，一直难以解决民营企业进入垄断行业的“玻璃门”和“弹簧门”问题。三是对绝大多数产业市场化改革放得较开，而对服务业和产能过剩行业管得过死。这样做的初衷虽是保障民生和解决产能过剩，但效果却适得其反，不仅服务业因市场化改革滞后而发展缓慢，而且产能过剩问题越发严重。钟经文在《一鼓作气打好改革攻坚战》中提到：最近，人们都在指责钢铁、水泥、建材、电解铝等行业产能严重过剩问题。可哪个大的过剩项目不是经过行政审批的呢？不少项目甚至是在“边过剩边审批”中上马的，却又有哪个地方和部门对此后果承担过责任？更甭说审批背后的贪腐问题了！一些从事基层工作的同志深有感触地谈到，上级压 GDP 指标，基层只能压企业。[①] 压的结果只会是产能过剩，过剩的结果肯定是资源浪费。

第二，转变政府职能必须持之以恒。实践表明，什么时候政府注重自身职能的转变，什么时候市场的发育就会顺利；什么时候政府忽视职能的转变，什么时候市场的发育就受到阻碍。前些年职能转变迟缓，近年来政府加大职能转变力度，就呈现了完全不同的效果。2010—2012 年，企业平均每年向政府申报待批项目数量为 17.67 个，其中不必要的审批事项占到了 21.2%，平均涉及审批程序 9.40 道。管理互联网企业的部门就多达 22 个，参与审批的部门资料不统一、资格不互认，申报企业每到一处都要重新准备资料、重新认证，整个审批过程需要缴纳环评费、节能评价费、评

---

① 钟经文：《一鼓作气打好改革攻坚战》，载《经济日报》2013 年 11 月 8 日。

估费、可行性研究费用、报告制作费等。[①] 同时，核准制和备案制也都变成了审批制，并且核准与备案项目多、权力过于集中，成为企业进入市场的新门槛，直接影响到企业的决策和经营效率，甚至因此使企业丧失了好的投资机会。同时，政府政策变化频繁，地方承诺经常难以兑现，导致企业缺乏稳定准确预期，经常无所适从。地方保护也较为严重，当地政府对本地产品几乎都采取不同程度的保护措施，并且保护手段花样繁多。2013年以来，新一届政府率先进行自身改革，着力推进简政放权，企业外部环境正在发生明显变化，市场发育也相应地取得了明显进展。

第三，“改革、开放、管理”应该协同推进。处理好政府与市场的关系，既需要深化改革，又需要推进开放，还需要加强和改善管理。然而，有些地方却很少注重三者的协同运作，致使推进效果不够理想。一是深化改革跟不上开放步子。我们经常看到有些地方组织了大规模的境外招商活动，却没有及时跟进相关方面的配套改革，既没有明确职能部门及其责任，也没有采取相应的改革政策和措施，甚至招什么产业项目符合当地发展要求，放在什么地方合适，都没有进行研究和论证，致使招商活动轰轰烈烈，落地项目却寥寥无几。二是有些改革行动缺乏必要的开放措施跟进。比如，许多公共服务领域的改革改了若干年，一直没有出台有力的开放配套政策，由于没有引入国际竞争，导致改革行动缺乏动力和压力。没有动力和压力的改革，自然改不出多少名堂。三是管理滞后于改革和开放。管理对改革和开放具有两个方面的重要作用，一方面是管理渗透于改革和开放之中，为其落实提供组织手段保障；另一方面是在改革和开放创造出成功经验之后，适时将其上升到法律法规层面，以此巩固和发展改革、开放的成果。然而，我们在诸多领域的改革和开放中却忽视了管理的重要作用，致使改革和开放没有取得应有的效果。

---

① 周健奇：《理顺政企关系的调研与建议》，载《中国经济时报》2013年10月11日。

三、处理政府与市场关系的应对之策

处理政府与市场关系，不只涉及政府和市场这两个方面，还涉及经济、政治、文化、社会和生态文明等各个相关领域，需要按照整体性、系统性、协同性要求统筹安排和推进。

1. 重新审视政府与市场的关系

上述研究表明，政府与市场的关系是你中有我、我中有你的关系，也是视地视情视时动态平衡的关系。然而，政府与市场是有明确边界的，并且这一边界是能够清晰界定的。

第一，政府与市场的目的一致。政府对经济调控的目的是为了弥补市场缺陷，创造良好环境，保障公平竞争，促进经济持续健康发展；发挥市场配置资源的决定性作用，是为了发挥竞争机制、价格机制和供求机制的作用，提高资源配置效率，推动经济更好更快发展。由此可见，政府调控经济和市场配置资源都是为了推进经济发展这一共同目的。

第二，政府与市场的职能紧密相联。政府对经济的宏观调控涉及事前、事中、事后全过程，从经济发展规划和计划的制订，到经济发展规划和计划的协调实施，一直到实施过程和之后的监测、监督及考核评价；从总供给与总需求的平衡，到价格水平的调控，再到土地、金融等要素的宏观平衡。可以说，政府对经济的宏观调控是从制定规则到实施规则、从国内运作到国外延伸的全过程和全方位调控。市场则是这些全过程、全方位宏观调控的对象和载体。政府与市场的这种交互关系，容易形成两者职能的交叉，也就容易导致两者关系混淆不清。

第三，政府与市场关系的变化受基本国情和发展形势直接影响。一般来说，在社会生产力落后于社会需求的情况下，发展经济是矛盾的主要方面，政府就会多花一些精力推动发展，市场机制作用的空间就会相应缩小。相反，政府则会在其他方面多下一些功夫，市场机制的空间也会相应扩大。同时，政府的调控也受经济所有制构成的影响，在单一的国有经济条件下，政府调控直接干预的力度越大，市场机制的作用就越小。反之，市场机制的作用越大，政府干预的力度就越小。另外，在经济发展形势相对稳定情况下，政府的干预比较正常；而在经济出现较大波动特别是出现危机时，政府干预的力度就会加大。

第四，政府与市场关系的转变取决于政府职能的转变。政府和市场这两只手相比，政府这只有形之手是主动的，而市场这只无形之手是被动的，如果政府抓住权力不放或执意“剥夺”市场的权力，市场只能被动接受。但是，市场这只无形之手也不是任人宰割的，如果政府一味揽权，市场就会以没有权力、无能为力为理由，不去或少去发挥作用，最终会以经济发展粗放和低效等方式反戈政府。我国在传统计划经济体制下，政府对经济的管理采取的是命令式方式，政府对一切经济活动全部进行干预，导致整个经济失去活力。在经济体制转型过程中，政府对经济的直接干预明显减少，市场机制作用逐步发挥，整个经济的活力不断增强。在政府职能转变基本到位，经济体制转型任务基本完成，已经建立起比较完善的社会主义市场经济体制的情况下，政府和市场就基本可以各归各位、协同运行，经济发展的活力和效率也就会得到明显提升。

第五，政府与市场的边界能够厘清。以上四条，我们主要分析了政府与市场关系的相互联系和变化因素。那么，在此情况下，能不能划清政府与市场的边界呢？回答是肯定的。在市场经济条件下，政府的经济职能是清楚的。总的来说，就是弥补市场失灵的缺陷。具体说，就是在防止和遏制经济垄断、维护社会公正公平、保护公众利益、组织提供公共服务、防止贫富两极分化和加强市场监管等方面发挥作用。市场的职能也是明晰的，总的说就是除政府承担的上述任务之外的一切方面都应由市场机制承担。在现代市场经济体系中，市场的决定作用往往表现为市场供求、市场价格自发调节经济运行和微观主体自由竞争，政府的作用往往表现为宏观调控和依法监管。简单讲，宏观调控即在宏观层面实施经济总量等相关方面的调控，而不是对微观层面的市场主体进行资源配置的调控。处理好政府与市场关系，关键在于寻求政府行为和市场功能的最佳结合点，尤其是用制度保证政府不越位、不错位和不缺位。

2. 科学规范政府的职能和行为

正确处理政府与市场的关系，关键在于科学规范政府的职能和行为。而要规范政府的职能和行为，则要靠三驾马车拉动政府职能的转变。

科学规范政府职能和行为，主要应在四个方面下功夫。一是明确政府应该履行的经济职能。在市场经济条件下，政府的主要作用就是弥补市场失灵的缺陷。发挥这一作用相对应的政府职能应是：制定和组织实施发展战略、规划、政策、标准，提供公共服务，监管市场活动尤其是防止和遏制垄断行为。换言之，经济活动中的其他职能都不能由政府履行，而应由市场机制承担。二是明确政府宏观调控的主要任务。中共十八届三中全会《决定》明确指出，政府“宏观调控的主要任务是保持经济总量平衡，促进重大经济结构协调和生产力布局优化，减缓经济周期波动影响，防范区域性、系统性风险，稳定市场预期，实现经济持续健康发展”。[①] 这里已经十分明确地规范了政府宏观调控的任务，其他经济调节任务应该归属市场机制承担。三是明确政府履行职能的基本手段。政府调控经济的手段，一般分为经济手段、法律手段和行政手段。在正常情况下，应该主要采用经济尤其是法律手段；在战争、重大灾害和经济危机特殊情况下，才会相应运用行政手段。因此，政府对经济的日常调控应注重运用法律及经济手段，不能过多运用行政手段，更不能继续沿用传统计划经济手段。即使运用经济手段和行政手段，也要依法依规运用，而不能随心所欲。四是明确政府承担任务的组织结构。政府机构过多、职能交叉、流程过长和权责不匹配，是政府越位、错位和缺位的主要原因之一，也是难以处理好政府与市场关系的一个主要根源。要处理好政府与市场的关系，必须从根本上改变这种状况，按照市场经济要求科学设置政府机构、配置职能、规范权力和责权以及工作流程，形成决策权、执行权、监督权既相互制约又相互协调和权责一致的运行机制。

科学规范政府职能和行为，既直接涉及政府自身职能的转变，又涉及

---

① 《中共中央关于全面深化改革若干重大问题的决定》，2013 年 11 月 12 日。

其他重要领域的改革，还涉及到对外交流与合作，因此，必须切实加大政府改革、开放、管理的力度。

第一，加大政府管理体制改革力度。政府是行政权力的行使者，行政权力是经济体制的核心层，只有搞好政府管理体制的改革，尤其是权力的调整，才能使政府和市场各归各位，也才能处理好政府与市场的关系。现在看，深化政府改革特别是管理体制改革，至少需要在六个方面下功夫。一是改革宏观调控手段，推进宏观调控目标制定和政策手段运用机制化，加强财政政策、货币政策与产业、价格等政策手段协调配合，提高相机决策水平，增强宏观调控前瞻性、针对性、协同性，形成参与国际宏观经济政策协调机制。二是改革投资体制，确立企业投资主体地位。除关系国家安全和生态安全、涉及全国重大生产力布局、战略性资源开放和重大公共利益等项目外，其他方面的投资一律由企业依法依规自主决策。三是改革行政审批制度，凡是市场机制能够有效调节的经济活动，一律取消审批；对直接面向基层、量大面广、由地方管理更方便有效的经济社会事项，一律下放地方和基层管理。四是改革政府组织结构，减少机构数量和领导职数，理顺部门职责关系，逐步实行大部门制。五是改革行政化事业单位，推动公办事业单位与主管部门理顺关系和去行政化，并逐步取消学校、科研院所、医院等单位的行政级别。六是改革和完善考核评价体系，纠正主要以经济增长速度评定政绩的偏向。同时，要协同推进国有资产管理体制、财税体制、科技体制、城乡体制、要素市场化、价格形成机制等方面的改革，尤其是要把政府管理体制改革和党的建设制度改革紧密结合起来，使之统筹谋划、统一安排、协同推进。①

第二，加大政府对内对外开放力度。中共十八届三中全会《决定》指出"适应经济全球化新形势，必须推动对内对外开放相互促进、引进来和走出去更好结合，促进国际国内要素有序自由流动、资源高效配置、市场深度融合，加快培育参与和引领国际经济合作竞争新优势，以开放促改

---

①《中共中央关于全面深化改革若干重大问题的决定》，2013 年 11 月 12 日。

革”。要适应经济全球化新形势，构建开放型经济新体制，政府必须率先扩大自身的对内对外开放。之所以这样讲，主要基于四点理由：一是政府制定和组织实施的宏观调控战略、规划、政策和标准等是面向所有市场主体的，只有将其全部开放，才能让各类市场主体全面了解掌握，也才能为其落到实处奠定基础。二是政府承担着制定和组织实施对外开放重大决策的职能，要履行好这一职能就必须清晰掌握经济全球化走势和国际规则的制定、调整情况，及时协调解决对外开放中遇到的矛盾和问题。三是政府的开放程度决定着经济社会的开放程度，政府制定的方针政策放得开，经济社会的开放力度才会大。否则，就会因方针政策的限制而束缚对内对外开放进程。四是政府要公正公平处理经济事务和接受市场主体的监督，就必须扩大对内对外开放，建成公开、透明的在阳光下运行的政府。否则，就难以防止和避免暗箱操作和寻租现象，也就难以做到公正公平。从目前看，政府扩大对内对外开放的着力点应当放在放宽投资准入限制、扩大企业及个人对外投资、加快同有关国家和地区商签投资协定、推进自由贸易区建设、扩大内陆沿边地区开放等方面。

第三，加大政府依法依规管理力度。强化政府经济管理和发挥市场配置资源决定性作用，看起来似乎是矛盾的，但实际上是一致的。认为要强化政府管理就要弱化市场作用，只有弱化市场作用才能强化政府管理，这是一种误解。实际上，强化政府管理不仅不与发挥市场作用相矛盾，而且有助于促进市场作用的发挥。一是政府强化的管理不是直接去管理资源的配置，而是通过宏观调控和市场监管去解决市场失灵的问题，政府通过强化管理弥补市场缺陷，不仅不会削弱市场的作用，反而会使市场机制更加畅通运行。二是政府强化的管理不是随意进行干预市场主体的管理，而是依法依规的管理。政府通过依法依规管理，公正公平地解决市场运行中遇到的矛盾和问题，不仅有助于形成统一开放竞争有序的市场体系，而且有利于市场主体公平公正展开竞争。三是政府行使管理职能不是去搞暗箱操作，而是在阳光下运行，这不仅有利于提高政府工作效率，而且有利于防止和避免腐败问题产生。

3. 着力推进市场制度建设

我国虽然已经初步建立社会主义市场经济体制，但市场体系尤其是市场制度还不健全。要正确处理政府与市场的关系，充分发挥市场在资源配置中的决定性作用，必须着力推进市场制度建设。

第一，推进公平开放透明的市场规则建设。市场规则是市场运行的基本保障，公平开放透明是市场规则的基本要求。只有建立健全这样的市场规则，才能奠定市场决定资源配置的基础。国务院日前下发的《促进市场公平竞争维护市场正常秩序的若干意见》、正在制定的市场准入负面清单和非公有制企业进入特许经营领域的具体办法以及即将启动的原有规则的修订和清理工作，都是为了推进公平开放透明市场规则的建设。这不仅有利于规范政府与市场的关系，而且将有力推动非公有制经济发展。

第二，推进主要由市场决定价格机制的完善。价格是发挥市场配置资源决定性作用的最重要手段。完善市场决定价格机制，应该把握三条原则：一是凡能由市场形成价格的都要交给市场。国务院在这方面正在加大工作力度，2014 年上半年已放开 4 项商品和服务价格，近期还将放开 21 项商品和服务价格的管控。二是要对暂不具备条件的领域，探索建立符合市场导向、反映供求关系和资源稀缺程度的价格动态调整机制。其重点应放在铁路货物运输、水泥生产企业用电、非居民用天然气和部分医疗服务、水利工程等方面。前不久，铁路货物运输和水泥生产企业用电价格已作相应调整。据悉，2014 年之内还将对其他商品和服务的价格进行调整。三是要努力降低对中低收入群体基本生活的影响。在水、电等生活必需品调整中，要建立阶梯价格制度，对定额以内的用量要保持价格的基本稳定。在农产品价格改革上，应探索建立目标价格制度，对市场价格低于目标价格的，要对生产者进行补贴；过高时则应对消费者进行补贴。

第三，推进生产要素市场化的制度建设。要使生产要素自由流动、平等交换，就必须建立健全生产要素市场体系，也就必须相应推进金融、科技和土地等制度的改革。金融改革的重点应放在：推进利率市场化、扩大金融机构自主定价权、允许民间资本依法建立中小型银行等金融机构和建立健全存款保险制度四个方面。科技改革的重点应放在：技术要素参与分配机制的建设上，以充分调动科技人员搞好技术创新和推广的积极性。土地制度的改革，当前应将重点放在完善农村土地承包关系和推进农村土地制度改革试点上。

4. 依法规范政府与市场的关系

法律制度具有根本性、稳定性、全局性和长期性特征，只有建立健全相关法律，并依法规范政府与市场关系，才能使市场在资源配置中发挥决定性作用，也才能更好地发挥政府作用。

第一，建立健全“清单”制度。这主要包括两种清单，一种是规定市场主体不能做什么的“负面清单”，只要单子上没有列的，市场主体就可以自主决定做与不做，政府不能进行干预，即“法无禁止即可为”；另一种是规定政府必须做并要做好的“权力清单”，单子上有的，就是必须履行的职责，必须责无旁贷做好；单子上没有的不能做，做了就是越权，即“法有规定必须为”、“法无授权不可为”。成熟市场经济国家的实践证明，这样的“清单”制度，不仅对约束政府行为起着重要作用，而且对规范政府与市场关系至关重要。

第二，建立完善市场监管制度。我国现有的市场监管制度，既存在不配套、不协调问题，又存在自由裁量权过大弊端，导致该监管的没有管住管好、不该监管的却管得过多过细。建立完善市场监管制度，就是要把政府该监管的明确起来，并制定和落实好相应监管制度；把政府不该监管的回归市场，发挥市场主体的自律作用。建立完善市场监管制度，主要应在三个方面下功夫：一是要建立完善强化企业主体责任的制度。这既包括企业质量自负责任制度和责任追溯制度，又包括产品强制召回制度，还包括工程质量终身负责制度等。二是要建立完善保障政府高效监管的制度。这就要求建立横向到边、纵向到底的监管网络和机制，采取科学有效的监管方式。当前，应该借鉴国际上通行的按一定比例随机抽查制度，严格进行抽查并实施监督，一旦发现违法行为就处以重罚，并列入黑名单，进行重点监控。同时，要规范监管人员的执法行为，着力防止和避免寻租现象。

三是要建立完善社会共治制度。就是说，要通过制定和实施有奖举报、信息发布等制度，把社会公众、新闻舆论、行业组织等方面力量动员和组织起来，依据法律法规共同进行市场治理。

第三，严格守法执法。依法规范政府与市场关系，既需要建立健全相关法律制度，又必须加大守法执法力度。一是要深入开展法治宣传教育，积极弘扬法治精神，使市场经济法律至上理念深入人心。二是各级政府要率先垂范，以法治思想和法治方式管理经济、监管市场，保障平等竞争，实现既有效率又可预期的有效治理。三是各类市场主体要自觉遵法守法，依法开展生产经营活动，自觉约束不正当竞争行为。四是坚持法律面前人人平等，无论是政府还是市场主体，谁超出既定边界、谁违反法律制度，都要依法处理。

第二节
怎样处理公平与效率的关系

“公平与效率”是人类社会生活中的一对基本矛盾，也是一个长期争论不休的话题，甚至被称为政治经济学说史上的“哥德巴赫猜想”。[①] 处理公平与效率的关系，是世界所有国家无法回避的问题，更是中国在经济体制转型中必须面对的重大难题。

一、处理公平与效率关系的理论探讨

公平与效率的概念和两者关系的争论，都起源于西方经济学。迄今为止，所有学者都认为公平与效率之间存在密切关系，但这种关系是什么样的关系，到现在仍然没有一个公认的结论。

1. 公平与效率关系争论的主要观点

从历史上看，不同社会、不同历史阶段、不同阶层甚至不同站位的人，对公平、对效率尤其是对公平与效率关系的看法是不同的。

在现代西方经济学中，“公平观”可以分为功利主义公平观、古典主义公平观、罗尔斯主义公平观。这三种观点是从不同视角分析和把握公平实质的，功利主义着眼于结果，具有强烈的平均主义色彩；古典主义从起点入手，认为公平的实质是在法律面前的平等和机会公平；罗尔斯主义则重视起点和结果，尤其是结果公平。我国学者较为一致的看法是，公平体现在权力公平、机会公平、过程公平和结果公平上。

---

① 杨海琼：《浅谈我国当前公平与效率的关系》，载《科学咨询（科技·管理）》2011 年第 5 期，第 34—36 页。

“效率观”，主要有四种主张：一是古典经济学的自由竞争效率观，即专业化分工带来的生产效率、自由竞争促进市场效率、国际贸易提升国际效率。二是新古典经济学的价格均衡效率观，包括马歇尔的均衡理论、瓦尔拉斯的一般均衡理论和帕累托效率论。三是凯恩斯主义的国家干预效率论，其观点认为只有国家通过财政和货币政策干预经济运行，才能有效抚平经济波动，从而才能保持经济的持续增长。四是新自由主义的市场化、自由化、私有化的“三化”效率论。①

关于公平与效率的关系，在西方经济学的文献中，主要有三种说法。一是效率应当优先，认为效率是与市场竞争紧密联系的、市场竞争是与经济自由密切联系的，自由既是效率优先的前提，又是效率优先的结果；效率本身即意味着公平，因为效率取决于人们努力的程度，而按努力程度来分配报酬就是公平的。二是效率不代表公平，因为效率本身来源于不公平，人们在接受教育、资产占有和天赋能力等方面的情况千差万别，不是在一条起跑线上进行竞争。三是公平与效率同等重要，两者必须兼顾，没有先后之分。

在如何处理公平与效率的关系上，目前我国主要有以下三种观点。

第一种观点认为，公平与效率是矛盾的，两者不能兼得。持这种观点的人认为，对效率的追求不可避免地会产生不平等，要效率就不能要公平，要公平就必然会牺牲效率，正像鱼和熊掌一样，公平与效率两者不可兼得。

第二种观点认为，公平与效率是可以兼容的，两者是相互促进关系。持这种观点的人认为，公平与效率相互统一、相互促进，一方的存在和发展不是以牺牲另一方为代价的，公平分配有助于效率的提高，效率的提高有利于促进公平。能否实现分配公平是能否提高效率的前提条件，分配公平既能调动劳动者的积极性和创造性，又能促进和保持社会的稳定。而效

① 侯平松：《西方经济学中效率思想的演变》，载《广西经济管理干部学院学报》2008 年第 1 期，第 37—41 页。

率的提高，只有在调动劳动者积极性、创造性和保持社会稳定的基础上，才能得以实现。

第三种观点认为，公平与效率是矛盾的统一，效率是实现公平的基础，公平是提高效率的保障。持这种观点的人认为，公平与效率既有相互矛盾、相互排斥的一面，又有相互依存、相互促进的一面。两者的矛盾在于，追求效率会影响公平，追求公平也会影响效率。也就是说，两者存在着此消彼长的现象。两者的统一表现在两个方面：一方面，效率是公平的基础。社会发展的历史表明，人类在生产效率低下且没有剩余物品的时候，没有公平不公平的问题；只有在效率提高到一定程度且产生剩余物品之后，才出现了公平问题。从各国经济发展的历史过程看，越是在不发达的阶段，收入分配就越不公平；越是在发达的阶段，公平因素就越会相应增长。到物质财富极大丰富阶段，全社会才有可能实现最大的公平。也就是说，效率是公平的基础，公平的增长是随着效率的提高而实现的，没有效率的极大提高，就难以实现全体人民的共同富裕。另一方面，公平促进效率。收入分配是否公平，对效率能否提高具有重大影响。分配公平不仅能够调动各个阶层的积极性和创造性，而且有利于社会稳定，从而有利于促进效率的提高。相反，严重的分配不公，无论是搞平均主义，还是收入差距过大，都会严重影响劳动者的积极性和创造性，也会因严重影响社会稳定而严重影响效率的提高。

现在看，第一种和第二种观点，既有一定的道理，也有一些偏颇之处。第一种观点只看到公平与效率矛盾的一面，而没有看到两者可以兼容的一面；第二种观点则与第一种观点相反，只看到了公平与效率兼容的一面，而没有看到两者相互排斥的一面。第三种观点较为全面，不仅看到了公平与效率相互矛盾的一面，而且看到了两者相互统一的一面，但此观点也有值得商榷的问题。

2. 公平和效率的内涵需要重新审视

实践表明，对公平、效率内涵的理解不同，处理公平与效率关系的方法和结果就会不同。只有正确理解公平、效率的内涵，才能找到处理两者关系的正确方法。

公平，是一种符合社会发展要求的处理人与人之间利益关系所遵循的社会规则，而不只是经济生活中的“得其应得”的衡量标准。改革开放之前，我们在收入分配上一直搞平均主义，并一度认为这才是最公平的。改革开放以来，我们着力打破平均主义“大锅饭”，注重实行按劳分配，并一直认为按劳分配才是最讲公平的。现在看来，公平既不是分配上的平均主义，也不只是指按劳分配，而是包括收入公平在内的体现权力公平、机会平等、过程公平和结果公平的社会规则。只有国家明确规定并严格实行社会成员的权力平等、竞争和发展的环境平等、参与各项活动及竞争过程公正公开、收入与贡献基本平衡等维护公平的规则，社会公平才有制度保障，才能得以基本实现。否则，社会规则不公平就不会有实际上的公平。正因为不同的社会、不同的利益主体对公平的观点不同，所以对社会规则的理解和制定的规则也就不会相同。

效率，应从两个层面进行研究，一个层面是技术性效率和价值性效率，另一层面是个人效率、团体效率和社会效率。长期以来，人们往往把效率只看作一个技术性和机械性的概念，而忽视了效率的社会价值特征，即价值效率。因而，形成了公平与效率关系认识上的误区，导致了观点上的混乱。如果仍然将效率理解为技术性、机械性的概念，公平与效率关系的研究将永远难以得出正确答案。这是因为公平是一个社会性问题，如果与之相对应的效率仅是一个技术性问题，两个层面的问题无法放在一起进行研究，也就无法得出正确的答案。现在，人们常讲的“投入产出比”，即是一个技术性效率概念，用这一概念研究效率与公平的关系，就会失之偏颇，而运用具有社会价值特征的价值性效率概念，则与具有社会性公平特征的公平概念相对应、相匹配。

在现代社会中，任何一个人的行为都会受到社会各种因素的影响，也会对社会产生各种不同程度的影响，人的活动效率就是在这种社会的相互影响中实现的，而不等同于机械系统在运行中实现的效率。也就是说，在社会化大生产背景下，效率不只是生产活动中的投入与产出之间的比例关系，而是涉及生产、分配、交换、消费各个领域，甚至已经延伸到经济基础乃至上层建筑等所有社会领域。例如，权力变为资本，权力配置资源，以及由权力资本和资源产出的效率和由此效率所带来的收入分配问题，等等。另外，效率还涉及诸如个人效率和社会效率、短期效率和长期效率、局部效率和整体效率的区分问题。因此，研究公平与效率关系中的效率，是一种具有社会价值特征的价值性效率，而不仅仅是生产活动中的投入产出比例。

3. 公平与效率能够相互融合、协同推进

从对公平和效率内涵的重新审视可以看出，公平和效率不是完全对立的关系，更不是“鱼和熊掌”不可兼得的关系，而是可以相互融合、协同推进的关系。具体来说，一是公平和效率都体现社会发展的客观要求。公平本身就是一种符合社会发展要求的处理人与人之间利益关系所遵循的社会规则。这里讲的符合社会发展要求，也包括符合生产力发展的要求。效率本身就是社会化大生产的客观要求，社会化大生产必然要求各个领域、各个方面都要提高具有社会价值特征的价值性效率。二是公平之中包含效率、效率之中隐含公平。我国实行高度集中计划经济时期，凡是能够统一配置的资源都由政府负责配置，这种资源配置方式既严重影响配置效率，又严重损害社会公平。改革开放以来，随着经济体制转型进程加快，市场配置资源的比重明显增加，资源配置效率随之明显提高，资源配置的公平性也相应得到明显体现。中共十八届三中全会《决定》明确提出，要“使市场在资源配置中起决定性作用”，这既是为了进一步提高资源配置的效率，也是为了更好实现资源配置的公平。由此可见，公平与效率的变化是随着资源配置方式的变化而变化的。政府配置资源，既损害效率，又有失公平；市场机制作用增强，既能提高效率，又能增进公平；市场决定资源配置，效率和公平就会得到更明显改善。三是公平与效率居于同等重要位置。有人说，过去的“效率优先兼顾公平”，导致了收入差距扩大乃至贫富两极分化。现在，应该把两者颠倒过来，变为“公平优先兼顾效率”。显然，这种观点是错误的。如果没有效率就没有财富的增加，没有财富的

增加就谈不上社会的公平。同理，如果社会失去公平，人们的价值观就会扭曲，就会严重影响社会的稳定，甚至会造成难以挽回的重大损失。因此，公平和效率不存在孰先孰后、孰轻孰重的问题，而应将其放在同等重要的位置。

二、处理公平与效率关系的实践探索

在经济活动中，各个国家都普遍关注并慎重处理公平与效率的关系，并在探索两者结合方式中积累了宝贵的经验教训。认真总结研究这些经验教训，对于更好地处理公平与效率的关系，具有极为重要的现实意义。

1. 发达国家处理公平与效率关系的基本主张

长期以来，美国一直认为自由竞争是最平等的，主张把效率放在优先位置。虽然美国也视情况进行不同程度的宏观调控，但总体上反对行政干预，特别是对市场主体的收入分配基本不进行干预，认为政府干预会阻碍经济的发展。

瑞典与美国相反，认为市场竞争中产生的收入差距过大是最不平等的，应将公平作为优先考虑的政策目标，通过宏观调控缩小收入分配差距。如果听任市场机制发挥作用，必然会产生两极分化。

德国介于美国和瑞典之间，认为市场机制的作用要限制，但不能限制过分；收入均等化措施要采用，但不能过度。他们认为，公平和效率两个目标同等重要，没有先后次序之分，两者必须兼顾，要以最小的不平等换取最大的效率，以最小的效率损失换取最大的公平。

2. 中国处理公平与效率关系的探索进程

改革开放之前的30年里，中国实行的是“大锅饭”式的平均主义分配方式，基本没有涉及公平与效率关系的处理问题。对处理公平与效率关系方式的探索，是随着改革开放逐步推进而不断深化的。回望这一探索进程，大体经历了四个阶段。

第一个阶段，从1978年中共十一届三中全会到邓小平视察南方谈话前夕。这个阶段，呈现出了经济迅速发展和收入分配基本均等化的特征。各个方面都按照以经济建设为中心的要求，高度关注农村和城市的协调发展，大力发展生产力；城乡差距在缩小，地区差距也不大，各阶层的收入都得到相应提高且差距不明显，并没有专门关注公平与效率问题。

第二个阶段，从1992年初邓小平视察南方谈话到2002年中共十六大召开之前。这一阶段开始之初，为了更快推进经济发展，中央实行了效率优先、兼顾公平的方针。中共十三大明确提出“在促进效率提高的前提下体现社会公平”。中共十四届三中全会进一步提出“建立以按劳分配为主体，效率优先、兼顾公平的收入分配制度，鼓励一部分地区和一部分人先富起来，走共同富裕道路”。自此，“效率优先、兼顾公平”的提法一直沿用到十六大。这一阶段，我国经济发展速度不断加快，经济效率明显提高，但社会不公平问题越来越严重，并已引起广大群众的强烈反映。但是，对公平的提法，始终没有离开“兼顾”地位。

第三个阶段，从2002年中共十六大到十八大召开之前。这一阶段，社会公平问题日益凸显，收入差距越来越大，群众强烈要求解决上学难、就业难、看病难、购房难、养老难等问题，“兼顾公平”已无法解决不公平的问题。十六大根据群众要求，首次将“兼顾”提法作了改变，明确指出“初次分配注重效率，再次分配注重公平”；十六届四中全会进一步明确“注重社会公平”；十六届五中全会特别强调“更加注重社会公平”，并明确指出“社会公平正义是社会和谐的基本条件，制度是社会公平正义的根本保证，必须加快建设对保障社会公平正义具有重大作用的制度。”在中共十七大报告中更加鲜明地提出“初次分配和再次分配都要处理好效率和公平的关系，再分配更加注重公平。”从上述看出，我国从十六大已开始注重公平问题，并逐步将公平提到了与效率同等重要的位置。

第四个阶段，从中共十八大至今。这一阶段，针对社会不公平中的突出问题，群众的呼声越来越强烈，中央提出并实行了诸多调整政策和措施。十八大明确提出，从保障和改善民生出发，努力办好人民满意的教育，推动实现更高质量的就业，千方百计增加居民收入，统筹推进城乡社会保障体系建设。十八届三中全会对实现发展成果更多更公平惠及全体人民作了全面系统部署，并对深化教育体制、医药卫生体制、就业创业体制、收入分配制度、社会保障制度的改革提出了更加明确具体的要求。随后，推出了一系列更好处理公平与效率关系，尤其是更加注重公平的政策措施。

3. 处理公平与效率关系的经验教训

世界各国在处理公平与效率关系过程中，都遇到过诸多矛盾和问题，也积累了一些经验教训。我国许多学者比较认可美国、法国、德国等国家在处理公平与效率关系中的经验和做法，但也认为对美国等许多国家存在的决策效率低下、瑞典等国家财力无法支撑福利高启等问题，应当尽力避免在中国发生。

中国在处理公平与效率关系问题上，既有成绩和问题，也有经验和教训。综合起来分析，主要存在三个方面的经验教训。

第一，在贫穷落后的情况下，突出效率是应该的，但不能把效率和公平简单化、绝对化。改革开放以来，我国为了尽快改变贫穷落后的面貌，明确提出坚持和落实“以经济建设为中心”、“发展是硬道理”等大政方针，使经济发展不断登上新的台阶，经济总量也跃居到世界第二位。如果不突出发展、不追求效率，这样的发展奇迹是不可想象的。然而，遗憾的是，在发展过程中“效率优先、兼顾公平”变成了单纯地追求效率，甚至效率被简单化为经济增量的高速度，绝对化为单纯的 GDP。而对公平则错误地理解为平均主义、“大锅饭”，以致忽视了对收入分配的有效调节。在把效率和公平简单化、绝对化认识的影响下，不断积累并形成了收入分配的严重不公、收入差距的不断扩大、贫富分化的日益突出现象。北京大学中国社会科学调查中心 2013 年 7 月 17 日发布的“我国家庭追踪调查”数据显示，我国家庭收入两极分化已经比较严重，2012 年收入最低的 5%的家庭的收入占所有家庭总收入的 0.1%，而收入最高的 5%的家庭的收入却占所有家庭总收入的23.4%，后者是前者的234倍。[①] 国家统计局数字显示，从2003年到2012年，全国居民收入基尼系数在0.47到0.49之间，2008年甚至达到0.491。2012年虽然回落到0.474，但依然超过0.4的国际警戒线。这一水平不仅高于欧美发达国家，而且高于日本、韩国等亚洲国家，在发展中国家也是最高的。

第二，在经济持续快速发展中，高度重视处理效率与公平关系是必需的，但不从理论上纠正把效率与公平对立起来的形而上学观点，是找不到有效解决方式的。我国改革开放以来，尤其是经济发展进入快车道之后，广大群众特别是贫困地区的群众不断呼吁解决分配不公问题，从中央到地方的各级党委和政府也开始采取若干补救措施，并收到了较为明显的成效。但是，一直没有从根本上找到解决问题的办法。主要原因在于，没有从理论上认识和纠正把效率与公平对立起来的观点。长期以来，甚至到现在，我们的不少同志一直认为效率与公平只是对立的、此消彼长的关系，不是辩证统一的、相互促进的关系，并由此得出了“要效率就难得公平，要公平就难求效率”的错误结论。在这种形而上学对立观的影响下，要找到处理效率与公平关系的最佳方式是根本不可能的。

第三，在解决社会不公问题过程中，注重解决收入分配不公是正确的，但将其作为唯一途径就片面了。收入分配不公确实是社会不公的重要方面，但这只是社会不公问题中的一个方面，而不是社会不公问题的全部。目前，社会不公问题，不仅体现在收入分配上，还反映在权力不公、机会不公、过程不公以及司法不公等诸多方面，而这些不公问题并不是完全由分配不公造成的。显然，把解决分配不公问题作为实现公正公平的唯一途径是不全面的，期待通过分配制度改革来解决所有社会不公平问题也是难以实现的。

---

① 《收入最高家庭总收入是最低家庭的234倍：中国家庭贫富分化大》，载《上海金融报》2013年7月19日。

三、处理公平与效率关系的应对之策

正确处理公平与效率的关系，必须以促进社会公平正义、增进人民福祉为出发点和落脚点。而要促进社会公平正义、增进人民福祉，就必须通过全面深化改革尤其是加快经济体制转型，建立健全体现公平与效率的制度体系，充分发挥市场和政府调节公平与效率关系的重要作用。

1. 建立健全体现公平与效率的制度体系

无论是从发达国家的成功做法看，还是从我国的经验教训看，建立健全体现公平与效率的制度体系，都是正确处理公平与效率关系的关键所在。

近年来，我国开始重视创新体现公平与效率的制度体系，并已取得不少成绩，但也存在诸多亟待解决的问题。一是创新制度体系的理论基础不够牢固。许多法律法规和政策都是立足于公平与效率相互对立、此长彼消的理论基础上制定的，因而这些法律法规和政策不符合现代经济社会发展的客观要求。二是已经出台的法律法规和政策不全面不配套。如保障教育、就业、医疗公平的许多规定乃至法律，还缺少一些必须具备的内容，特别是对约束条件没有作出全面而又严格的规定，有的法律条文甚至与其他法规和政策相互矛盾。三是许多法律法规和政策缺乏必要的执行程序和监督措施，实施过程中的自由裁量余地过大，导致执行不严格、落实不到位。

现在看，无论是实现公平还是提高效率，都要依赖法律法规和政策的保障，也就是人们常讲的“规则公平”的保障。实践证明，要实现公平，必须首先创新体现权力公平、机会公平、过程公平、结果公平的制度体系。如果不建立健全保障公平的制度体系，社会不公尤其是贫富悬殊问题就难以解决，人民群众的积极性和创造性就难以真正调动起来；要提高效率，必须首先创新资源配置方式，建立统一开放竞争有序的现代市场制度体系。不建立健全现代市场制度体系，就难以充分发挥市场配置资源的决定性作用，也就难以真正提高效率。

建立健全体现公平与效率的制度体系，是一项庞大的系统工程，需要做好若干方面的工作。从目前看，最紧迫的任务有三个方面：一是需要抓紧清理过去制定的法律法规和政策。对已经不合时宜、不实用的，应果断停止使用；对不全面、不完善的，应该抓紧补充和完善；对需要重新制定的，要纳入法律法规制定规划，抓紧组织制定。二是以保障公平和提高效率为宗旨，组织制定比较完善且又配套的制度。所谓“完善”，主要是指法律法规的制定要适应生产力发展的需要，要起到保障公平和提高效率的作用；所谓“配套”，是指要将涉及保障公平和提高效率的各个方面、各种要素统筹考虑，统盘作出制度安排。三是严格执行和落实法律法规和政策。从实践看，没有健全的体现公平与效率的制度不行，有了制度而不执行、不落实更不行。有些方面无法可依，群众只会觉得缺少了执法的依据；而有了法律不去执行，群众则会感到“权比法大”。因此，既需要抓紧制定体现公平与效率的制度体系，更需要严格执法，确保出台的法律法规落实到位。

2. 充分发挥市场调节公平与效率关系的关键作用

在成熟的市场经济国家，市场效率是与公平竞争紧密相联的，公平竞争是通过法律确定的规则约束而实现的。由于公平竞争本身既能够增进公平又能够提高效率，所以对竞争中出现的优胜劣汰和个人收入差距问题，他们并不认为不公平，也不会去直接干预。我国在探索处理市场效率与公平关系的方式中，应该立足基本国情，学习借鉴市场经济成熟国家的经验和做法，努力创造具有中国特色的适应市场经济发展的有效方式。

中共十八届三中全会《决定》指出，“要深化经济体制改革，加快形成企业自主经营、公平竞争，消费者自由选择、自主消费，商品和要素自由流动、平等交换的现代市场体系，着力清除市场壁垒，提高资源配置效率和公平性。”同时强调，“要建立公平开放透明的市场规则，完善主要由市场决定价格的机制，建立城乡统一的建设用地市场，完善金融市场体系。”在深化经济体制改革过程中，既涉及企业的自主经营和公平竞争，又涉及消费者的自由选择和自主消费，还涉及商品和要素的自由流动和平等交换。三者涉及的主体分别是企业、消费者、商品和要素，涉及的过程分别是经营和竞争、消费、流动和交换，涉及的要求分别是自主和公平、自由和自主、自由和平等。从“三个涉及”所分解出的主体、过程和要求来看，这段话讲的就是市场调节公平与效率关系的问题。对企业而言，就是让它们在市场上的平等竞争中获取资源，并为在持续竞争中取得优势而努力提高资源的利用效率；对消费者而言，就是让他们在市场上的平等竞争中获取公平消费；对商品和要素而言，就是让它们在市场上的平等竞争中自由流动和平等交换。

总之，在市场决定资源配置背景下，市场将会充分发挥调节公平与效率关系的作用，市场公平和效率都会得到充分体现。然而，公平与效率关系的调节，不会也不能自动得到实现，要实现这样的预期，不仅需要通过深化改革和扩大开放建立健全统一开放竞争有序的市场体系，而且更需要完善的法律法规和有力的市场监管提供保障。这是因为，没有政府职能的转变特别是通过改革回归市场应有的权力，没有建立统一开放竞争有序的现代市场体系，没有健全的法律体系和强有力的监管，是根本不可能充分发挥市场调节公平与效率作用的。

3. 积极履行政府调节公平与效率关系的重要职能

从目前看，任何一个国家的政府都担负着处理公平与效率的任务，都具有调节收入分配的职能。所不同的是，有些国家调节的力度大一些，有些国家调节的力度小一些；有些国家侧重二次和三次分配调节，有些国家则注重对一次分配的调节。美国、英国等市场经济成熟的国家比较注重二次分配和三次分配调节，它们都采取了诸多体现公平、防止贫富两极分化的措施，并收到了比较明显的成效。在我国，由于收入差距过大、贫富两极分化突出、非法收入和隐性收入现象严重等问题，应把着力点放在完善调控体制机制和规范收入分配秩序上。同时，应针对初次分配不合理的状态，把调节范围扩大到包括一次分配在内的全部分配领域。

第一，加大初次分配调节力度。近年来，政府收入在国民收入中的比重不断提高，企业收入在国民收入中的比重逐步降低，职工收入在国民收入中的比重越来越小。从国际比较看，在初次分配中，我国职工收入占比已明显低于发达国家，政府收入占比已明显高于发达国家。如果这种状况继续下去，不仅会影响职工的积极性，而且也会削弱企业的竞争力。要解决这个问题，就必须注重保护劳动所得，逐步提高劳动报酬在初次分配中的比重，努力实现劳动报酬增长和劳动生产率提高同步。同时，要健全工资决定和正常增长机制，完善最低工资和工资支付保障制度，并健全企业工资集体协商制度。提高劳动收入在初次分配中的比重是个渐进过程，不能期望一步到位。这是因为国家需要降低政府收入占国民收入比重、企业需要调整劳动和其他要素的分配结构。现在看，降低政府收入占国民收入的比重还有较大潜力可挖，应该抓紧通过税制改革等途径予以调整。但是，在政府收入占比下调之前，企业调整分配结构的潜力十分有限，这是因为在企业分配中不仅有劳动因素，还有资本、技术、管理等参与分配的因素，如果大幅提高劳动因素收入比重，就会导致其他因素的收入比重相应下降，或企业成本大幅提高，这样势必影响其他要素所有者的积极性，必然会使企业竞争力明显下降，进而会使企业的生产经营难以为继，最终将会导致职工失去赖以生存的就业场所。因此，在谋划提高劳动收入比重时，应该统筹考虑涉及到的各种要素、通盘进行各种要素所占比重的测算，统一谋划设计整体方案。其一，要测算国内外相同产业的平均利润率；其二，要测算本企业的资本、技术、管理要素与劳动要素，在收入分配中所占的比重；其三，要测算政府收入占国民收入的比重。在三种测算基础上，再有针对性地提出收入分配调整办法。对利润率高出国外同行业水平的，可以相应调高一些税赋；对持平或低于国外同行业水平的，要相应降低税赋。企业内部则要根据各种要素的测算，本着贡献与报酬大体一致的原则，有针对性地调整各要素的分配结构。

第二，完善再分配调节机制。从近几年情况看，我国再分配调节过程中仍然存在投向不准、投入分散、效果不佳、浪费严重等问题，再分配调节还有较大空间。现在的关键是健全再分配调节机制，把握好调节方向，把钱花在最急需的地方。具体来说，就是合理运用税收政策工具，减轻中低收入者税负，加大对高收入者税收调节力度；健全公共财政体系，提高公共服务支出在财政支出中的比重，并重点向基本公共服务均等化倾斜；加大社会保障投入，建立健全覆盖城乡居民的社会保障体系，确保低收入者生活水平稳步提高。

第三，鼓励和支持慈善事业发展。推进慈善事业的发展，不仅有利于缩小贫富差距，改善贫困群体的生活状况，而且有助于缓解“仇富”心态，重塑中国富裕阶层的社会形象。在一些发达国家，慈善事业等款项总额已占GDP的3%～5%，而我国目前只占0.1%左右。针对这一状况，应该抓紧研究制定有力有效措施。政府应该健全完善慈善捐助减免税制度，全社会尤其是富裕阶层应该积极主动投身于扶贫济困行列，各种媒体应该广泛宣传慈善捐助者的事迹，在全国形成大力支持和踊跃参与这一光荣事业的浓厚氛围。

第三节
怎样处理人治与法治的关系

人治是指个人拥有国家和社会的最高统治权力，并且不受任何法律的制约。现代社会的法治理念起源于希腊城邦民主政治时代，其核心在于确立法律在国家与社会生活中的最高或普遍的“统治”。

正确处理人治与法治的关系，是转型中的中国能否完善社会主义市场经济体制乃至完善中国特色社会主义制度的关键。应该认真总结我国的经验教训，学习借鉴法治国家的成功做法，积极探索处理人治与法治关系的新路子。

一、处理人治与法治关系的基本认识

人治与法治的思想，无论是在国外还是在中国都源远流长，其观点也极为丰富。弄清我国人治与法治的历史渊源和两者之间的关系，对于反思我国法治建设历史、推进法治中国建设，都具有非常重要的意义。

1. 古代中国人治与法治的历史学说

我国最早的人治学说是由儒家提出来的。《礼记》上说：“文武之政，布在方策，其人存则其政举，其人亡则其政息。”孟子在驳斥法治思想时说：“徒法不能以自行……唯仁者宜在高位”，“五百年必有王者兴”。毫无疑问，这里的仁者即是指以君主为代表的“贤人”，实行仁政只能靠圣贤那样的“王者”。实事求是地讲，儒家学说并不是不讲法、完全排斥法，而是要把法置于礼之下，作为礼治的补充。《礼记》中曾讲：“礼者禁于将然之前，法者禁于已然之后。”但从总体上说，儒家学说的核心是社会上肯定会产生具有高尚道德和高度智慧的“贤人”，国家要靠这样的“贤人”

统治。

法治，起源于我国奴隶社会向封建社会过渡的春秋、战国时期，其代表人物主要是韩非子。他指出，“以法治国，举措而已矣……故矫上之失，诘下之邪，治乱决缪，绌羡齐非，一民之轨，莫如法”；“舍法而以身治，则诛赏予夺与，从君心出矣……而以心裁轻重，则是同功而殊赏，同罪而殊罚矣，怨之所由生也”。法家还提出，“事断于法”、“刑无等级”、“法不阿贵”等诸多主张。由此可见，法家主张的治国方略就是“以法为本”，使法令作为人们言行的唯一标准。当然，限于时代局限，这种法治学说的出发点和落脚点都是为了维护封建统治阶级的利益，而不是使全社会一律平等地依法办事意义上的法治。

上述表明，人治包括礼治是儒家思想的主张，其核心是“贤人治政”“德主刑辅”，这种主张被持续了两千多年的封建社会认可，并逐步成为正统的治国之道。[①] 法治思想随统治者统治需要时断时续，唯其滥用。但是，有一点是非常明确的，这就是人治和法治在观点上对应，而在目的上，都是为了维护封建统治阶级的利益。

2. 现代社会对人治与法治的主要见解

迄今为止，对于人治的争论一直没有停止过。有人认为，现代社会必须彻底摒弃人治，要用法治取而代之；也有人认为，人治的作用非常重要，不能予以摒弃；还有人认为，人治中的礼治或德治的精华应该保留，这不仅有利于传统文化的传承，而且也有利于法治中国的建设。

人治主要包括三个方面的内涵：一是“人心之治”，就是通过贤明而富有情感的人去实施治理。二是“文化之治”，即通过非司法渠道处理人际之间的社会关系。三是“靠人去治”，即靠人去制定和实施法律。这三个方面所讲的都是“人”，治理国家确实离不开贤明而富有情感的人，许多社会关系的调节确实需要通过非司法渠道，制定和实施法律也必须靠人

---

① 葛然征：《对法治德治人治的再认识》，载《云南财经大学学报》2010年第5期，第127—131页。

来承担。但是，人治中讲的“人”和法治中讲的“人”是有本质区别的，人治中讲的“人”是统治者，法治中讲的“人”是广大人民；人治的目的是维护统治者的自身利益，法治的目的是维护最广大人民群众的根本利益，这就是古代中国与现代社会对人治概念理解的根本不同之处。

现代社会与古代中国对法治的见解也是根本不同的。现代法治是以民为前提和基础、以依法办事为核心、以司法公正为主线的治国理政的基本方式。具体讲，法治的目的是反映人民的意志、保护人民的合法权益，而不只是体现和维护统治者的自身利益；法治的立法必须体现立法为了人民、立法依靠人民，而不能把人民排除在立法之外；法治的法律必须是社会最高规则，任何组织和个人都不能凌驾于法律之上；法治的司法必须公正，在法律面前人人都平等，没有任何例外。

从以上论述可以看出，现代社会与古代中国对法治的看法是不同的，而对现代法治的看法是基本一致的；现代社会与古代中国对人治的看法是不同的，对现代人治的看法也是不一致的。现在看，不坚决革除人治的弊端是绝对不行的；完全摒弃人治的观点也是有失偏颇的。吸收人治的精华，为建设法治中国所用是有道理的。但是，吸收人治的精华不是让人治与法治并列，也不是允许人治继续存在，而是为了在创新中继承古代中国治国理政中的德治经验。

3. 加快推进法治中国建设的基本要求

许多法学家运用经济学原理分析法学，认为绝大多数人在选择自己的行为方式时，一般都要考虑投入与产出的关系，投入较少而成功率较高即是个人行为的追求目标。在自然经济社会之所以流行人治、排斥法治，主要是因为那时的人感到人治比法治省钱、省力；现代社会尤其是市场经济社会之所以推崇法治、摒弃人治，主要是因为人们感到法治成本要比人治成本低，并且既方便又安全。这样的分析是有道理的，经济发展到一定水平，社会秩序相对稳定，人们的生活比较安全，要求自由、平等的愿望就会更加强烈。在此情况下，如果没有法治的保障，市场主体之间、政府与市场主体之间就会出现无序状态，自由、平等竞争就无法实现。因此，法治经济就在市场经济与法治的相互依赖和相互作用中形成了。

我国的市场经济是在自然经济和商品经济不断发展中逐步形成的。自然经济的调节主要依靠伦理手段，产品经济的调节主要依靠行政手段，市场经济则必须依靠法治手段。这是因为面对激烈的市场竞争和激增的经济纠纷，模糊的伦理手段已无济于事，命令式的行政手段已有碍经济发展，只有加快法治中国建设，充分运用法治手段，才能适应市场经济的客观要求，才能为其提供可靠的保障。这并不是说市场经济完全摒弃道德和行政手段，而是说法治包含了法律制定中的道德因素并规范了行政手段。

我国已成为市场经济国家，而我国的法治体系建设仍然严重滞后于市场经济发展的要求；我国是社会主义国家，而社会主义保障人民当家做主的法治体系还不健全；我国全面深化改革的总目标是完善和发展中国特色社会主义制度，而我国的治理体系远未达到法治化的要求。因此，必须认真总结新中国成立以来的经验教训，切实针对存在的矛盾和问题，更加深入扎实地推进法治中国建设。

中共十八届三中全会的《决定》，对推进法治中国建设提出了明确要求："建设法治中国，必须坚持依法治国、依法执政、依法行政共同推进，坚持法治国家、法治政府、法治社会一体建设。深化司法体制改革，加快建设公正、高效、权威的社会主义司法治度，维护人民权益，让人民群众在每一个司法案件中都感受到公平正义"。[①] 这一基本要求，既阐明了法治中国建设的主要内涵，又阐明了法治中国建设的运作方式，还确定了法治中国建设的基本目标。这不仅为法治中国建设指明了前进方向，而且为法治体制改革提供了行动方针。在贯彻落实这一指导思想和行动方针中，需要着重推进五个方面的工作。一是把宪法放在至高无上的位置，切实维护宪法法律权威。二是深化行政执法体制改革，建立健全行政执法体制。三是改革司法管理体制，确保依法独立公正行使审判权检察权。四是优化司法职权配置，健全司法权力运行机制。五是完善人权司法保障制度，尊重

---

①《中共中央关于全面深化改革若干重大问题的决定》，2013 年 11 月 12 日。

和保障人权。

二、法治建设的历史过程和遇到的障碍

我国的法治建设，在经历艰难曲折历程之后，终于走上了正常轨道。但是，目前仍然存在诸多亟待解决的问题和必须破除的障碍。

1. 法治建设的历史过程

从新中国成立到现在，我国的法治建设经历了非常曲折的过程。这个过程，大体可以分为三个阶段。

第一，重视法治建设阶段。1949 年中华人民共和国成立，在中国历史上第一次确立了人民对国家的统治。1954 年通过的《中华人民共和国宪法》，对公民的权利和义务作出了明确规定，为社会主义民主政治与法治建设奠定了良好的基础。1956 年中共八大决议明确指出："由于社会主义革命已经基本上完成，国家的主要任务已经由解放生产力变为保护和发展生产力，我们必须进一步加强人民民主的法治，巩固社会主义建设的秩序。国家必须根据需要，逐步地、系统地制定完备的法律。"[①] 根据这个要求，我国开始安排并启动诸多方面的法律法规的制定和实施工作。但是，由于推崇政策至上、政策即法律，导致蔑视法律之风盛行，加上政治运动不断，致使法治建设一波三折，系统制定完备法律的愿望和安排没有得到实现。

第二，践踏法治阶段。在社会主义改造完成之后，由于人为夸大阶级斗争，导致连续不断的政治运动，最终演变为"文化大革命"。在"文化大革命"期间，个人崇拜盛行，民主和法治遭到严重践踏，公检法机关被全部砸烂，社会陷于严重混乱状态；一些人打着革命旗号肆意冲击国家机关，导致政府机构陷于瘫痪；公民毫无权力可言，任意侵犯人权的行为到处可见。文化大革命的教训是沉痛的，最深刻的教训就是践踏法治、侵犯

---

① 《中国共产党第八次全国代表大会关于政治报告的决议》，1956 年 9 月。

人权。这种践踏法治的局面，导致国家尤其是经济走到了崩溃的边缘。柏拉图说过："如果一个国家的法律处于从属地位，没有权威，我敢说，这个国家一定要覆灭。"① 万幸的是，人民群众在动乱中觉醒，在"文化大革命"后期，有些人悄悄流传"关于社会主义民主与法治"的手抄文稿，并在声讨"四人帮"中喊出了被压抑多年的"要民主、要法治"的口号，这不仅为结束动乱创造了条件，而且为法治建设的重启奠定了基础。

第三，推进法治建设阶段。中共十一届三中全会在作出把工作重点转到社会主义现代化建设上来的战略决策的同时，还明确提出了健全社会主义民主和加强社会主义法治的任务。会议指出，"宪法规定的公民权力，必须坚决保障，任何人不得侵犯。为了保障人民民主，必须加强社会主义法治，使民主制度化、法律化，使这种制度和法律具有稳定性、连续性和极大的权威。要保证人民在自己的法律面前人人平等，不允许任何人有超于法律之上的特权。"② 1978年以来，随着经济体制转型的逐步深入，我国法治建设取得了突破性进展。在行政法治方面，通过更新法治理念与管理手段、协调行政法当中的权力与权力等措施，初步奠定了迈向法治政府的基础；在民商事法治方面，通过《民法通则》的立法与民法典的起草，民商事立法逐步健全；在市场经济法治方面，通过颁发和完善大量的经济法规，如《经济合同法》、《合资企业法》、《个人独资企业法》、《票据法》等，不仅保障了经济体制转型的顺利进行，而且促进了经济社会的长足发展；在社会法治方面，《社会保障法》、《劳动法》、《社会保护法》、《医疗卫生法》、《环境法》等法律法规建设取得了重大进展；在对外经贸法治方面，适应经济全球化需要制定了一系列法律法规，初步实现了国内相关法律同国际经济法规的接轨。司法改革、法治宣传教育、公益法律、法学研究与理论创新等方面也取得了较大进展。通过推进司法改革，加强司法民

---

① 【古希腊】柏拉图：《法律篇》，转引自《西方法律思想史资料选编》，北京大学出版社1983年版，第25页。

②《中国共产党第十一届中央委员会第三次全体会议公报》，载《实事求是》1978年第4期，第3—9页。

主建设，司法体制及其工作机制不断完善；通过完善普法通识教育、法治专业教育和职业培训体系，法治教育已初步形成职业教育与普及教育并重、培育法治专业人员与提升公民法律素质并重的局面；通过建立法律援助制度、公益法律服务体系与民间公益法律组织，公益法律开始成为保护弱势群体与维护公共利益的强大武器；通过探讨解决改革发展中遇到的矛盾和问题，法学理论的创新与理论构建也得到较快进展。

2. 法律制定过程中存在的主要问题

长期以来，我国法治体系建设缺乏完整、系统的规划，往往是急用先立，致使不协调、不配套、不匹配问题大量存在。一是涉及意识形态、政治体制、公务员管理、公共权力约束等方面的立法仍然稀缺。由于这些方面的立法稀缺，既影响了对国家公共权力运行的系统规范，也不利于防止公共权力的泛用甚至滥用。二是有些法律只规定了适用条件，而法律责任的规定不明确，有的甚至没有规定相应的法律责任，这就严重弱化了法律的可操作性和有效性。三是有些法律条文之间不够协调，甚至存在相互交织和彼此矛盾的现象，这不仅影响了“法律至上”的权威，而且使得法律难以实施。四是有些法律已经明显滞后于实际需要，但却没有及时修改完善，不仅造成了许多社会矛盾，而且影响了经济社会的正常发展。五是有些法律只注重规范部门的权力和权益，而弱化了部门的责任和义务。

3. 法治建设遇到的障碍

从目前看，人们对法治建设必要性和紧迫性的认识已趋于一致，但在实际操作中却存在着不少障碍。

第一，轻视法治的思想仍在作祟。我国注重人治轻视法治、崇拜权力轻视法律的思想较为突出，现代法治对行为规范的约束力远远不如伦理道德的约束力。在现实生活中，一些市场主体宁愿依靠道德规范和约定俗成的习惯来约束自身的行为、调整相互之间的关系，也不通过契约等现代法律的方式来明确行为主体之间的权力与义务。许多人仍然信奉“精英政治、贤人政治”的传统人治模式，而不信奉“法律至上、法律面前人人平等"的现代法治模式；许多干部仍习惯于依赖政策、依靠行政命令等方式来调节市场经济活动，甚至在法律有明确规定的情况下，也往往置法律的权威于不顾，依然以执行政策或上级指示为借口来拒绝法律的要求。人民群众对德治的崇尚，政府官员对权力的崇拜，既不符合现代法治的基本要求，也不利于法治中国的建设。

第二，群众基础薄弱。群众观念、社会生活与法律理念之间依然存在许多隔阂。在市场经济法治体系建设的文化基础方面，由于市场经济法治根源于西方发达国家的市场经济文化，而非孕育于我国的历史文化传统，要把外来的法治体系移植并内化于我国人民群众的生活之中，不仅需要经历一个较长的过程，而且直接面对外来理念与本土文化传统冲突的挑战。要把现代市场经济的法治体系内化于人民群众的法治意识与生活态度之中，就必须克服群众观念、社会生活与法律理念之间的隔阂，努力打牢法治体系建设的群众基础。

第三，政府公权力的异化。社会主义市场经济体制脱胎于传统计划经济体制，而受计划经济体制由政府掌控资源配置的影响，有些公职人员仍会通过暗箱操作等手段控制许多稀缺资源。这不仅会削弱市场配置资源的作用，而且会带来各种形式的寻租。这种公权力的异化，尽管随着新一届政府大刀阔斧地改革行政审批制度而不断弱化，但对市场经济法治体系建设的影响仍然不可低估。

第四，既得利益集团的阻碍。几十年来，许多人利用制度缺陷谋取了大量不正当利益，他们为巩固和拓展这种与全社会利益相悖的特殊利益，不仅会阻碍削弱他们获取利益的改革行动，而且会以各种理由来维持现有的利益格局。要推进以公平竞争为中心内容的市场经济法治体系建设，就必须着力冲破这些障碍。

三、法治中国建设的路径探讨

正确处理人治与法治的关系，加快推进法治中国建设，既是一个理论问题，更是一个实践问题，必须从理论和实践的结合上寻求有效路径。

1. 明确法治中国建设的重大意义和主要标志

摒弃人治弊端，建设法治中国是由社会发展进步的历史趋势决定的，也是完善和发展中国特色社会主义制度尤其是发展市场经济的必然要求。一是建设法治中国是发展市场经济的客观需要。恩格斯曾经说过，在古代自给自足的自然经济条件下，农民和他的家庭只能把自己的希望寄托于君主给予雨露和阳光，不可能产生现代法治。只有在自由竞争的市场经济条件下，才能产生法治经济。[①] 这一论断是完全正确的。这是因为，市场经济自身存在的缺陷需要通过法治手段加以弥补，这包括通过法律限制贫富两极分化等。同时，在经济全球化背景下，我国只有建立完备的法律体系，并与国际通行规则接轨，才能建立开放型经济体制，从而才能实行全方位和全过程开放。否则，就无法深度融入经济全球化进程。二是建设法治中国是实行民主政治的必由之路。我国是一个人民当家做主的国家。用我国宪法的表述，就是国家的一切权力属于人民，这与封建社会主权在君的原则是完全对立的。要实现主权在民，就必须实行代议制，也就是通过选举产生政府，人民把权力交给政府，由政府代表人民行使管理国家的权力。而使政府按照人民的意志行使权力，唯一的办法就是建立完善的体现人民意志和保障人民权力的法治体系，使国家依法治理、执政党依法执政、政府依法行政。三是建设法治中国是人类社会文明进步的必然要求。法治国家是具有现代文明政治法律制度的国家，法治政府是具有现代文明行政法律制度的政府，法治社会是具有现代文明社会法律制度的社会。我国具有五千多年的文明史，经过36年的改革开放，通过借鉴吸收世界文明成果，经济建设、政治建设、文化建设、社会建设和生态文明建设都得到了长足发展。这些方面的文明进步必然要求法治国家、法治政府、法治社会建设与之相适应。如果法治中国建设滞后，就会直接影响甚至阻碍“五位一体”建设。

---

① 李步云：《依法治国历史进程的回顾与展望》，载《法学论坛》2008年第4期，第5—12页。

各个国家的法治体系建设，都有其丰富的内涵和具体的标志。英国宪法学家戴西认为，法治有三条标准：法律具有至尊性，反对专制和特权，否定政府有广泛的自由裁量权；法律面前人人平等，首相同邮差一样要严格遵守法律；不是宪法赋予个人权力和自由，而是个人权力产生宪法。美国学者富勒曾提出法治的八项原则：法律的一般性、法律要公布、法律不溯及既往、法律要明确、避免法律中的矛盾、法律不应要求不可能实现的事、法律要有稳定性、官方的行动要与法律一致。中国学者李步云曾提出十条标准：法治完备、主权在民、人权保障、权力制衡、法律平等、法律至上、依法行政、司法独立、程序正当、党要守法。① 现在看，法治中国建设具有更为丰富的内涵和更加具体的标志，其主要标志应是：主权在民、宪法至上、人权保障、法治完备、法律平等、依法执政、依法治国、依法行政、司法公正、监督有力。这十个方面的标准，既包含了国内外法学家公认的主权在民、宪法至上、人权保障、法治完备、法律平等、司法公正等内容，又把依法执政、依法治国纳入其中，并与依法行政并列起来。把依法执政、依法治国、依法行政并列，是因为要实现依法治国和依法行政，关键在于依法执政，如果执政党不依法执政，依法治国和依法行政就无法实现。同时，还把监督有力纳入其中，这是因为在我国，群众监督、社会监督非常薄弱，如果不强化监督，就难以推进法治中国建设。

2. 全面树立法治意识

在广大人民群众尤其是各级领导干部中，全面树立法治意识，是法治中国建设的重要基础，也是推进法治体系建设的根本前提。这是因为，法治体系的核心价值不仅与计划经济中的行为相背离，而且与我国传统文化中的皇权思想相对立，在传统的轻视法治的思想还没有彻底根除、法律还远远没有成为规范和约束人们行为的"第一准则"的背景下，要推进法治中国建设，就会遇到来自诸多方面的思想障碍。只有强化法治意识，统一

---

① 李步云：《法治国家的十条标准》，载《中共中央党校学报》2008 年第 1 期，第 78—83 页。

广大干部群众的思想认识，才能奠定良好思想基础。因此，必须在广大干部群众中全面树立“法律至高无上，一切组织与个人，包括执政党的各级组织及其成员，都不能凌驾于法律之上”的法治思想，否则，就难以顺利推进法治中国建设。

全面树立法治意识，需要在四个方面下功夫：一是广泛宣传建设法治中国的重大意义，让广大干部群众真正明白法治建设的重要性和紧迫性，从而积极投身法治中国建设之中。二是深入进行法治中国建设内容的教育和培训，让广大干部群众特别是领导干部切实明确搞好法治中国建设的主攻方向，从而集中大家智慧推进法治中国建设。三是着力加强对各级领导干部、公务员、企业高管人员和青少年等重点对象的法治文化教育，进一步树立领导干部的法治理念、提升公务员的法律素质、培养企业家的法治精神和青少年的法治意识。四是加快法治人才队伍建设，强化法治中国建设的人才支撑与理论支撑。

革除人治弊端、建设法治中国，是一个艰巨复杂的系统工程，必须充分运用改革手段清除人治思想和行为，这包括领导讲话、下发文件、出台政策等都要摒弃人治色彩、体现法治要求，还包括司法机关公平公正办好每一件案子。我国封建社会持续了两千多年，计划经济又实行了三十余年，人治的思想根深蒂固，人治的行为也时常再现，如果不通过改革清除人治思想，特别是领导机关和领导干部的人治行为，全社会的法治意识就难以树立，广大干部群众的法治信仰就难以确立，法律的实施乃至整个法治中国建设就难以真正有效推动。

3. 着力提升法律体系的完备性

把握我国法治体系建设的新特点和新要求，坚持依法治国、依法执政、依法行政同步推进和法治国家、法治政府、法治社会一体建设，加快提升整个法律体系的完备性，真正做到有法可依、有据可循，是法治中国建设的根本性任务。

要推进上述任务的完成，就必须统筹安排依法治国、依法执政、依法行政立法规划，科学界定法治国家、法治政府、法治社会建设的关系，特别是要从健全民主、完善法治、制约权力、尊重人权、保障公平这五个要素入手，着力解决科学立法、严格执法、公正司法和全民守法这四个环节中存在的问题，使法治中国建设有序有力有效地推进。同时，要按照“重配套、补短板、上水平”的原则，抓紧修订和完善维护社会公平、创新社会管理、健全社会保障、优化公共财政、完善生态环境保护等方面的法律，从而建立起以宪法为最高规则和权威，以法治国家、法治政府、法治社会为主要载体，以公正司法、强化监督、有效实施为主线的法治体系。

在提升法律体系完备性过程中，要特别注重深化和拓展对外开放，学习借鉴发达国家法治建设的经验和做法，加快培育一批具有世界前沿水平的高级专家学者，积极引进精通世界贸易组织规则与全球化规则的国际型高级法治人才，切实搞好国际法研究，积极推进国内法与国际法的接轨。

4. 确保法律的有效实施

切实维护法律的权威性，保证法律的有效实施，是法治中国建设的关键所在。诸多国家的实践表明，在法治体系建设过程中，必须坚持“两条腿走路”的原则，一方面要强调法律体系的完备性，另一方面要切实保证法律的有效实施。

目前来看，维护法律权威，确保法律有效实施已经成为中国法治体系建设中的当务之急，司法腐败、行政干预、有法不依、执法不严、违法不究等问题不解决，不仅不能发挥已有法律的作用，而且会削弱人们推进法治建设的信心，进而会影响法治中国建设的整体进程。因此，必须针对存在的矛盾和问题，着力强化法律实施的措施，牢固树立法律的权威。

树立法律的权威、确保法律的有效实施，需要多管齐下、协同推进诸多方面的工作。

第一，自觉维护宪法法律的权威。宪法是保证国家兴旺发达、长治久安的根本法，任何组织、任何个人、任何时候都必须维护宪法的最高权威。要进一步健全宪法实施的监督机制和程序，把全面贯彻实施宪法提高到一个新水平；要建立健全社会忠于、遵守、维护、运用宪法法律的制度，坚持法律面前人人平等。同时，要普遍建立法律顾问制度，完善规范性文件、重大决策合法性审查机制和法规、规章等备案审查制度，健全社会普法教育机制。

第二，健全行政执法机制。一是要针对权责交叉、多头执法问题，理顺城管执法体制，整合执法主体，相对集中执法权，推进综合执法，建立权责统一、权威高效的行政执法体制。二是要减少行政执法层级，加强食品药品、安全生产、环境保护、劳动保障、海域海岛等重点领域基层执法力量。三是完善行政执法程序，规范执法自由裁量权，加强对行政执法的监督，全面落实行政执法责任制和执法经费由财政保障制度，做到严格规范、公正文明执法。

第三，确保依法独立公正行使审判权、检察权。近几年，我国司法改革取得明显进展，但仍然没有从根本上解决地方干预、司法裁量权行使不透明、司法行为不规范等问题，直接影响了司法公正和司法权威。这就需要从解决影响司法公正、制约司法能力问题入手，改革司法管理体制，推动省以下地方法院、检察院人财物统一管理，探索建立与行政区划适当分离的司法管理体制，保证国家法律统一正确实施。同时，需要相应建立符合职业特点的司法人员管理制度，加强司法队伍建设，着力提升职业素质和专业水平。

第四，完善司法权力运行机制。加强司法权力制约和监督，健全司法权力运行机制，是确保正确行使司法权的客观需要，也是司法公正的基本保障。从目前看，当务之急是在三个方面下功夫。一是优化司法职权配置，健全司法权力分工负责、互相配合、互相制约机制，加强和规范对司法活动的法律监督和社会监督。二是改革审判委员会制度，完善主审法官、合议庭办案责任制，让审理者裁判、由裁判者负责。明确各级法院职能定位，规范上下级法院审级监督关系。三是推进审判公开、检务公开，录制并保留全程庭审资料。增强法律文书说理性，推动公开法院生效裁判文书。严格规范减刑、假释、保外就医程序，强化监督制度。广泛实行人民陪审员、人民监督员制度，拓宽人民群众有序参与司法渠道。

第五，强化人权司法保障制度。尊重和保障人权，是社会主义司法为民的根本要求，也是当前司法改革的基本目标。要实现这一要求和目标，必须针对存在的矛盾和问题，采取更加有力的措施。一是进一步规范查封、扣押、冻结、处理涉案财物的司法程序。二是健全错案防止、纠正、责任追究机制，严禁刑讯逼供、体罚虐待，严格实行非法证据排除规则，并逐步减少适用死刑罪名。三是废止劳动教养制度，完善对违法犯罪行为的惩治和矫正法律，健全社区矫正制度。四是健全国家司法救助机制，完善法律援助制度。完善律师执业权力，保障机制和违法违规执业惩戒制度，加强职业道德建设，发挥律师在依法维护公民和法人合法权益方面的重要作用。

确保法律的有效实施，必须从执政党依法执政和政府依法行政做起。因为只有执政党依法执政、政府依法行政，才能带动和推进全民守法和严格执法，从而才能形成依法治国局面。而要推进执政党依法执政和政府依法行政，就必须加大执政党建设制度和政府管理体制改革力度，这不仅需要执政党和政府严格按照法律、法规的基本要求，明确行使权力界限、规范执政和行政行为程序、完善决策机制，而且需要进一步明确执政党和政府与社会、市场、企业、居民的法律关系。只有这样，才能使各方面的主体在各自职权范围内依法有序行使自己的职责，从而使法律得到有效实施。

第四节
怎样处理中央与地方的关系

中央和地方的关系，是一个植根于每个国家并直接影响国家统一、经济发展和社会稳定的重大问题。[①] 我国本来就是一个管理层次多、管理幅度广、管理难度大的国家，目前又处于经济体制转型的关键时期，正确把握和处理中央与地方的关系，比任何时候都更加重要、更加艰难。

一、处理中央和地方关系的简要回顾

新中国成立以来，中央一直比较重视处理与地方的关系，也取得了一些进展和成效。但是，直到目前仍未找到处理好两者关系的最佳方式。

1949 年新中国成立至今，我国在处理中央与地方关系上，主要经历了三个阶段。

1. 中央高度集权阶段

这一阶段主要是指新中国成立到改革开放之前。这一阶段的基本特征是：中央高度集权，地方被动依附中央。从 20 世纪 50 年代起，中央开始认识并准备着手解决高度集权体制的弊端，毛泽东同志在《论十大关系》中，专门论述了中央和地方的关系，他指出："中央和地方的关系也是一个矛盾。解决这个矛盾，目前要注意的是，应当在巩固中央统一领导的前提下，扩大一点地方的权力，给地方更多的独立性，让地方办更多的事

---

① 梁学伟：《政治集权与经济分权相结合——中国中央与地方关系的新模式》，载《长春理工大学学报（社会科学版）》2008 年第 1 期，第 19—22 页。

情。”[①] 自此，在这一思想的指导下，对中央与地方关系的调整进行了诸多准备工作。但是，由于受“以阶级斗争为纲”和追求“一大二公三纯”的严重影响，一直没有找到合适的调整方式，致使权力的下放陷入了“一放就乱、一乱就收、一收就死、一死又放”的怪圈。这一阶段基本沿用高度集中的计划经济体制，地方政府一直被动依附于中央政府。

2. 中央与地方关系调整阶段

这一阶段主要指中共十一届三中全会召开至十八大之前。这一阶段可以分为两个时间段，一是十一届三中全会到十四大召开前夕。中央与地方关系的调整主要是伴随经济体制转型的探索进行的，突出的特点是简政放权。尽管这种简政放权仍然带有改革开放之前的痕迹，但已不再是简单的收收放放了，而是根据经济发展和经济体制转型需要而采取渐进式放权。二是从中共十四大确立社会主义市场经济体制转型目标到十八届三中全会之前。中央与地方关系的调整，基本按照建立社会主义市场经济体制的要求逐步向前推进。在这一阶段，先后进行了六次较大规模的以简政放权为主要内容的政府机构改革。[②]

第一次发生在1982年，这次改革的目的是使国务院机构设置适应当时经济体制改革的要求，推进经济的快速发展。主要内容是改革领导体制、裁并工作部门、精干领导班子、安排好老干部等。在中央启动改革之后，省级以下政府采取了下放企业管理权的试点。但是，这次改革没有从根本上触及传统计划经济管理体制，各级政府的事权本身也没有多大改变。

第二次发生在1988年，这次改革的长期目标是，根据党政分开、政企分开和精简、统一、效能原则，逐步建立具有中国特色的功能齐全、结构合理、运转协调、灵活高效的行政管理体系，重点是转变政府职能，精简经济管理部门和地方政府机构。这次改革为中央政府的经济管理职能朝着

---

① 毛泽东：《论十大关系》，1956年4月。

② 刘承礼：《理解当代中国的中央与地方关系》，载《当代经济科学》2008年第5期，第26—36页。

经济服务职能转型提供了契机，但这一改革由于1989年的政治风波而受到严重影响。中央政府的事权改革收效甚微，地方政府的改革也不理想。

第三次发生在1993年，这次改革是为适应建立社会主义市场经济体制的要求，本着转变政府职能、理顺关系、精兵简政、提高效率的原则推进的。改革的重点是加强宏观调控、强化监管部门和社会管理职能部门。在这次改革中，中央政府将一部分专业经济部门改为行业管理机构或经济实体，地方政府则着力进行精简机构、减人增效。总的来看，这次改革进展顺利、收效较大。在1994年，根据建立社会主义市场经济体制的要求，首次进行了较大规模的分税制改革，较好地解决了财税体制影响经济发展的矛盾，也推进了经济体制转型。

第四次发生在1998年，这次改革根据精简、统一、效能的原则，着力推进政府职能转变，积极实行政企分开，对建立办事高效、运转协调、行为规范的行政管理体制起到了重要作用。在这次改革中，中央政府调整和撤销了一些直接管理经济的专业部门和行政性公司，加强了宏观调控和执法监管部门，地方政府也有步骤、有秩序地精简了机构和人员。

第五次发生在2003年，这次改革是继上次改革的内容而展开的，国务院机构改革的重点是深化国有资产管理体制改革、完善宏观调控体系、健全金融监管体制、推进流通管理体制改革、加强食品安全和安全生产监管制度建设，地方政府也进行了相应内容的改革。这次改革在转变政府职能、调整政府机构设置、理顺部门职能分工、减少行政审批、提高政府管理水平等方面取得了较大进展。

第六次发生在2008年，这次改革在科学发展观的统领下，突出“五个坚持”（坚持以人为本、执政为民，坚持同发展社会主义民主政治、发展社会主义市场经济相适应，坚持科学民主决策、依法行政、加强行政监督，坚持管理创新和制度创新，坚持发挥中央和地方两个积极性），在执政为民、科学决策和政府职能转变等方面收到了明显成效。这次改革虽然仍以简政放权为核心，但已开始注重运用法治化手段。

3. 中央与地方关系制度创新阶段

这一阶段是指中共十八大至今。这一阶段的显著特点是，协同运用开放、改革、管理这三驾马车，全面调整包括中央与地方关系在内的生产力与经济基础和上层建筑的关系，大力推进国家治理体系和治理能力现代化。按照十八大尤其是十八届三中全会决策部署，国务院进行了史无前例的政府职能调整和改革。一是推进职能转移，回归市场和社会权力，着力理顺政府与市场、政府与社会的关系，注重发挥市场在资源配置中的决定性作用，更好发挥社会力量在管理社会事务中的作用。二是推进职能下放，大规模下放和取消审批事项，着力解决国务院各部门管得过多过细问题，注重发挥地方积极性。三是推进职能整合，分步实施大部制，着力解决职责交叉、推诿扯皮等问题，努力提高各级行政效率。四是推进职能加强，改善宏观调控，强化公共服务，完善体制机制，着力解决该管而没有管好的问题，加快形成权界清晰、分工合理、权责一致、运转高效、法治保障的政府职能体系，切实提高政府管理科学化水平。特别是在十八届三中全会之后，中央和地方政府紧紧围绕推进国家治理体系和治理能力现代化，切实加大开放、改革、管理力度，进行了更大规模、更加全面、更为有效的变革，尤其注重将改革、开放成功的经验和做法及时上升到法律法规层面，从而使中央与地方关系的处理真正走上了法治轨道。

二、处理中央与地方关系存在的主要问题

从上述三个阶段可以看出，我国对处理中央与地方关系一直是比较重视的，也在诸多方面取得了较大进展。但是，目前仍然存在着不少亟待解决的矛盾和问题。有人认为，目前存在的矛盾和问题，主要是由高度集中的单一制造成的，不改变单一制就无法理顺中央与地方的关系；有人认为，主要是因为中央放权不到位不彻底所致；也有人认为，根子在法治不健全。这些看法都有一些道理，但又不够全面。现在来看，存在的问题及其原因不是单方面的，而是多种因素相互作用的结果。

1. 中央与地方之间的职责权限设置不科学

我国宪法和法律赋予中央政府的职权几乎无所不包，中央政府相对于地方政府而言，一直处于“托管人”地位，地方政府从属于中央政府并受中央政府直接控制；对中央政府和地方政府各自的职责范围也没有作出明确规定，因而在职权的划分上，不是以分工式为主，而是以总量分割式为主。除外交、国防等少数专属中央的权限外，法律赋予中央政府和地方政府的权限几乎是一致的、对等的，可以说地方政府拥有的权限即是中央政府的翻版。虽然《中华人民共和国地方各级人民代表大会和地方各级人民政府组织法》对县以上地方政府的职权作了一些统一规定，但地方各级政府的权限也是上下一般粗，没有多少区别。[①] 这样的上下一般粗式的分工，一是导致了中央政府职责权限的大而无度，中央可以随意扩大自己的权限，也可以随意下放和上收权力。二是地方政府一直处于被动状态，中央政府要收权就交权，要放权就接权，毫无自主权可言。三是各级政府职责权限的设置不符合发展市场经济的要求。多年来，一直在上下级政府之间进行收权和放权，直接影响了政企分开进程，致使政府应该回归市场的权力回归缓慢，从而影响了经济体制转型进展。四是导致政府难以解决“错位、越位、缺位”问题，法律规定中央政府的职责权限无所不包，中央政府就可以直接包揽干预市场主体的行为；法律规定各级政府的职责权限上下一般粗，中央政府就可以直接包办地方政府应该承担的事项；中央政府和地方政府的职责不清，公共服务等责任就会出现无人负责的现象。

2. 中央与地方之间的权限划分规则不具体

无论是我国的宪法还是其他法律，对于中央与地方权限的划分和权力的制约，都缺少具体的可操作性的明确规定，这在实践中必然形成诸多摩擦、冲突甚至逾越弊端，导致中央和地方的职权难以落到实处。一是中央政府可以用种种理由随意干预地方事务，地方政府就难以独立行使自己的

---

① 潘小娟：《中央与地方关系的若干思考》，载《政治学研究》1997 年第 3 期，第 16—21 页。

职权，诸多事项自然难以有效落实。二是地方政府为了维护自己的权利，往往对上级政府的政策“变通”执行，对符合自己利益的就抓紧落实，而对不符合自己利益的不是放在一边，就是走调离谱。这就是人们常讲的“上有政策、下有对策”。三是地方为了争得自己的利益，千方百计寻找突破口进行攻关，攻关有力和“变通”有法的颇为受益，“跑部钱进”成为形象描述。这既严重削弱了中央政府的宏观调控能力，也严重影响了地方的积极性，还会导致腐败现象的产生。

3. 中央与地方之间的事权和财权划分不合理

中央政府除了外交和国防之外的职责权限与地方政府基本一致外，在事权和财权的划分上却极不对等。1994 年进行的分税制改革，虽然大体确定了中央与地方的事权和支出责任，但由于改革不到位和配套措施没有跟上，致使事权和支出责任不相适应的矛盾，不仅没有得到根本解决，而且越来越突出。一是中央与地方的事权和支出责任缺乏明确的界定。应由中央负责的事务，更多地交给了地方；应由地方负责的事务，中央承担了较多的支出责任；中央和地方职责重叠，共同管理的事项越来越多。这种状况，既造成了职责不清、无从问责，又导致了行政运行效率低下、国家政策目标难以实现，还影响了市场统一、司法公正和基本公共服务均等化。二是中央与地方的事权和支出责任缺乏健全的协调机制。一方面某项政策或措施出台，往往由中央部门下发文件，“一竿子插到底”，基层政府只能被动接受。另一方面导致地方政府“跑部钱进”，或通过事后债务化解的倒逼方式迫使中央财政解决财力不足问题。特别是一些新增公共服务支出责任没有着落，更是加大了地方“跑部钱进”的频率，从而使得事权与支出责任更加不相匹配。三是中央与地方事权和支出责任缺乏合理的财权匹配支撑。从预算管理制度看，由于统一完整的国家预算体系尚未建立，各级政府预算外收支和体制外融资渠道缺乏整体协调，总预算分配、项目安排、预留资金和超收资金的使用、资金运行过程，都存在着许多不规范、不透明问题；长期实行的事业发展经费投入与财政支出增幅或生产总值挂钩机制，固化了财政支出结构；中央和地方政府之间转移支付名目繁杂、资金分散、配套过多，扭曲了资源配置，造成了重复投入和浪费；一直实行的“年度平衡”管理，干预了逆周期调控；预算执行的严肃性也不强，有些项目经常调整预算，有些项目不断追加投资，挪用财政资金等违法问题更是屡屡发生。从地方税体系看，仍然存在不少缺陷。1994 年税制改革以来，中央税收得到了加强，而地方税收却被大大弱化，使地方政府无法通过规范的渠道取得履行职能所必需的资金，形成了中央财政充裕、省级财政紧张、市和县特别是乡镇财政匮乏的不合理局面，从而造成了越是承担公共服务量大越是财力不足的矛盾，进而导致土地财政和地方隐性负债等问题越来越严重。

4. 中央和地方之间的债务管理不规范

政府性债务在支持经济社会发展，尤其是提高公共服务能力和改善民生等方面具有重要作用，适度举债可以有效拓宽融资渠道，满足经济社会发展的多元化资金需求。但是，近几年政府性债务特别是地方政府性债务出现了超越自身财力举债，且责任不清晰、运作不规范等问题，形成了一批新的风险点。国家审计署全面审计结果显示，截止 2013 年 6 月底，全国各级政府负有偿还责任的债务 206988.65 亿元，负有担保责任的债务 29256.49 亿元，可能承担一定救助责任的债务 66504.56 亿元，其中地方政府的这三项债务分别为 108859.17 亿元、26655.77 亿元、43393.72 亿元。[①] 虽然全国和地方政府性债务仍在可控范围之内，但风险也在不断累积。一是债务风险更加隐蔽。近几年，随着银行信贷的收紧和土地出让收入的减少，越来越多的地方政府开始通过银行表外业务、财物公司、信托公司、基金公司、金融租赁公司、担保公司甚至民间集资等“影子银行”融资。与传统银行信贷融资方式相比，此类融资具有成本高、产品设计复杂、直接债权人分散等特点，风险隐蔽性较强。二是债务期限错配风险突出。为规避已出台的限制地方政府性融资的政策，越来越多的地方政府重

① 国务院研究室编写组：十二届全国人大二次会议《政府工作报告》辅导读本，2014 年。

新启用公司合作框架下的代建制。这将加剧偿债能力与偿付义务之间的期限错配，增加风险，提高债务融资成本。三是化解债务风险的难度加大。近几年地方政府更多选择使用地方债、企业债、公司债、中期票据、短期融资券等直接融资方式进行融资。相比贷款展期、借新还旧等银行信贷违约化解方式，采用直接融资方式形成的地方政府债务化解难度更大。这是因为，当出现偿付危机时，面对众多的债券投资人，地方政府在短期内必须拿出巨额现金支付债务。即使通过与众多债券持有人谈判转为债务重组方案，其风险化解成本也很大。

5. 中央与地方之间的相互监督不得力

近年来，中央高度关注并采取诸多行政手段力图解决地区封锁、市场分割、盲目引进、重复建设、债务风险等问题，但一直收效甚微，并时有反弹，根本原因就是缺少具体而又明确的处理中央与地方关系的法律依据。由于法律对中央与地方职责权限设置不科学、权限划分规则不具体，事权与财权划分不合理、债务管理不规范，加之监督体系不健全、监督机制和手段落后，致使中央对地方的监管难以有效展开，下级政府对上级政府的监督无法开展。许多事项本来是上级政府决策失误，下级政府看得再清、拿得再准也无能为力，只能提提意见或者“变通”执行。长期以来，中央与地方之间缺乏有效的法律监督依据，不仅使中央政府决策的实施失去了基本保障，而且使下级政府对上级政府的监督无法行使，至于群众和社会对政府的监督更难依法有效展开。

三、处理中央与地方关系的对策研究

正确处理中央与地方的关系，既需要从理论上搞清集权与分权的关系，又需要在实践中寻求新的路径，最根本的是要加大改革、开放和管理力度，加快完善社会主义市场经济体制。

1. 正确把握集权与分权的平衡原则

集权与分权的关系，是政治学和经济学中的一个重大课题，也是在处理中央与地方关系实践中的一个重大难题。要正确处理中央与地方关系，首先需要把握和平衡好集权与分权的关系。

从总体上看，一个国家的集权与分权关系，是由这个国家的结构形式所决定的。在单一制国家，即由若干不享有独立主权的一般行政区域单位组成的统一主权国家，按中央与地方权力分配的程度，可分为中央集权型和地方分权型。而在复合制国家，即由两个以上国家组成的国家联盟，按其联合的程度，可分为联邦和邦联。单一制国家和复合制国家具有许多方面的根本区别。一是单一制国家划分为各个地方行政区划，联邦制国家则由各个联邦成员组成。二是单一制国家的地方行政区不是一个政治实体，也不具有任何主权特征；联邦成员国在加入联邦之后，虽然不再拥有完全独立的主权，但在联邦宪法规定的范围内其主权仍然受到法律保护。三是单一制国家的地方自主权或自治权，是由国家整体通过宪法授予的；联邦成员国在加入联邦国家时，保留了一部分管理内部事务的权力。四是单一制国家设立统一的立法机关和统一的中央政府，全国只有一个宪法，并按行政区域划分行政单位和自治单位，受中央的统一领导，任何行政单位和自治单位都没有脱离中央而实行独立的权力；联邦制国家除了有整个联邦的宪法、法律和最高机关之外，各成员国还有自己的宪法和法律及最高国家机关，并可根据联邦宪法的规定行使自己的国家权力。我国和法国、日本、意大利、韩国等国都是单一制国家，美国、印度、俄罗斯、瑞士、巴西等国都实行联邦制。无论是单一制国家还是联邦制国家的权力结构都是相对稳定的，但却不是一成不变的。有些国家在进行权力下放，有些国家则在实行权力集中。

我国是典型的单一制国家，这既是由我国经济、文化、民族等一系列传统因素决定的，也是符合全体人民根本利益的。然而，我国实行的又是中央集权型的单一制，而不是地方分权型的单一制。改革开放以来，中央一直注重给地方放权，但仍然存在着中央政府权力过度集中、管得过多过细等问题，需要继续扩大地方自主权。历史经验证明，过度集权有利于克服决策的分散性和短期性，但不能克服决策的主观性和机械性，也不能有效调动地方的积极性和创造性；分权过度则会削弱国家的整体利益，甚至会导致无政府主义。因此，能不能处理好中央与地方关系，关键在于能不能科学把握集权与分权的平衡，能不能找准两者的最佳结合点。

从目前看，我国权力结构的调整和用权程序的规范，应该正确把握三条原则。一是坚持和完善单一制国家结构。自秦以来，我国就是一个中央集权的统一国家，具有同一历史渊源的各民族在中华大地上生息繁衍，相互融合，形成了一个不可分割的整体，这种几千年的单一制已经成为历史发展的必然趋势。从现实情况看，我国已经形成适应单一制结构的一系列观念和制度，并已显示出较强的制度优势。只要顺应时代发展的要求，加快推进国家治理体系和治理能力现代化，经过创新和完善的单一制结构就会发挥更大的作用。二是必须有利于提高国家竞争力。在国际竞争日趋激烈的形势下，我国必须积极实施科技驱动战略，着力推进技术创新，而要在重大技术上取得突破，中央政府就必须集中相当的财力。维护国家的统一、保障国家的安全，也必然要求中央政府拥有相应的权力。三是必须有利于调动地方的积极性和创造性。中央财政集中过多、地方收入太少，地方就不会有积极性；中央财政转移支付过多过散，地方就会千方百计"跑部钱进"，既要增加成本，又会导致腐败，还不能集中财力办大事；地方事权与财权不相匹配，诸多事项尤其是公共服务就无法落实，这不仅直接损害各级政府的威信，更重要的是会损害群众的根本利益。因此，中央必须从调动地方积极性和创造性出发，加快推进政府职能转变，更大力度地下放权力，使地方政府的权力与其承担的职责相匹配。

2. 运用法律规范中央与地方的职责权限

明晰职责权限划分是界定中央与地方关系的核心和基础，而运用法律将界定的职责权限规范起来则是正确处理中央与地方关系的根本保障。

第一，制定新的法律和法规。一是要认真总结和吸取以往的教训，深入分析过去职责权限设置不科学、权限划分不具体、事权与财权不匹配、用权程序不规范、监督机制不健全等问题的原因，切实找出这些问题的症结所在，以防止和避免在制定新的法律中再出现类似的问题。二是要根据完善和发展中国特色社会主义制度，推进国家治理体系和治理能力现代化，特别是建立和完善社会主义市场经济体制的要求，认真研究制定什么样的法律才能与这些要求相适应，以使中央与地方关系的法律规定符合全局和长远发展的需要。三是要分析研究世界发展趋势，特别是经济全球化发展的要求，积极学习借鉴发达国家的成功经验，力争做到与国际规则和惯例接轨，充分发挥对建立和完善开放型经济体制的促进作用。

第二，修订部分现行法律和法规。一是要修订《地方组织法》，并要制定专门的程序法，以明确中央与地方职责权限的划分原则、各自的职权范围、职权划分的程序和手段等，从而保证中央与地方职责权限划分的合法化、规范化。二是要修订和完善解决中央与地方之间权限争议的法律和法规。三是要依据法定程序调整中央政府与地方政府的结构形式以及职责关系模式，从而保持中央与地方关系的相对稳定性。针对目前中央与地方关系中存在的矛盾和问题，法治化建设应首先确立地方政府的法人地位，然后跟进修订和制定行政组织法、程序法、编织法、地方财政法等法律规范。[①]

第三，明确中央和地方的专有权力与共享权力。具体而言，一是在坚持和完善基本经济制度方面，中央应该负责保护各种所有制经济产权的立法、执法和监督；地方应该根据中央确立的法律和行政法规，制定和组织实施适合本地特殊情况的规定和细则，以及推动国有企业完善现代企业制度、支持非公有制经济健康发展的规章和办法。二是在建立和维护现代市场体系方面，中央应该负责建立全国统一市场准入、市场监督、企业破产、价格形成、建设用地、金融体系、知识产权保护等方面的市场规则；地方应该负责建立既符合中央市场规则要求又符合当地实际的法规和制度。同时，要对地方已经或可能采取妨碍全国统一市场和公平竞争的各种规定和做法予以废除或进行限制。三是在履行政府职能方面，中央政府应

---

① 潘小娟：《中央与地方关系的若干思考》，载《政治学研究》1997 年第 3 期，第 16—21 页。

该负责全国发展战略、规划、政策、标准的制定和监督实施；地方政府应该根据本地实际制定和组织实施符合国家战略、规划、政策、标准的具体规章和实施细则。四是在财税体制方面，中央应该负责制定包括转移支付、债务管理等在内的预算制度、统一税制、事权和支出责任相适应制度的立法；地方应该负责根据本地情况制定具体的执行和落实细则。五是在城乡发展一体化方面，中央应该负责制定农民土地承包经营、耕地保护、农民财产权力、户籍制度等方面的法律法规；地方应该负责制定和实施既符合中央要求，又符合本地特点的法规和细则等。六是在外交、国防和军队、国籍、货币、司法等方面，应由中央统一负责，地方配合落实。七是在保护人权和公民权以及提供公共服务、社会保障、社会管理、环境保护等方面应由中央和地方政府共同负责。

3. 建立健全事权与支出责任相匹配的制度体系

中央与地方间的财政分配关系，主要由事权、支出责任、财权、财力这四个基本要素所决定。事权，是指一级政府在公共事务和服务中应该承担的任务和职责；支出责任，是指政府承担的运用财政资金履行其事权、满足公共服务需要的财政支出义务；财权，是指政府筹集和支配收入的权力（主要包括税权、收费权及发债权）；财力，是指政府在一定时期内可以支配和使用的资金。事权的界定，必须先行；在事权划分完成之后，支出责任的界定需要跟上；有了支出责任的界定，才能据此划分财权；划分财权之后，再通过转移支付等手段调节上下级之间的财力余缺，弥补地方政府履行事权存在的财力缺口，实现财力与事权相匹配。

调整和规范中央与地方的收入划分，需要合理界定中央和地方的税收管理权限，适当扩大政府间收入划分的覆盖面。一是要依据政府间支出责任划分，将预算外收入纳入预算管理，并进行合理调整。二是要科学选择地方税主体税种，健全主辅税种合理配置、收入调节功能互相协同的地方税体系。可将消费税、房产税、资源税、契税等有关税种作为地方税的重要税目。同时，可将容易造成税源转移和跨地区且分配不公的税种改为中央固定收入，并适当调整中央与地方共享税分成比例。三是建立和完善中央与地方规范化的转移支付制度。应该针对转移支付中存在的矛盾和问题，提高一般转移支付比重，整合专项转移支付，并取消地方配套等附加条件。[①] 中央一般转移支付应向革命老区、民族地区、边疆地区、贫困地区倾斜。中央出台增支政策形成的地方财力缺口，原则上应通过一般转移支付调节。对经甄别后保留的转移支付项目，属地方事务的划入一般性转移支付。四是建立规范合理的政府债务管理和风险预警机制，包括建立债务风险指标预警体系、编制政府流动资产负债表、严格控制融资规模、建立健全项目决策机制和监管制度等。

4. **加强对中央和地方政府权力运行的监督**

决策、执行、监督，是构成权力运行体系的三大必备要素。这三大要素，决策是核心，执行是关键，监督是保障。在规范中央与地方政府职责权限和健全事权与支出责任的同时，必须建立健全监督制度，以确保政令畅通和各项职责的落实。

建立健全政府权力运行监督制度，需要在四个方面加大力度。一是在监督内容上，要全面覆盖、突出重点。也就是说，要将政府履行职责的内容全部纳入监督范围，实行全方位和全过程监督。与此同时，要突出对事关大局、保障民生重大事项的监督。二是在监督对象上，既要监督政府领导班子，又要监督政府各级部门，更要监督政府一把手。三是在监督形式上，既要加强上级政府对下级政府的监督，更要强化下级政府对上级政府的监督；既要加强纪检机关对政府的监督，更要强化人大、政协对政府的监督；既要加强媒体对政府的监督，更要强化群众对政府的监督。四是在监督手段上，既要加强行政监督和审计监督手段，更要注重运用法律监督手段。

监督的前提是公开。加强对中央和地方政府行使职权的监督，前提是必须建立健全政务公开制度。一是要推行政府及其部门权力清单制度，把

---

① 刘雅静：《新时期调整中央与地方关系的理性探索》，载《中共宁夏党校学报》2010 年第 4 期，第 86—89 页。

依法界定的各级政府的职责权限如实向社会公布。二是依法规范并公开权力运行流程，按照减少层次、优化流程、提高效率、方便办事的原则，依法公开各级政府及其行政首长、县以上政府工作部门及其负责人的行政决策权、审批权、执法权等职责权限、法律依据、法定程序，促使隐性权力公开化、显性权力规范化。三是加强政务和各领域办事公开，凡是经济社会发展重大事项、群众普遍关注事项、涉及群众切身利益事项、容易发生腐败问题领域和环节的事项，都应做到及时公开；认真落实《政府信息公开条例》，深化财政预算决算、部门预算决算、重大建设项目和社会公益事业等信息公开；教育、医疗、通信、电力等公共服务单位，也应在行风治理中深化公开工作。同时，要积极推行公开承诺、公开述职、民主评议、听证质询等制度，让群众参与这些活动，请群众评判工作优劣。四是实施决策公开、管理公开、服务公开、结果公开，这主要包括增强公共政策制定的透明度和公众参与度、健全行政管理和服务公开制度、确保办事结果公开的完整性和真实性等。

建立健全绩效考核和问责制度是实现有效监督的重要保障。当前，许多地方在不同程度上对政府的监督流于形式。有的监督人员只讲成绩、不讲问题；有的监督部门发现问题不予深究，草草了事；有的监督机关明知问题严重，而不去彻查，甚至不去问责。这不仅影响了中央政府政令的通畅，而且助长了“上有政策、下有对策”和“有令不行、有禁不止”的歪风。因此，迫切需要建立健全绩效考核和问责制度，用制度保证对政府监督的真实性，依据制度评价政府的政绩，根据制度规定对被监督人员的违规行为进行问责，运用制度矫正监督部门和监督人员的不当监督行为，以保证各级政府认真履行各自的职责。

第五章

三驾马车拉动经济体制转型原理的拓展运用

上述四章论述了三驾马车在经济体制转型中的拉动作用。三驾马车除了拉动经济体制转型之外，能不能用于转变经济发展方式、城镇化和生态文明建设等领域并起到拉动作用呢？回答是肯定的。

我国注重转变经济增长方式已经20多年了，正式提出转变经济发展方式也已7年多了，但转方式效果仍不令人满意。究其原因，主要在于没有建立起有利于推进转方式的体制机制。正因为如此，中央才在最近几年致力于建立拉动转方式的体制机制。

从城镇化进程看，无论是城镇化思想认识的提升，还是前行道路的拓展和运作方式的优化，都主要依靠三驾马车的拉动。新型城镇化是一个前无古人的宏大系统工程，既面临着重大机遇，又面临着严峻挑战，要走好新型城镇化之路，更加需要三驾马车合力拉动。

生态文明建设是一个既渗透于经济、政治、文化和社会建设之中，又相对独立的庞大系统工程。要推进生态文明建设，既要建立健全与其相适应的市场、法治体系和管理体制，又要革除经济、政治、文化和社会等领域与其不相适应的体制机制弊端，而这一切都依赖于三驾马车的拉动。

第一节
对转变经济发展方式的拉动作用

我们过去说的经济增长方式，是指决定经济增长的各种要素的组合方式。这样的经济增长方式偏重于数量概念，主要是讲投入增长带来产出增加的数量，同时也包括提高生产效率所增加的产出数量。我们现在讲的经济发展方式，是指实现经济发展的模式，其中既包括经济增长方式，又包括经济结构、经济运行质量和效益，还包括收入分配、环境保护等内容。转变经济发展方式是由经济数量型扩大向质量型发展升华的过程。这一过程需要依靠诸多要素支撑，其中两大因素至关重要：一是依靠科技进步，提高生产经营效率和资源利用率。二是依靠经济结构调整升级，改善资源配置效率。这两大因素能否真正奏效，都取决于能否建立与之相配套的体制机制，而能否建立这样的体制机制，则取决于能否发挥三驾马车的拉动作用。

一、转变经济发展方式的艰难历程

苏联率先走过的转变经济发展方式之路，可以说是一条中途夭折之路。中国之后走过的转方式之路，可以说是一条探索渐进之路。虽然两国所走之路的效果不同，但都经历了不转难以为继、转又难以推进的艰难过程。

1. 苏联转方式步履维艰

苏联传统经济增长方式是伴随着传统计划经济体制的发展，在20世纪二三十年代形成的。从1928年第一个五年计划实施开始，到1970年第八个五年计划结束期间，苏联凭借高度集中的计划经济体制，通过严厉的行政命令手段，最大限度地集中人力、物力和财力建设重大项目，推进经济发展，使经济增长率一直高于西方各主要国家，但其经济运行质量和效益却与西方国家不断拉大差距。当时许多经济学家曾一针见血地指出，导致这种状况的根源在于“经济增长方式”落后，经济高速增长是靠大量投入新的劳动力、资源和财力达到的，这是一种资源高耗型、外延式的增长方式。他们指出，随着劳动力、资源和资金等要素日趋紧张，不断扩大的经济规模将使投入要素供需矛盾越来越尖锐，这种高增长、低效益的状况终将难以维持下去。为了克服传统经济增长方式的弊端，扭转难以为继的局面，这些经济学家呼吁，必须尽快摒弃传统增长方式，实现由粗放式增长向集约式增长的转变。

按照上述思路，1971 年召开的苏共二十四大正式提出“经济发展向以集约化为主的道路过渡”，由此开启了苏联经济增长方式的第一次转变。然而，由于传统增长方式积弊太深，这次转变并没有达到预期成果，集约化因素占扩大再生产的比重不仅没有提高反而持续下降。

针对转方式过程中存在的问题，1986 年召开的苏共二十七大提出“生产的全面集约化”、“整个国民经济转向集约化轨道”的方针。但是，从这次会议到 20 世纪 80 年代后期，苏联“经济增长率中由要素投入增加获得的占比高达 70.3%，生产率提高所占比重只有 29.7%。”[①] 苏联经济已到再衰三竭之时，几乎处于停滞状态。

为什么苏联认识到了转方式的紧迫性和重要性，也采取了若干方面的具体措施，而始终没有取得实质性进展呢？现在看，这里的根本原因是没有抓住问题的本质，没有相应推进经济体制转型。传统增长方式是计划经济体制的伴生物，在不改变计划经济体制的前提下，只是通过行政命令手段推进经济增长方式转变，肯定不会取得较大进展。

---

① 葛霖生:《中外十国经济增长方式比较》，载《毛泽东邓小平理论研究》2000 年第 6 期。

2. 中国转方式进展缓慢

从1978年开始算起，我国转方式的探索，先后经历了三个阶段。

第一，从提出经济转轨到提出经济增长方式转变之前（1978—1992年）。邓小平同志明确提出，全党工作重心要转到以经济建设为中心的轨道上来，经济建设的重心要转到以提高经济效益为中心的轨道上来，提高经济效益的重心要转到依靠技术进步和提高劳动者素质的轨道上来。这一阶段，经济建设取得重大成就，但技术水平和劳动者素质却没有得到相应提高。

第二，从提出经济增长方式转变到提出经济发展方式转变之前（1993—2006年）。江泽民同志在中共十四届五中全会上明确指出，“经济增长方式从粗放型向集约型转变具有全局意义”。[①] 同时，明确要求扎实推进技术进步和自主创新，努力走出一条速度快、质量高、效益好的路子。这一阶段，转方式取得一定进展，技术进步和自主创新也呈现明显效果，但整个进展仍不理想。

第三，正式提出经济发展方式转变（2007年至中共十八大之前）。2007年6月，胡锦涛同志首次提出，实现国民经济又好又快发展，关键是在“转变经济发展方式、完善社会主义市场经济体制方面取得重大进展”。[②] 转方式、调结构、促发展成为经济工作的重中之重。此后，在总结以往经验教训的基础上，中央明确提出了以科学发展观为指导，以转变发展方式为主线的战略部署。这一阶段，较之前两个阶段，转方式效果更为突出，调结构也取得明显进展，但仍未收到预期效果。

经过35年的探索，我们对转方式的认识不断深化，取得的成效不断显现，也摸索出一些行之有效的做法。这集中表现在：经济发展从“快字当头”到“好字优先”，发展的全面性、协调性和可持续性逐步增强；经济结构战略性调整积极推进，内需对经济增长的贡献率不断扩大；消费结构

---

① 《正确处理社会主义现代化建设中的若干重大关系》，1995年9月28日。

② 《胡锦涛在中央党校省部级干部进修班上的重要讲话》，2007年6月25日。

开始升级，居民消费逐步从生存型向发展型转变；民生类投资不断强化，重点领域和薄弱环节得到加强；科技进步和自主创新取得明显成效，支撑经济发展的作用稳步增强；工业制成品出口比重明显提高，贸易多元化格局逐步形成；城乡基本公共服务得到重视，服务水平进一步提高。

然而，我国在诸多重大结构的调整上依然进展缓慢。在三大需求中，居民消费潜力没有得到充分释放，消费对经济的拉动依然乏力。在三大产业中，一产不稳、二产不强、三产不足的问题比较突出。在可持续发展上，能源消耗仍然偏高，环境污染十分严重，生态环境相当脆弱。在区域协调发展上，东中西部极不平衡，城乡差距不断拉大，缩小差距的任务艰巨繁重。

二、转变经济发展方式的经验教训

我国转方式的探索，尽管与苏联的路径和结果不同，但也有不少相同的经验教训值得认真吸取。

1. 发展方式转变不能不与经济体制转型同步进行

经济发展方式与一定的生产力水平、一定的经济体制密切联系，具有鲜明的阶段性和相互交织性。苏联传统经济增长方式与传统计划经济体制相伴而生、相互作用，计划经济体制不转型，增长方式转变自然是空中楼阁。我国转方式进展缓慢，也与社会主义市场经济体制不完善息息相关。因为经济体制转不动，经济发展方式转变就没有内生动力；经济体制转不好，经济发展方式转变动力就会不足。

2. 发展方式转变不能不抓科技创新激励机制的落实

苏联等一些曾经有过经济高速增长的国家最终陷入低速增长或停滞状态，主要原因在于要素生产率增长的徘徊不前。苏联对技术革新不可谓不重视，为什么非常重视而又徘徊不前呢？关键在于缺乏创新驱动力。为什么缺乏创新驱动力呢？关键在于没有建立和落实激励与保障机制。这不也是我国科技自主创新能力不强的根本原因吗？

3. 发展方式转变不能不建立公平合理的收入分配机制

劳动要素在经济发展中的贡献与劳动者的物质和精神需求不可分离，劳动者的健康状况、劳动纪律、创新积极性与经济发展成果的分配直接相关。苏联在收入分配形式上“大锅饭”特征突出，但真实的官民收入与福利待遇差距很大，官僚特供与群众买不到东西形成鲜明对照，对劳动者的生产纪律与创新积极性产生了严重的逆向刺激。我国收入分配机制较长时间没有建立起来，一直难以改变“干多干少一个样、干好干坏一个样”的状况，致使经济发展方式转变因缺乏公平合理的分配机制而难以有效推进。

4. 发展方式转变不能不扩大对外开放

经济发展方式转变不仅涉及国内的方方面面，而且还涉及国际交流与合作，如果关起门来搞转变，不学习借鉴发达国家的经验，不引进先进技术和管理手段，就会跟不上经济全球化步伐，必然会直接影响经济发展方式的转变进程。

三、转变经济发展方式必须强化拉动作用

在实际操作中，我们深刻体会到：经济发展方式，不转不行、不快转不行、不配套转也不行。这是因为，不转或不快转，经济发展就难以为继；不配套转，就难以收到预期效果。也就是说，转方式，必须快转，必须与经济体制机制配套转，必须依靠三驾马车拉动转。

1. 拉动经济结构调整

转方式的重中之重是调结构，而调结构必须依靠三驾马车合力拉动。

目前，我国的经济结构仍然很不合理。从需求结构看，2012 年我国最终消费对经济增长的贡献率为 51.8%，资本形成对经济增长的贡献率为 50.4%，出口对经济增长的贡献率则为－2.2%。这是 2001 年以来首次出现最终消费对经济增长的贡献率高于资本形成的贡献率。尽管如此，我国的消费贡献率仍比欧美发达国家低 10～20 个百分点。此外，我国消费结构

很不均衡，政府消费率增速远高于居民消费率增速。

从产业结构看，2013 年我国第一产业增加值占 GDP 的比重为 10.0%，第二产业增加值占 GDP 的比重为 43.9%，第三产业增加值占 GDP 的比重为 46.1%。第三产业所占比重虽然逐年有所提高，但与欧美发达国家第三产业高达 70%左右的比重相比，仍然相差 20 多个百分点。[①] 特别值得注意的是，我国自主创新能力较弱，制造业基本处于国际产业链低端。

三大产业产值占 GDP 比重（1978—2012 年）

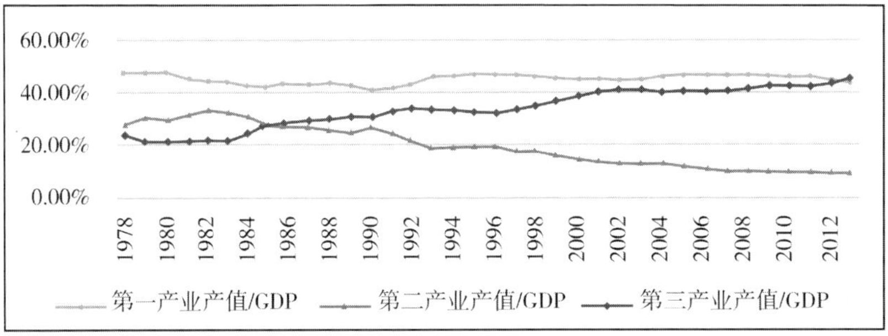

（数据来源：wind 资讯金融终端）

从生产力布局看，2012 年全国人均 GDP 最高的天津已达 1.48 万美元，而像贵州这样的西部地区，人均 GDP 还不到天津的 1/4。在资源配置效率上差距更大，2012 年单位 GDP 能耗最高的宁夏和最低的北京相比，差距高达 5 倍；我国与日本和美国的差距更是分别高达 7 倍和 6 倍。

从收入分配看，2003 年到 2012 年，我国基尼系数一直在 0.47～0.49 之间，明显高于 0.4 的国际标准警戒线。2012 年我国城镇和农村居民收入比达到 3.1∶1。如果把城乡居民分别按收入水平划分为五个组，城镇居民低收入组人均可支配收入为 10345 元，高收入组人均可支配收入为 51456 元，两者差距近 5 倍；农村居民低收入组人均收入为 2316 元，高收入组为 19009 元，两者差距达 8 倍以上。

---

① 《2013 年国民经济和社会发展统计公报》，http：//www.stats.gov.cn/tjsj/zxfb/201402/t20140224_514970.html，2014 年 2 月 24 日。

中国基尼系数变化（2003—2013年）

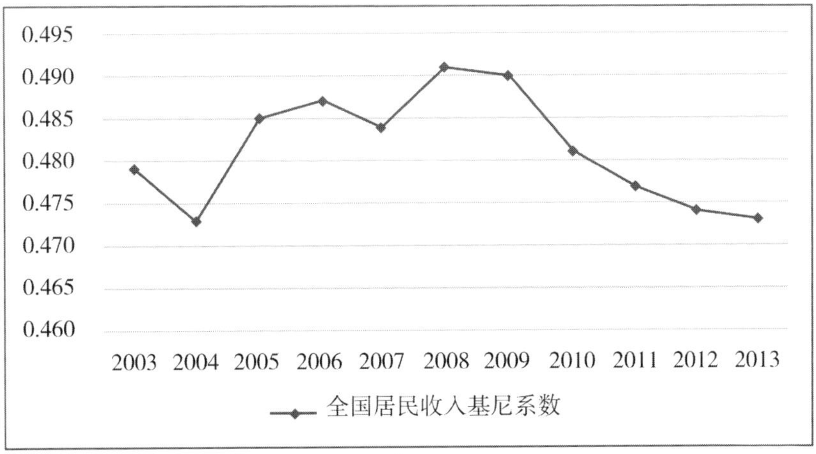

（数据来源：wind资讯金融终端）

要改变这种极不合理的经济结构，使其适应经济社会发展和经济全球化的需要，就必须深化经济改革、扩大对外开放、强化经济管理。这是因为：其一，调整需求结构，必须改革投资体制，把投资重点转到重要基础设施建设和公共服务领域；必须改革收入分配制度和强化消费领域管理，引导和扩大消费；必须推进国际经济合作，积极抢占国际市场，努力提高出口对经济增长的贡献率。其二，调整产业结构，必须转变政府职能，改变以GDP论英雄的考核方式，建立新的促进各产业协调发展的考核机制；必须适应国际市场不断变化的要求，更多地生产适销对路的产品；必须着力推进自主创新，提高引进、消化吸收再创新能力。其三，调整生产力布局和收入分配结构，必须认真学习借鉴发达国家的经验和做法，正确处理政府与市场的关系，注重发挥市场在配置资源中的决定性作用，更好地运用经济、法律手段搞好政府宏观调控。

2. **拉动科技创新**

转方式必须依靠科技创新，而科技创新必须依靠三驾马车拉动，没有三驾马车的合力拉动，科技创新驱动发展方式转变的作用就难以充分发挥。

改革开放以来，我国科技创新能力不断提高，并表现出良好的发展趋势，但与发达国家相比，还存在较大差距，并且这种差距仍在拉大。以制造业为例，2010 年我国制造业产出占世界的比重为 19.8%，超过美国成为全球制造业第一大国。然而，我国自主创新水平却远远落后于美国。我国自主创新水平不高的原因很多，直接原因有三个方面：一是企业自主创新能力不强。我国大中型企业具有研发能力的不超过 30%，并且研发支出占销售收入的比例只有 1%。二是缺乏自主创新的坚实基础。近些年来，无论是企业还是科研院所，绝大多数都热衷于“短平快”的项目，而忽视关系国家竞争能力和长远利益的共性、关键性、前瞻性的基础研究。三是引进技术消化吸收再创新能力薄弱。第二次世界大战以后的日本、20 世纪 80 年代以后的韩国，都是在充分消化吸收国外技术的基础上，取得了再创新的重大成功。它们技术引进和消化吸收投入之比分别达 1∶5 和 1∶8，而我国的技术引进和消化吸收投入之比不到 1∶1。更为突出的是，我国科技体制改革滞后，科技开放进展缓慢，科技管理水平较低。

要推进科技创新，需要提高企业自主创新能力、强化创新基础，也需要提升引进技术消化吸收再创新能力。但是，不转换科技创新的体制机制，不扩大科技领域对外开放程度，不提升科技管理水平，就不能真正解决科技创新过程中遇到的矛盾和问题。正因为如此，中共十八届三中全会《决定》有针对性地强调：改革科技体制和转换企业机制，激发科技部门和企业的创造性，使之适应科技创新尤其是自主创新的客观要求；拓展科技开放，积极借鉴发达国家经验，筛选引进先进技术，努力抢占国际制高点；强化科技管理，完善科技法律法规，挖掘科技创新潜力，形成推动科技创新的长效机制。

3. 拉动混合所有制经济发展

我们通常讲的混合所有制经济，可以分为宏观和微观两个层次。宏观是指国家所有制结构的非单一性，即是说，既有国有、集体等公有制经济，又有个体、私营、外资等非公有制经济，还包括国有和有集体成分的合资、合作经济。微观是指国有资本和非公有制资本交叉持股、相互融合的混合所有制企业。发展混合所有制经济，关键在于发展混合所有制企业，没有混合所有制企业的健康发展，混合所有制经济的优势就无法得到充分发挥。

发展混合所有制经济尤其是混合所有制企业，对于转方式具有重大推动作用。这是因为，只有混合所有制企业得到发展，才能形成转方式的动力机制，从而才能推进经济发展方式转变。实践表明，真正实行国有资本和非公有制经济交叉持股、相互融合的混合所有制企业，由于产权清晰并多元化，科学治理结构得以建立，现代企业制度得到完善，粗放经营体制机制弊端得到消除，从而促使企业发展方式得到根本性转变。相反，就转方式而抓转方式，就难以使发展方式真正转变过来。

1993 年以来，为了推动国有企业经营机制转换、促进经济发展方式转变，我国一直努力寻找公有制经济的有效实现形式。1993 年，中共十四届三中全会《决定》提出："随着产权的流动和重组，财产混合所有的经济单位越来越多，将会形成新的财产所有结构。"1997 年，中共十五大报告指出："公有制实现形式可以而且应当多元化"。"股份制是现代企业的一种资本组织形式……资本主义可以用，社会主义也可以用"。1999 年，中共十五届四中全会《决定》进一步指出："国有大中型企业尤其是优势企业，宜于实行股份制的，要通过规范上市、中外合资和企业相互参股等形式，改为股份制企业，发展混合所有制经济。"2002 年，中共十六大报告更加明确提出，"除极少数必须由国家独资经营的企业外，都要积极推行股份制，发展混合所有制经济"。2003 年，中共十六届三中全会又进一步指出，"大力发展国有资本、集体资本和非公有资本等参股的混合所有制经济，实现投资主体多元化，使股份制成为公有制的主要实现形式"。中共十八届三中全会对发展混合所有制经济更加重视，提出的要求更加明确，《决定》强调指出，"国有资本、集体资本、非公有资本等交叉持股、相互融合的混合所有制经济是基本经济制度的重要实现形式"，并要求"积极发展混合所有制经济"。

近年来，我国混合所有制企业迅速发展，并在促进经济发展方式转变中发挥着越来越重要的作用。但是，也明显存在数量不少、质量不高的问题。据统计，全国90%的国有企业已经进行了公司股份制改造，中央企业70%的净资产已属上市公司，中央企业及其子公司引入非公资本的企业户数已达总户数的52%。截至2013年10月，全国混合所有制上市公司已占全部境内上市公司的80%以上，资产已达90%以上。这些数据表明，混合所有制企业数量已经不少。但是，诸多企业还没有形成规范的混合所有制形式，也没有充分发挥出混合所有制企业应有的作用。有些学者将这种状况称之为数量型混合所有制，有人甚至认为这是形式上的而非实质上的混合所有制。

混合所有制企业质量不高，主要表现在三个方面：一是许多混合所有制企业存在国有股份“一股独大”问题。由于国有股份处于绝对控股地位，非公企业股份“打不起定盘星来”，致使企业的治理结构和经营机制没有得到根本改变，因而难以充分发挥应有的作用。二是不少混合所有制企业是由国有企业的子、孙公司和非公企业组成的混合体，而不是国有企业母公司本身和非公企业共建的混合体，这就形成了混合所有制企业多重领导、难以协调的局面。按理讲，这样的混合所有制企业的重大事项应由自己的董事会决策，而实际上却不得不听命于国有企业母公司的指挥。这种链条长、环节多的决策机制，必然不适应市场竞争的客观要求，也就难以真正实现增强企业活力的目的。三是有些非公企业与国有企业共同出资组建混合所有制企业之后，由于缺少管理经验和人才，不能真正履行自己的职能，只能被动接受管理。这种既缺乏科学治理结构，又难以实施有效监督的状况，必然影响企业管理水平和经营效率的提升。

我国混合所有制企业数量不少、质量不高，主要根源于两种偏颇认识、三个未除障碍。两种偏颇认识：一种是有些国有企业认为引入非公企业资本越多，自己的权力就越少，由于担心失去已有的地位和权力，所以出现了较为普遍的“一股独大”和由子、孙公司出面实施混合的问题。另一种是不少非公企业认为自己控股管不了、国企控股会因员工太多蚕食自己的资本，因而一直左右为难、等待观望，不敢大胆出手。三个未除障碍：一是市场准入制度的制约。国家允许非公企业进入的一些领域，除金融系统之外，不少非公企业不想进入，也不愿与国企混合；而非公企业想进入并愿与国有资本混合的一些领域，又没有真正放开准入限制，从而形成了已放开的不想进、未放开的进不去的尴尬境地。二是法律保障欠缺的危害。多年来，由于法律保障欠缺，许多非公企业家担心自己的资产得不到有效保障，转到境外怕影响发展，不转境外怕被侵犯，进入混合所有制企业又怕因露富而招来麻烦，还怕出了官司人财两空。法律保障的欠缺，不仅严重影响混合所有制企业的发展质量，而且也直接影响了经济发展方式的转变。三是国企行政级别的影响。一直以来，国有企业特别是央企，都有较高的行政级别，而非公企业家多数是草根出身，两者共同出资组建混合所有制企业，有些人总感到“门不当、户不对”，因而在思想上难以深度融合、在行动中难以浑然一体。

在上述状况下，怎样才能将数量型转变为质量型、更好发挥对转方式的促进作用呢？最重要的是正确处理政府与市场的关系，让市场发挥资源配置的决定性作用；最关键的是找到符合市场经济规律的正确路径。现在来看，这样的路径应该是：通盘谋划、协同推进。具体来说，就是“一个顶层设计、四个平等对待。”

“一个顶层设计”，就是搞好发展混合所有制企业的顶层设计，这主要包括四个方面内容：一是全面分析、科学分类。就是说，在对现有国有企业进行全面深入分析的基础上，按照每个企业所处领域甚至所提供产品，来确定其进入混合所有制企业的重大事项特别是股权比例。具体来说，可以划分为四种类型：对涉及国家安全的极少数国有企业，可以基本采用国有独资形式；对国家重大战略尤其是经济命脉领域的国有企业，可以保持国有资本绝对控股；对提供教育、医疗、社会保障等公共产品的国有企业，可由国有资本相对控股；对处于竞争性领域的国有企业，有的可以采用国有资本参股形式，有的可将国有资本全部退出。对大量已经进入混合所有制企业的国有企业，应该参照上述四种分类调整股权结构，对后两种类型应逐步降低国有资本的比重。对国有企业进行这样的统一分类，是发展混合所有制企业的基础和前提，也是维护国家安全和保障实施国家重大战略的根本要求。如果每个国有企业各行其是，可能导致该放的放不开、不该放的却又放得开的错乱局面。因此，应该由国家发改委、国资委和工信部等部门按照全面分析、科学分类的原则搞好统一谋划，不能由国有企业自行决策。二是分类实施、一企一策。具体来说，就是把国有企业分类情况和组建混合所有制企业的意向向社会公开发布，同时摸清非公企业底数和意愿，有针对性地寻求共同组建混合所有制企业的合适对象，并本着完全自主和自愿原则进行洽谈衔接，对非公企业合作共建意向明确的，跟上制定相应的实施方案和政策措施。三是明确责任、进退有序。各级政府应该细分相关部门的任务和责任，切实做到各司其职、有序运转，确保国有资本进而有为、退而有序，坚决防止和避免“一刀切”和“一卖了之”的现象发生。四是完善结构、搞活企业。要把着力点放在完善混合所有制企业治理结构上，加快建立和完善现代企业制度，确保实现搞活企业的既定目标。

“四个平等对待”：一是按照中共十八届三中全会《决定》提出的“企业自主经营、公平竞争”的要求，取消按企业所有制性质划分准入界限，实行统一平等的市场准入制度。具体来说，就是在制定负面清单基础上，让各类市场主体依法依规平等进入清单之外领域，使各类市场主体公平参与准入领域竞争，平等组建混合所有制企业。当前，应该着力解决因缺少具体途径和办法而使民营企业遇到的“玻璃门”、“弹簧门”等问题。二是放开对生产要素及其价格的控制，使各类市场主体平等使用生产要素。这不仅包括资金和土地等要素，也包括这些要素的价格形成机制。应该采取更加有力的措施，切实做到凡是能由市场形成的价格都交给市场，努力实现商品和要素自由流动、平等交换，为发展混合所有制企业创造一个自由、平等的良好环境。三是加快法律法规建设，切实保障非公企业财产权不受侵犯，使各类市场主体同等受到法律保护。也就是要把《决定》提出的“公有制经济财产权不可侵犯，非公有制经济财产权同样不可侵犯”的要求真正落到实处。四是取消国有企业行政级别，使各类企业领导人同样在市场上形成和选聘。同时，取消由行政级别带来的各种条条框框，使混合所有制企业依据《公司法》自主决定治理结构和决策机制。

第二节
对城镇化的拉动作用

2013年7月至2014年5月，厉以宁、艾丰教授和我撰写了《中国新型城镇化概论》一书，这本书就新型城镇化“新”在哪里，提炼出了二十多个新观点和新做法。将这些新观点和新做法归纳起来讲，就是新在城镇化思想认识的提升、城镇化前行道路的拓展、城镇化运作方式的优化。而这些方面的变化，都得益于开放、改革、管理这三驾马车的合力拉动。

一、拉动城镇化思想认识提升

通过36年来的扩大开放、深化改革和强化管理，特别是实施“走出去”战略，人们对城镇化的思想认识发生了极为深刻的变化。

1. 对城镇化理论内涵的认识不断加深

过去不少人认为，城镇化即增加城镇人口，减少农业人口，提高城镇化率。近些年来，人们逐步认识到：“城镇化是伴随工业化发展，非农产业在城镇集聚、农村人口向城镇集中的自然历史过程，是人类社会发展的客观趋势，是国家现代化的重要标志。”[①] 同时，认识到推进新型城镇化必须以科学发展观为指导，按照“四化”协调（工业化、信息化、城镇化、农业现代化）和“五位一体”（经济建设、政治建设、文化建设、社会建设、生态文明建设）的要求，积极稳妥地向前推进。

第一，以科学发展观为指导。科学发展观的目标是实现现代化，但没

---

① 《国家新型城镇化规划（2014—2020年）》，2014年3月16日。

有城镇化就实现不了现代化。因此，科学发展离不开城镇化，新型城镇化必须以科学发展观为指导。科学发展观涵盖的“以人为本”和“全面、协调、可持续”发展原则，应该成为推进城镇化的基本原则。“以人为本”是新型城镇化的核心和目标，城镇化不是为化而化，说白了就是为了让全国人民过上好日子而推进的。人是城镇化的核心要素，也是城镇化的中心目标，推进城镇化不能见物不见人，必须充分体现“以人为本”的理念。

坚持“全面、协调、可持续”发展原则，是新型城镇化题中应有之义。新型城镇化包含着经济、政治、文化、社会和生态文明建设“五位一体”的全部内容，这本身就体现了“全面”原则；新型城镇化与工业化、信息化和农业现代化并列且相辅相成，必须协同推进，这就体现了“协调”原则；坚持并实现“全面”和“协调”原则，自然就会体现“可持续”发展原则。

第二，协同推进“四化”发展。大家在实践中逐步认识到，工业化、信息化、城镇化和农业现代化不协调、不同步，四个方面就会互扯后腿，即使挤了其他几化而使一化先“化”起来，也会留下一堆后遗症，进而会严重影响整个现代化进程。

实际上，工业化、信息化、农业现代化与新型城镇化是一个有机联系的整体，实现现代化不能隔断更不能缺少任何一化。工业化承担着装备现代化的重任，并作为经济发展的先导，起着辐射和带动农业现代化与新型城镇化的重要作用；信息化渗透于工业化、新型城镇化和农业现代化之中，并引领后者不断攀登更高水平；农业现代化不仅可以促使农业生产效率提高，而且可以将因效率提高而节约出来的劳动力源源不断地输送到城镇，为工业化、信息化和新型城镇化发展提供人力资源；城镇化是一个实现工业化、信息化和农业现代化的大平台，在这个大平台上，“四化”相互作用、相互促进、良性循环、携手共进。因此，在推进新型城镇化过程中，必须注重“四化”协同推进，努力使其协调发展。

第三，充分体现“五位一体”要求。从狭义上讲，城镇化是属于经济范畴的内容，推进城镇化的直接目的就是为了推进经济持续健康发展。然而，新型城镇化绝不仅仅是经济领域的事情。推进城镇化，首先会带来大量农村人口向城镇的转移，这一转移必然带来城乡人口结构的变化。人口结构的变化必然带来社会结构和生产生活方式的变化，也必然引起文化和生态的变化。为适应上述变化要求，相应的政治、社会、文化、生态文明体制变革必须跟上。由此可见，经济、政治、社会、文化和生态文明建设“五位一体”中的任何一位都不可缺少，都必须合理摆布在城镇化这个大平台上。因此，只有用“五位一体”思想指导新型城镇化，才能避免片面化，也才能促进城镇化健康发展。

2. 对城镇化重大意义的认识明显提高

近代意义上的城镇，是随着工业革命的出现和发展而产生和发展的。如果从 1750 年的工业革命算起，那么城镇化进程就有二百多年的历史了。

对城镇化意义的认识，相关专家、学者的观点很不一致。国外学者的诸多看法可以归纳为乐观派和悲观派。乐观派认为，城镇化是人类社会发展的必然产物，也是人们追求和实现梦想的天堂。悲观派则认为，发展中国家根本没有能力应付快速增长的城市人口，城镇化是一个“公共地悲剧”。在我国，前些年对城镇化意义的争论成为一个焦点问题。有些人认为，中国这么多人口，都往城镇挤肯定受不了，弄不好就会加剧“城市病”，形成“城市危机”；有些人则说，城镇化是个好东西，应该快马加鞭往前赶；还有些人认为，城镇化是个好东西不错，但它有自身固有的规律，不能违背规律拔苗助长，应该积极而又稳妥地推进。随着改革开放的逐步拓展，大多数人形成了共识：城镇化是实现现代化的必由之路，应该遵循其基本规律，从中国国情出发，积极稳妥地走出一条具有中国特色的城镇化道路。

中共中央和国务院在广泛征求意见和慎重研究的基础上，对推进城镇化的重大意义作了深刻阐述。2014 年 3 月 12 日印发的《国家新型城镇化规划（2014—2020 年）》（以下简称《规划》）明确指出，推进城镇化具有重大现实意义和深远历史意义：一是城镇化是现代化的必由之路。二是城镇化是保持经济持续健康发展的强大引擎。三是城镇化是加快产业结构转型升级的重要抓手。四是城镇化是解决农业、农村、农民问题的重要途径。五是城镇化是推动区域协调发展的有力支撑。六是城镇化是促进社会全面进步的必然要求。

3. 对城镇化经验教训的认识更为深刻

通过“走出去”考察，回国后比较，人们对国内外城镇化发展的历程更加清楚，对其经验教训的认识也更为深刻。这不仅有利于防止和避免走弯路，而且有利于城镇化创新发展。

第一，发达国家的城镇化有成就、有经验，但也有诸多沉痛教训。美国的城镇化是“政府放任式”的城镇化。这种放任式城镇化，曾使他们付出过高昂代价。其突出表现是：城市不断低密度向外蔓延，城市建设无序；城市空间和社会结构性问题日益突出，交通拥挤，环境恶化，住房紧张；土地资源严重浪费，资源能源消耗量大，生态环境遭到破坏；贫富差距拉大，社会矛盾突出。以西欧为代表的“政府调节下的市场主导型”城镇化，虽然也经历了社会矛盾尖锐时期，但总体还是比较成功的。这主要表现在：城市布局合理，规模适当，城乡关系比较协调。其经验在于：政府的引导和调节比较到位，又充分发挥了市场机制的作用。在亚洲，韩国的城镇化比较成功。1960 年韩国的城镇化率为 28%，1970 年为 50%，1985 年为 77.3%，1987 年达到 78%，目前已接近 90%。在如此快速的城镇化过程中，之所以没有发生严重的偏差，除了韩国国土面积不大、人口不算太多的客观条件之外，一个重要原因就是政府发挥了正确的引导和调节作用。

第二，发展中国家的经验教训值得我国认真汲取。发展中国家城镇化与发达国家城镇化有很大的区别。这主要表现在，城镇化的经济基础和城镇基础不同。发达国家的城镇化是在经济发展到一定水平上起步的，而发展中国家则多数曾经沦为发达国家的殖民地或半殖民地，城市不是建立在自身工业化的推动力和支撑力基础上，而是为了满足发达国家占领其市场而建立和发展的，城市建设往往因缺乏规划而畸形发展。

许多发展中国家为了尽快赶上发达国家，大都采取了快速推进城镇化的方针和政策，这就呈现了“基础薄弱，快速发展”的特点，由此带来了社会不稳定、贫富差距急剧扩大、城市环境恶化等种种弊端，并严重阻碍了经济发展。人们把这种现象称为“中等收入陷阱”。

这些国家城镇化的教训是非常沉痛而又深刻的：工业化是城镇化的根本动力和支撑，超越工业化水平，搞“快速城镇化”、“过度城镇化”，往往事与愿违；农业发展是城镇化的重要基础，不能靠农业的萧条逼迫农民进城；科学合理的城乡人口布局是城镇化成功的重要一环，否则农村居民集中向大城市聚集就会导致难以控制的局势；社会协调发展是城镇化的基本要求，城镇化不仅仅是经济问题，不顾及政治、社会、文化和生态等问题，就会引发经济制度和上层建筑等方面的严重矛盾。

第三，中国城镇化亟待解决的矛盾和问题。我国的城镇化，既取得了重大进展，又存在着诸多矛盾和问题。这些矛盾和问题，主要体现在六个“滞后”上。一是城镇化滞后于工业化。许多城镇高度重视城镇化，而不注重推进工业化，致使城镇化缺乏有力的工业支撑。二是人口城镇化滞后于土地城镇化。不少地方注重征地甚至忙于圈地，而不注重人口城镇化，造成土地闲置甚至严重浪费。三是城市建设滞后于城镇化速度。有些地方眼睛盯着城镇化率，而不注重城市建设，致使配套设施跟不上人口增长需要。四是城镇住房建设滞后于人口增长。有些城镇注重人口增长，忽视住房建设，导致房价不断攀升。五是农民工身份转换滞后于职业转换。有些地方注重吸引农民工进城务工，而不注重农民工在城镇落户，导致进城人员无法享受正式户籍人员的公共服务待遇。六是城市管理滞后于城市发展。有些地方重视城市发展，而忽视城市管理，导致城市秩序混乱，甚至出现诸多“城市病”。

出现上述六个“滞后”，有其客观原因，也有工作问题。在农村和城镇、城和地、人和业、大中城市和小城镇、职业转换和身份转换等关系上，许多地方往往缺乏全面的认识和把握。有的地方以“长官意志”推进城镇化，出现了重速度、轻质量，重占地、轻人口，重规模、轻密度，重投资、轻消费，重经济、轻社会的“五重五轻”现象，有的地方甚至出现了以行政命令盲目并村、强拆民居等损害农民利益的问题。

二、拉动城镇化前行道路拓展

回望历史，可以得出这样的结论：中国城镇化发展的历程，就是三驾马车拉动的过程。尽管这种拉动还存在一些不到位甚至偏向拉动问题，但如果没有开放的扩大、改革的深化和管理的强化，城镇化道路就不会越走越宽广，城镇化成就也不会越来越明显。

1. 城镇化的指导思想更加清晰

《规划》对新型城镇化的指导思想作了这样的表述：高举中国特色社会主义伟大旗帜，以邓小平理论、“三个代表”重要思想、科学发展观为指导，紧紧围绕全面提高城镇化质量，加快转变城镇化发展方式，以人的城镇化为核心，有序推进农业转移人口市民化；以城市群为主体形态，推动大中小城市和小城镇协调发展；以综合承载能力为支撑，提升城市可持续发展水平；以体制机制创新为保障，通过改革释放城镇化发展潜力，走以人为本、四化同步、优化布局、生态文明、文化传承的中国特色新型城镇化道路，促进经济转型升级和社会和谐进步，为全面建成小康社会、加快推进社会主义现代化、实现中华民族伟大复兴的中国梦奠定坚实基础。

新型城镇化规划特别是其指导思想的表述，至少体现了七个方面的具体特征：一是以人为本，公平共享。二是四化同步，统筹城乡。三是优化布局，集约高效。四是生态文明，绿色低碳。五是文化传承，彰显特色。六是市场主导，政府引导。七是统筹规划，分类指导。

2. 城镇化的预期目标更加明确

通过广泛调研和认真测算，国务院确定了2014—2020年城镇化发展目标。这主要体现在《规划》的第五章之中。

第一，城镇化水平和质量稳步提升。常住人口城镇化率达到60%左右，户籍人口城镇化率达到45%左右，户籍人口城镇化率与常住人口城镇化率差距缩小2个百分点左右，努力实现1亿左右农业转移人口和其他常住人口在城镇落户。

第二，城镇化格局明显优化。“两横三纵”为主体的城镇化战略格局基本形成，城市群集聚经济、人口能力明显增强，东部地区城市群一体化水平和国际竞争力明显提高，中西部地区城市群成为推动区域协调发展的新的重要增长极。城市规模结构更加完善，中心城市辐射带动作用更加突出，中小城市数量增加，小城镇服务功能增强。

第三，城市发展模式科学合理。密度较高、功能混用和公交导向的集约紧凑型开发模式成为主导，人均城市建设用地严格控制在 100 平方米以内，建成区人口密度逐步提高。绿色生产、绿色消费成为城市经济生活的主流，节能节水产品、再生利用产品和绿色建筑比例大幅提高。城市地下管网覆盖率明显提高。

第四，城市生活和谐宜人。义务教育、就业服务、基本养老、基本医疗卫生、保障性住房等城镇基本公共服务覆盖全部常住人口，基础设施和公共服务设施更加完善，消费环境更加便利，生态环境明显改善，空气质量逐步好转，饮用水安全得到保障。自然景观和文化特色得到有效保护，逐步实现城市发展个性化，城市管理人性化、智能化。

第五，城镇化体制机制不断完善。户籍管理、土地管理、社会保障、财税金融、行政管理、生态环境等制度创新取得重大进展，阻碍城镇化健康发展的体制机制障碍基本消除。

3. 城镇化的谋篇布局更加科学

自新中国成立到 2012 年，我国的城镇化先后经历了 1957 年前的起步阶段；1958—1965 年的波动阶段；1966—1978 年的停滞阶段；1979—1999 年的平稳发展阶段；2000—2012 年的快速发展阶段。从 2013 年开始，进入新型城镇化阶段。认真研究城镇化每个阶段的特点之后，就会发现：2013 年之前几个阶段的城镇化，虽然在速度和质量上都在逐步提升，但都缺少精心布局和科学规划。以 2014 年 3 月公布的《规划》为标志，我国的城镇化才真正走上全国统筹谋划、科学合理布局的轨道。

《规划》根据全国土地、水资源、大气环流特征和生态环境承载能力，优化城镇化空间布局和城镇规模结构，在《全国主体功能区规划》确定的城镇化地区，按照统筹规划、合理布局、分工协作、以大带小的原则，发展集聚效率高、辐射作用大、城镇体系优、功能互补强的城市群，使之成为支撑全国经济增长、促进区域协调发展、参与国际竞争合作的重要平台。构建以陆桥通道、沿长江通道为两条横轴，以沿海、京哈京广、包昆通道为三条纵轴，以轴线上城市群和节点城市为依托、其他城镇化地区为重要组成部分，大中小城市和小城镇协调发展的“两横三纵”城镇化战略格局。

这一布局体现了统筹谋划、科学设计等诸多新特点。一是提出优化提升东部地区城市群，要求京津冀、长江三角洲和珠江三角洲城市群，以建设世界级城市群为目标，继续在制度创新、科技进步、产业升级、绿色发展等方面走在全国前列，这就抓住了全国城镇化的主阵地和龙头。二是提出培育发展中西部地区城市群，要求中西部城镇体系比较健全、城镇经济比较发达、中心城市辐射带动作用明显的重点开发区域，要在严格保护生态环境的基础上，引导有市场、有效益的劳动密集型产业优先向中西部转移，吸纳东部返乡和就近转移的农民工，加快产业集群发展和人口集聚，培育发展若干新的城市群，在优化全国城镇化战略格局中发挥更加重要作用，这就抓住了全国城镇化的广阔空间和主战场。三是提出促进各类城市协调发展，要求加快发展中小城市、有重点地发展小城镇，这就为大中小城市优势互补和协同发展提供了依据和政策环境。四是提出强化综合交通运输网络支撑，要求完善综合运输通道和区际交通骨干网络，强化城市群之间的交通联系，加快城市群交通一体化规划建设，改善中小城市和小城镇对外交通，发挥综合交通运输网络对城镇化格局的支撑和引导作用，这就为所有城镇的发展奠定了坚实基础。

4. 城镇化的着力重点更加突出

在过去多年的城镇化过程中，许多地方眉毛胡子一把抓，既没有科学规划，又没有主攻重点。近几年来，这种状况得到了较大改变，但仍然存在布局不合理、重点不突出等问题。国务院在科学谋划全国布局基础上，根据城镇化规律和全国实际，提出了推进新型城镇化的重点任务。

第一，强化城市产业就业支撑。一是优化城市产业结构，根据城市资源环境承载能力、要素禀赋和比较优势，培育发展各具特色的城市产业体系。二是增强城市创新能力，顺应科技进步和产业变革新趋势，发挥城市创新载体作用，依托科技、教育和人才资源优势，推动城市走创新驱动发展道路。三是营造良好就业创业环境，发挥城市创业平台作用，充分利用城市规模经济产生的专业化分工效应，放宽政府管制，降低交易成本，激发创业活力。

第二，优化城市空间结构和管理格局。一是改造提升中心城区功能。推动特大城市中心城区部分功能向卫星城疏散，强化大中城市中心城区高端服务、现代商贸、信息中介、创意创新等功能；完善中心城区功能组合，统筹规划地上地下空间开发，推动商业、办公、居住、生态空间与交通站点的合理布局与综合利用开发；制定城市市辖区设置标准，优化市辖区规模和结构；按照改造更新与保护修复并重的要求，健全旧城改造机制，优化提升旧城功能；加快城区老工业区搬迁改造，大力推进棚户区改造，稳步实施城中村改造，有序推进旧住宅小区综合整治、危旧住房和非成套住房改造，全面改善人居环境。二是科学规范新城新区建设。严格新城新区设立条件，防止城市边界无序蔓延；以人口密度、产出强度和资源环境承载力为基准，与行政区划相协调，科学合理编制规划，严格控制建设用地规模，控制建设标准过度超前；统筹生产区、办公区、生活区、商业区等功能区规划建设，推进功能混合和产城融合，在集聚产业的同时集聚人口，防止新城新区空心化；加强现有开发区城市功能改造，推动单一生产功能向城市综合功能转型，为促进人口集聚、发展服务经济拓展空间。三是改善城乡接合部环境。提升城乡接合部规划建设和管理服务水平，促进社区化发展，增强服务城市、带动农村、承接转移人口功能；加快城区基础设施和公共服务设施向城乡接合部地区延伸覆盖，加强环境整治和社会综合治理，改善生活居住条件；保护生态用地和农用地，形成有利于改善城市生态环境质量的生态缓冲地带。

第三，提升城市基本公共服务水平。一是优先发展城市公共交通。加快构建以公共交通为主体的城市机动化出行系统，积极发展快速公共汽车、现代有轨电车等大容量地面公共交通系统，科学有序推进城市轨道交通建设。优化公共交通站点和线路设置，推动形成公共交通优先通行网络，提高覆盖率、准点率和运行速度，基本实现100万人口以上城市中心城区公共交通站点500米全覆盖。同时，强化交通综合管理，有效调控、合理引导个体机动化交通需求；推动各种交通方式、城市道路交通管理系统的信息共享和资源整合。二是加快建设安全高效便利的生活服务和市政公用设施网络体系。优化社区生活设施布局，健全社区养老服务体系，完善便民利民服务网络，打造便捷生活服务圈；加强城镇水源地保护与建设和供水设施改造与建设，确保城镇供水安全；建设安全可靠、技术先进、管理规范的新型配电网络体系，加快推进城市清洁能源供应设施建设，完善燃气输配、储备和供应保障系统；提高城镇生活垃圾无害化处理能力；合理布局建设城市停车场和立体车库，新建大中型商业设施要配建货物装卸作业区和停车场。三是完善基本公共服务体系。根据城镇常住人口增长趋势和空间分布，统筹布局建设学校、医疗卫生机构、文化设施、体育场所等公共服务设施。优化学校布局和建设规模，合理配置中小学和幼儿园资源；加强社区卫生服务机构建设，健全与医院分工协作、双向转诊的城市医疗服务体系；完善重大疾病防控、妇幼保健等专业公共卫生和计划生育服务网络；加强公共文化、公共体育、就业服务、社保经办和便民利民服务设施建设；创新公共服务供给方式，引入市场机制，扩大政府购买服务规模，实现供给主体和方式多元化，根据经济社会发展状况和财力水平，逐步提高城镇居民基本公共服务水平，在学有所教、劳有所得、病有所医、老有所养、住有所居上持续取得新进展。

第四，提高城市规划建设水平。一是创新规划理念，把以人为本、尊重自然、传承历史、绿色低碳理念融入城市规划全过程。二是完善城市规划前期研究、规划编制、衔接协调、专家论证、公众参与、审查审批、实施管理、评估修编等工作程序，探索设立城市总规划师制度，提高规划编制的科学化、民主化水平。三是强化规划管控，保持城市规划权威性、严肃性和连续性，坚持一本规划、一张蓝图，持之以恒，加以落实；加强规划，实施全过程监管，确保依规划进行开发建设；健全国家城乡规划督察员制度，以规划强制性内容为重点，加强规划实施督察；严格实行规划实施责任追究制度，加大对政府部门、开发主体、居民个人违法违规行为的责任追究和处罚力度；制定城市规划建设考核指标体系，加强地方人大对城市规划实施的监督检查，将城市规划实施情况纳入地方党政领导干部考核和离任审计。四是严格建筑质量管理，强化建筑设计、施工、监理和建筑材料、装修装饰等全流程质量管控；严格执行先勘察、后设计、再施工的基本建设程序，加强建筑市场各类主体的资质资格管理，推行质量体系认证制度，加大建筑工人职业技能培训力度；坚决打击建筑工程招投标、分包转包、材料采购、竣工验收等环节的违法违规行为，惩治擅自改变房屋建筑主体和承重结构等违规行为；健全建筑档案登记、查询和管理制度，强化建筑质量责任追究和处罚，实行建筑质量责任终身追究制度。

第五，推动新型城市建设。一是加快绿色城市建设，将生态文明理念全面融入城市发展，构建绿色生产方式、生活方式和消费模式。二是推进智慧城市建设，统筹城市发展的物质资源、信息资源和智力资源利用，推动物联网、云计算、大数据等新一代信息技术创新应用，实现与城市经济社会发展深度融合。三是注重人文城市建设，发掘城市文化资源，强化文化传承创新，把城市建设成为历史底蕴厚重、时代特色鲜明的人文魅力空间。

第六，加强和创新城市社会治理。一是完善城市治理结构，创新社会治理体制。二是强化社区自治和服务功能，健全社区党组织领导的基层群众自治制度，推进社区居民依法民主管理社区公共事务和公益事业；加快公共服务向社区延伸，整合人口、劳动就业、社保、民政、卫生计生、文化以及综治、维稳、信访等管理职能和服务资源，加快社区信息化建设，构建社区综合服务管理平台。三是创新社会治安综合治理，建立健全源头治理、动态协调、应急处置相互衔接、相互支撑的社会治安综合治理机制；创新立体化社会治安防控体系，改进治理方式，促进多部门城市管理职能整合，鼓励社会力量积极参与社会治安综合治理；及时解决影响人民群众安全的社会治安问题，加强对城市治安复杂部位的治安整治和管理；理顺城管执法体制，提高执法和服务水平。四是健全防灾减灾救灾体制，完善城市应急管理体系，加强防灾减灾能力建设，强化行政问责制和责任追究制。

5. 城镇化的政策措施更加有力

过去，我国在推进城镇化过程中，不仅总体规划跟不上发展需要，而且政策措施也很乏力。这主要体现在：中央政府出台的政策措施不全面、不配套；部门已出台的政策措施不衔接、难落实；地方出台的政策措施五花八门，并且处于各自为战状态。《规划》针对过去存在的问题，制定了一系列政策措施。

第一，推进人口管理制度改革。一是创新和完善人口服务和管理制度，逐步消除城乡区域间户籍壁垒，还原户籍的人口登记管理功能，促进人口有序流动、合理分布和社会融合。二是建立居住证制度，全面推行流动人口居住证制度，以居住证为载体，建立健全与居住年限等条件相挂钩的基本公共服务提供机制。三是健全人口信息管理制度，加强和完善人口统计调查制度，进一步改进人口普查方法，健全人口变动调查制度。加快推进人口基础信息库建设，分类完善劳动就业、教育、收入、社保、房产、信用、计生、税务等信息系统，逐步实现跨部门、跨地区信息整合和共享，在此基础上建设覆盖全国、安全可靠的国家人口综合信息库和信息交换平台。

第二，深化土地管理制度改革。一是建立城镇用地规模结构调控机制。严格控制新增城镇建设用地规模，严格执行城市用地分类与规划建设用地标准，实行增量供给与存量挖潜相结合的供地、用地政策，提高城镇建设使用存量用地比例。二是健全节约集约用地制度。完善各类建设用地标准体系，严格执行土地使用标准，适当提高工业项目容积率、土地产出率门槛，探索实行长期租赁、先租后让、租让结合的工业用地供应制度，加强工程建设项目用地标准控制；建立健全规划统筹、政府引导、市场运作、公众参与、利益共享的城镇低效用地再开发激励约束机制，盘活利用现有城镇存量建设用地，建立存量建设用地退出激励机制，推进老城区、旧厂房、城中村的改造和保护性开发；加强农村土地综合整治，健全运行机制，规范推进城乡建设用地增减挂钩；完善土地租赁、转让、抵押二级市场。三是深化国有建设用地有偿使用制度改革。扩大国有土地有偿使用范围，逐步对经营性基础设施和社会事业用地实行有偿使用；减少非公益性用地划拨，对以划拨方式取得用于经营性项目的土地，通过征收土地年租金等多种方式纳入有偿使用范围。四是推进农村土地管理制度改革。全面完成农村土地确权登记颁证工作，依法维护农民土地承包经营权。在坚持和完善最严格的耕地保护制度前提下，赋予农民对承包地占有、使用、收益、流转及承包经营权抵押、担保权能。保障农户宅基地用益物权，改革完善农村宅基地制度，在试点基础上慎重稳妥推进农民住房财产权抵押、担保、转让，严格执行宅基地使用标准，严格禁止一户多宅。在符合规划和用途管制前提下，允许农村集体经营性建设用地出让、租赁、入股，实行与国有土地同等入市、同权同价。建立农村产权流转交易市场，推动农村产权流转交易公开、公正、规范运行。五是深化征地制度改革。缩小征地范围，规范征地程序，完善对被征地农民合理、规范、多元保障机制。建立兼顾国家、集体、个人的土地增值收益分配机制，合理提高个人收益，保障被征地农民的长远生计。六是强化耕地保护制度。严格土地用途管制，统筹耕地数量管控和质量、生态管护，完善耕地占补平衡制度，建立健全耕地保护激励约束机制。落实地方各级政府耕地保护责任目标考核制度，建立健全耕地保护共同责任机制；加强基本农田管理，完善基本农田永久保护长效机制，强化耕地占补平衡和土地整理复垦监管。

第三，创新城镇化资金保障机制。一是完善财政转移支付制度。按照事权与支出责任相适应的原则，合理确定各级政府在教育、基本医疗、社会保障等公共服务方面的事权，建立健全城镇基本公共服务支出分担机制；建立财政转移支付同农业转移人口市民化挂钩机制，中央和省级财政安排转移支付要考虑常住人口因素。二是完善地方税体系。培育地方主体税种，增强地方政府提供基本公共服务能力。加快房地产税立法并适时推进改革。加快资源税改革，逐步将资源税征收范围扩展到占用各种自然生态空间。推动环境保护费改税。三是建立规范透明的城市建设投融资机制。在完善法律法规和健全地方政府债务管理制度基础上，建立健全地方债券发行管理制度和评级制度，允许地方政府发行市政债券，拓宽城市建设融资渠道。理顺市政公用产品和服务价格形成机制，放宽准入，完善监管，制定非公有制企业进入特许经营领域的办法，鼓励社会资本参与城市公用设施投资运营。

第四，健全城镇住房制度。一是健全住房供应体系。加快构建以政府为主提供基本保障、以市场为主满足多层次需求的住房供应体系。对城镇低收入和中等偏下收入住房困难家庭，实行租售并举、以租为主，提供保障性安居工程住房，满足基本住房需求。稳定增加商品住房供应，大力发展二手房市场和住房租赁市场，推进住房供应主体多元化，满足市场多样化住房需求。二是健全保障性住房制度。建立各级财政保障性住房稳定投入机制，扩大保障性住房有效供给。完善租赁补贴制度，推进廉租住房、公共租赁住房并轨运行。制定公平合理、公开透明的保障性住房配租政策和监管程序，严格准入和退出制度，提高保障性住房物业管理、服务水平和运营效率。三是健全房地产市场调控长效机制。调整完善住房、土地、财税、金融等方面政策，共同构建房地产市场调控长效机制。完善住房用地供应机制，保障性住房用地应保尽保，优先安排政策性商品住房用地，合理增加普通商品住房用地，严格控制大户型高档商品住房用地。实行差别化的住房税收、信贷政策，支持合理自住需求，抑制投机投资需求。依法规范市场秩序，健全法律法规体系，加大市场监管力度。建立以土地为基础的不动产统一登记制度，实现全国住房信息联网，推进部门信息共享。

第五，强化生态环境保护制度。一是建立生态文明考核评价机制。把资源消耗、环境损害、生态效益纳入城镇化发展评价体系，完善体现生态文明要求的目标体系、考核办法、奖惩机制。对限制开发区域和生态脆弱的国家扶贫开发工作重点县取消地区生产总值考核。二是建立国土空间开发保护制度。坚定不移实施主体功能区制度，划定生态保护红线，严格按照主体功能区定位推动发展，加快完善城镇化地区、农产品主产区、重点生态功能区空间开发管控制度，建立资源环境承载能力监测预警机制。三是实行资源有偿使用制度和生态补偿制度。加快自然资源及其产品价格改革，全面反映市场供求、资源稀缺程度、生态环境损害成本和修复效益。建立健全居民生活用电、用水、用气等阶梯价格制度；制定并完善生态补偿方面的政策法规，扩大生态补偿范围，提高生态补偿标准。四是建立资源环境产权交易机制。发展环保市场，推行节能量、碳排放权、排污权、水权交易制度，建立吸引社会资本投入生态环境保护的市场化机制，推行环境污染第三方治理。五是实行最严格的环境监管制度。建立和完善严格监管所有污染物排放的环境保护管理制度，完善污染物排放许可制，加大环境执法力度，严格环境影响评价制度，加强突发环境事件应急能力建设，完善以预防为主的环境风险管理制度。对造成生态环境损害的责任者严格实行赔偿制度，依法追究刑事责任。

三、拉动城镇化运作方式优化

我国城镇化运作方式的优化，经历了一个艰难曲折的探索过程。认真总结全国各地在城镇化中积累的经验，切实矫正行进中的偏差，努力找到更加有效的运作方式，是推进城镇化的关键所在。从城镇化搞得好的地区来看，运作方式的优化，需要在以下四个方面下功夫。

1. 科学编制系统规划

推进城镇化必须首先制定科学规划。规划是行动的先导，没有科学规划作指导，行动就会陷入盲目状态。

第一，正确把握系统规划的总体要求。制定城镇化规划，需要把握四个要点：一是要总结历史经验，弄清发展现状，正确判断走势。二是要明确指导思想和基本原则。三是要提出主要目标、战略重点和保障措施。四是要做好不同层级规划的衔接和统一。

第二，全面分析系统规划涉及的要素。一是要搞好人口转移规划及相关要素分析。二是要搞好土地利用规划及相关要素分析。三是要搞好产业发展规划及相关要素分析。四是要搞好城镇建设规划及相关要素分析。五是要搞好交通建设规划及相关要素分析。六是要搞好公共服务规划及相关要素分析。

第三，科学制定系统规划的路线图。制定城镇化规划，应该在可行性和可操作性上下功夫，尤其要根据当地实际，制定相应的路线图和时间表。新型城镇化相关要素的关系和路线图，如下图所示。

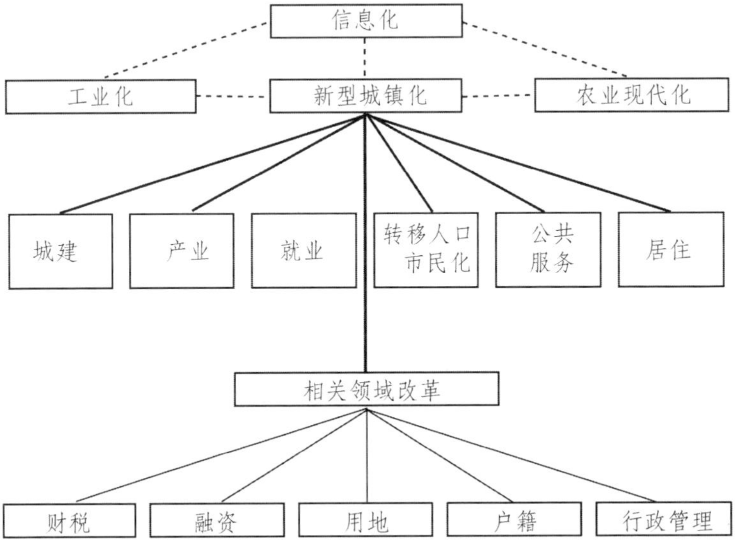

新型城镇化相关系统的关系

上图所列内容，主要包括三方面的含义：虚线连接框内标注的是在推进新型城镇化中需要协同发展的内容，就是要使新型城镇化与工业化、信息化、农业现代化协同推进，不能厚此薄彼，更不能顾此失彼；粗线连接框内标注的是新型城镇化本身的构成内容，对这些内容应该统筹谋划、通盘安排、协同推进，不能缺少任何一项，尤其不能忽视产业发展；细线连接框内标注的是必须着力深化改革的内容，这些内容关联性很强，既互相促进又相互制约，需要正确把握、统筹安排和协同推进。

图中所列的城建、产业、就业、转移人口市民化、公共服务、居住等内容，实现起来是有规律可循的。一般来说，其路径应该按照“三步走”要求向前推进。首先必须注重产业发展问题，要制定清晰的经济发展战略和实施方案；其次是要制定与前者相适应的就业和城镇建设规划；最后是转移人口市民化和公共服务体系的相应健全与完善问题。这三步的要求，在制定规划时需要作为依据，在实施规划中需要严格执行。这是因为，只有产业得到发展，才能有更多人员就业，才需要进一步扩大城建规模和解决住房问题，否则，产业没有得到发展，就大规模扩大城镇建设，那就等于建设空城。转移人口市民化和公共服务问题，也需要视前两步进展尤其是产业发展而定，不能不顾前者进展情况而盲目先行。

当然，在实际操作中，这三个环节又是相互交织在一起的。城镇建设搞得好，会促进产业发展；公共服务搞得好，会促进产业发展和城镇建设，但是，这只说明它们之间应该形成良性互动，而不意味着可以不顾产业发展先去铺开其他摊子。也就是说，绝不能在产业发展不够、财力不足的情况下，大搞圈地运动，贸然扩大城建规模。

图中最后一行所列的财税、融资、用地、户籍、行政管理等内容，都是新型城镇化的拉动要素。这些要素用得好，对城镇化进程就会起到拉动和保障作用。反之，就会起着制约和阻碍作用。规划要解决的问题是统筹考虑和安排这些要素。资金是最重要的杠杆，财税、融资都是为了解决资金问题。无论是产业发展，还是城镇建设、公共服务都要靠资金保障，如果资金匮乏，其他一切都无从谈起。城镇化“三步走”路径决定着资金投向，资金投向又决定着产业发展和城镇建设。因而筹集资金特别是用好资金直接关系着新型城镇化的成败，必须将其作为重中之重。利用好各种要素的关键是搞好改革，财税体制、金融体制、用地制度、行政管理体制等方面的改革，都是新型城镇化必不可少的重要拉动手段。

2. **正确发挥政府作用**

政府在城镇化中的地位应该怎样确定、作用应该怎样发挥，主要有两种意见。一种意见认为，不应该强调政府主导地位，而应该弱化政府作用，放手让市场发挥作用。另一种意见则认为，城镇化是一个特殊的综合系统工程，不仅涵盖经济领域，而且包括政治、社会、文化、生态文明建设各个方面，单靠市场作用是不能解决问题的，应该更多更好地发挥政府作用。两类意见似乎是对立的，而实际上是既对立又统一的，关键在于找到两者的最佳结合点。

第一，政府与市场要相互结合，彼此适应。我国的经济转型是从计划经济出发的，一路走来，都是沿着市场化取向进行的。从“计划为主，市场为辅”到“计划和市场相结合”，再到“社会主义商品经济”，最后是“社会主义市场经济”，中共十八大又把市场配置资源由“基础性作用”提升到“决定性作用”，这个过程无疑是在加强“无形之手”的作用。但是，这一走向的成功不应该产生市场万能的错觉。市场和政府不是同一层次的事物。政府是社会管理主体，属于上层建筑范畴，而市场经济作为一种经济形态或经济体制，则属于经济基础范畴。市场经济与政府是经济基础和上层建筑的关系，两者之间不是彼此替代的关系，而是适应不适应、衔接不衔接的问题。

市场在配置资源方面存在着局限性。一是市场配置资源的导向是经济效益，但在有些领域通过资源配置来实现社会效益更为重要，而市场配置是不能真正顾及社会效益的。二是有些资源是有限的，甚至是稀缺的。如果仅仅依靠市场配置，价格就会急剧上升，反而会影响资源的合理配置。三是资源配置完全靠市场决定，必然导致区域发展差距和居民收入差距扩大。新型城镇化作为“四化”协调、“五位一体”的城镇化，既需要充分发挥市场在配置资源中的决定性作用，又需要充分发挥政府应有的作用。应该特别注意的是，市场的决定性作用只是在资源配置范围之内的作用，政府的作用主要是弥补市场缺陷，并在其他方面发挥重要作用。政府应当调控市场起决定作用之外的内容和领域，不能把应该承担的事项全部推向市场。具体来说，就是该由政府决定之事，由政府决定，如城镇化规划；该由政府主导之事，由政府主导，如生态文明建设的规划制定和实施监管；该由政府指导的事，由政府指导，如“四化”协调和“五位一体”的统筹衔接和组织运行；该由政府引导的事，由政府引导，如下面将阐述的诸多事项。但是，在城镇化具体行进中，政府不应干预过多过细，而应注重发挥其引导作用。

第二，注重发挥政府引导作用。美国政府对城镇化比较放任，出现了城市结构分散，城市占地过多和部分城市产业单一等问题。拉美国家由于政府缺位和政策失当，出现了“过度城镇化”，经济陷入了“中等收入陷阱”。韩国既有效发挥市场作用，又有力发挥政府作用，呈现出了城镇化又好又快发展的局面。

国内外城镇化的经验教训表明，政府在城镇化中可能出现到位、缺位、越位问题。到位，就是政府发挥了应有作用的那部分；缺位，就是指政府尚未发挥应有作用的那部分；越位，则是指政府发挥了不应该发挥的作用。就整个城镇化而言，完全由政府主导，以行政命令决定一切，这已被实践证明是不会成功的。在诸多具体事项上提“引导”，而不提“主导”，主要目的是防止政府越位。

“政府引导”就是政府积极履行自己的引导职能，勇于承担应负的责任。也就是说，要引导有关各方按客观规律办事，不唯长官命令“是从”；要尊重企业、居民等市场主体的意愿，发挥他们的积极性、主动性和创造性。

第三，合理摆布推进力量。推进城镇化必须依靠居民、企业和智库等各方面的力量，只有合理摆布这些力量，才能形成推进合力，才能更好更快推进城镇化。一是要突出居民主体地位。人民是国家的主人，居民是新型城镇化的核心。居民处于核心位置，自然就具有主体地位了。是把居民放在主体地位，让他们以主人翁身份积极参与城镇化，还是把他们放在次要地位，消极地“被城镇化”，这是一个事关城镇化成败的原则性问题。居民满意不满意、答应不答应，是判断城镇化成功与否的根本标准。城镇化必然带来居民利益的调整，而这种调整任务相当艰巨复杂，必须充分听取居民的意见，兼顾到各个方面的切身利益。新型城镇化的基本动力是居民，城镇化造福居民的基本性质，决定了城乡居民是否愿意投身于这一历史进程。许多成功的经验和失败的教训都告诉我们：凡是把城乡居民当作城镇化的基本动力，并自始至终坚持依靠群众，事情就办得妥当和顺利；凡是把群众当作摆设甚至视为阻力，就会出现偏差和麻烦。因此，在城镇化中，必须尊重群众的意愿、群众的利益和群众的首创精神。二是要充分发挥企业主力军作用。企业发展奠定了城镇化的经济基础；城镇建设的实施主体是企业；企业是城镇化所需资金的来源；企业是改善城乡居民生活水平的主要力量；市场配置资源的作用是通过企业来实现的。这些理由，决定了企业在新型城镇化中的主力地位。现在的关键是怎样发挥企业的主力军作用。首先，要高度重视企业在城镇化中的主力军地位，不能再以行政命令简单地指挥它们，而要更好地为它们服务。其次，要加快政府职能转变，为企业发展创造更好的环境，切实保障各种所有制经济的合法权益，保证各种所有制经济依法平等使用生产要素、公开公平公正参与市场竞争、同等受到法律保护。同时，要广泛开辟企业参与城镇化的通道，创新企业参与方式，凡是可以让企业干的事情尽量让企业去干，不要在准入方面设置障碍和繁杂条件。另外，要加强政府对企业的引导和监督，政府要按照经济效益、环境效益和社会效益相统一的原则，引导和监督企业的行为，特别要鼓励企业通过“诚信、创新、责任”来追求自己的利益和长远发展。三是注重培育和挖掘智库力量。智力支撑问题，是城镇化中至关重要的问题，它不仅贯穿城镇化全过程，而且在很大程度上左右着结果。城镇化学主要是研究人、业、地等诸要素配置和空间配置的关系，并寻求以空间优化配置来促进要素整合的优化。深入研究城镇化，还涉及政治学、经济学、文化学、地理学和历史学。没有这些方面的智力做支撑，就不能正确处理要素整合和空间配置关系。城镇化的实施更需要各种专业化智力支撑。建设“智慧城市”，那就更需要智力的支撑了。更好发挥智库智力作用，既需要支持官办智库特别是民间智库的发展，又应该明确智库研究在政府决策过程中的地位和作用，还必须强化“官、产、学”有机结合。

3. 建立健全评价体系

评价体系是指对一个地方、一个系统或一个事物进行检验的系统性标准。科学的城镇化评价体系，具有检验和督导其健康发展的功能。推进新型城镇化，必须建立健全评价体系。

第一，评价体系的基本要求。一是评价的全面性。要根据新型城镇化的“四化”协调和“五位一体”的内涵，建立全面的综合性的考核和评价标准，而不是把城镇化的评价和要求只归结为城镇化率和城镇化速度问题。二是指标的科学性。城镇化评价体系实质是城镇化工作评价体系。检验工作做得如何，必须遵循要素整合和空间配置的基本规律，以城镇化进程和城镇化条件的关系作为基本内容，从匹配、全面、协调、持续四个方面来衡量。三是质和量的统一性。“质”是规范，“量”是体现。没有质的规范，容易失去方向；没有量的体现，容易失之空泛。制定评价体系的难点，往往不在质的规范，而在量的体现。把质的规范转化为恰当的量化指标，是需要注重研究解决的关键问题。四是评价的差别性。发展不平衡是城镇化的绝对规律。世界城镇化的发展就是极不平衡的。就我国来说，东部和中部、西部的发展是不平衡的，一个省的城镇化发展也是不平衡的。这种不平衡包括资源人口条件的差别，经济发展水平的差别，城镇化进程不同阶段的差别等，因此，评价体系必须既能涵盖这些差别，又能适应这些差别。五是评价的可操作性和实用性。只有评价体系具有可操作性，才有实用意义。这是因为，在微观上，可以对一个地方的城镇化工作进行“体检”，判断其健康程度，找出影响健康的因素和问题，为改进工作提供科学的依据。在中观上，可以帮助同类型城镇进行比较和借鉴，有利于吸收别人的经验和教训。在宏观上，可以比较清晰地把握各地城镇化的进程。但是，这种评价不能导致城镇化工作的“排队评比”。

第二，评价指标的科学设置。新型城镇化评价指标体系，可以分为四个层级设置：一是一级指标，这是新型城镇化的综合评价指标，即最高级评价指标。二是二级指标，即根据新型城镇化内容所确立的指标，主要包括经济发展、社会进步、城乡关系、现代设施、生活方式、人居环境、城镇管理等。三是三级指标，即对二级指标细化而成的指标，这些指标要尽可能体现所对应二级指标的各个方面。四是四级指标，是指在充分考虑指标的代表性、数据的可获取性及计算上的可操作性基础上而选取的具体指标，这些指标是对新型城镇化全面系统的量化描述，是构成指标体系最基本的要素。

第三，评价体系的有效运用。一是评价体系的发布。从现在来看，急需加快评价体系的制定和发布，以使新型城镇化建设得到更加科学的引导。同时，评价体系只有在实际运用中不断加以完善，才能发挥其服务于城镇化建设的真正作用。评价体系发布，可先进行试点应用，然后逐步推向全国。评价体系发布，要充分考虑不同地区间的发展实际，有针对性地进行调整，既使核心评价项目保持一致，又能够对不同地区作出更合理的评估。二是评价体系的群众评价。新型城镇化是以人为核心的城镇化，如果缺少群众的认可，那就偏离了根本目标。因此，在评价体系的运用过程中，应当积极保持与群众的互动，畅通意见反馈渠道、搭建有效的信息收集平台，利用群众的评价意见和建议，对新型城镇化评价体系的运用效果加以考量，并及时发现、修正评价体系中的不足。三是评价体系的评价监督。全面、准确、科学是构建新型城镇化评价体系的首要目标。然而，在具体评价过程中，一些测量信息可能因为数据“表现欠佳”而被刻意隐瞒，甚至被随意篡改、粉饰。这就需要及时引入城镇居民、新闻媒体，与上级政府形成三位一体的监督体系，以提高评价体系的透明度。城镇居民的监督具有随机性、灵活性和广泛性的特点，但在通常情况下，其监督力量过于分散，难以形成合力，加上没有足够通畅的渠道来表达，就会导致无法形成直接而有效的监督。因此，要注意解决群众“不想言”、“不敢言”、“不会言”的问题。相比城镇居民，新闻媒体不仅拥有多种渠道，并且能够利用公共资源发布信息，在短期内更能引起社会的巨大反响。新闻媒体对评价体系的监督，涉及多方利益，甚至事关当地政府的工作绩效，因而容易受到外界力量的阻挠和干扰，必须健全保障新闻媒体监督权的机制。上级政府作为内部监督体系的主要组成部分，具有更强的强制力和执行力。上级部门要充分利用自身的监督优势，保持对整个评价体系实施过程中的全方位监督，并对各指标的评价结果进行仔细核查，对评价体系的实施情况也要建立一系列内容全面、方法科学、结果公正的评议考核制度。四是评价成果的运用。构建评价体系的目的是支持和指导城镇化健康发展。城镇化是一个老话题，而新型城镇化却是一个新诠释，更需要在全新的发展观念引导下集思广益，寻求新的发展路径。评价结果的发布不仅能够吸引全社会关注，更重要的是可以促使更多人才和有识之士参与到实践中来；评价成果有助于全面了解并深刻认识城镇化发展所处的阶段与发展态势。从表面上看，评价成果也许就是一个个数值，然而，这些数值的背后却反映出城镇化建设“质”与“量”的方方面面。利用评价结果，不仅可以对城镇化水平进行全面评定，还可以对每一项指标所代表的具体工作进行深入分析，既可以找到值得继续坚持、加以复制的成功经验，又可以直观地发现薄弱环节和存在的问题；评价成果有助于为战略的修订提供有价值的参考依据。新型城镇化建设既需要顶层设计，也需要“摸着石头过河”，这就需要我们利用评价成果，更准确地找到存在的问题，从而对症下药，有针对性地解决问题，进一步提高城镇化效率和质量。

4. 切实加强法治保障

新型城镇化规模之宏大、矛盾之复杂前所未有，只有将其纳入法治轨道，才能切实保障其顺利推进，如期实现既定目标。

第一，法治保障的基本要求。一是全过程保障。新型城镇化实质上是人的城镇化，法治保障必须贯穿于城镇化的全过程。就是说，只要新型城镇化不断发展，法治保障就要不断强化。同时，以人为本的法治保障要体现在立法、执法、司法、法律服务、普法和监督等全过程。二是全方位保障。以人为本体现在新型城镇化的方方面面，涉及所有领域。这就要求法治保障必须以服务广大群众为宗旨，以构建社会主义和谐社会为目标，以经济建设为中心，按照依法治国基本方略的要求，全面推进新型城镇化过程中经济、政治、文化、社会和生态文明建设的法治化，从而全面保障人民物质生活水平和精神文明水平不断得到提高。三是公平公正保障。坚持以人为本实施法治保障，必须体现公平公正原则，绝不能只保障少数人的权益，而损害人民群众的根本利益。立法过程中要注重不同利益群体尤其是农民、农民工群体的诉求，充分听取他们的意见，使法治保障在源头就体现公正公平原则。要坚持从群众中来、到群众中去，实行民主立法、开门立法，充分发扬民主。同时，要自觉接受人民群众的监督。

第二，法治保障的目标任务。一是经济建设的法治保障。市场经济法治化，既能有效地保障市场对资源配置的决定性作用，又能规范政府管理经济的行为，对于推进经济持续健康发展具有重要的作用。要特别注意按照我国社会主义基本经济制度的要求，切实保障多种所有制经济成分共同发展。二是政治建设的法治保障。社会经济发展到一定阶段，公民的法治意识会逐步提升，并开始表达自我的政治诉求。新型城镇化法治保障，就是要积极创造条件让人民群众广泛参与管理，切实保障公民所享有的权利。三是文化建设的法治保障。新型城镇化不仅涉及诸如城市建设等“有形”业绩的发展，还涉及无形文化的发展，不仅涉及现代文化的发展，还涉及历史文化的保护和继承。文化建设的法治保障，就是实现对健康文化发展和对历史文化传承的保障。四是社会建设的法治保障。城镇化是社会结构的根本性变化，由传统的农村结构为主体的社会，转变成以现代城镇为主体的社会。处理好城镇中各个阶层、各个群体之间的关系，已成为迫切需要解决的新课题。城镇的规模扩大和城镇化水平的提升，都需要加强和改进城镇管理和社会管理。而要改善这些方面的管理，最基础的是加强法治建设，提高法治保障程度和水平。五是生态文明建设的法治保障。在生态文明建设中，宏观和微观的矛盾、眼前和长远的矛盾尤为突出。在这种情况下，只靠讲道理是不能解决问题的，必须建立和使用强制性手段，使只顾微观利益而损害宏观利益者和只顾眼前利益而损害长远利益者，得到法治手段的制止和惩治。

第三，法治保障的主要措施。一是树立法治思维。知法、懂法、用法、守法是法治思维最基本的要求，各类主体，特别是政府，必须以这样的法治思维来推进新型城镇化。要通过一系列实践活动，牢固树立法治权威，同时使法治思维“内化”为自觉遵守的价值目标，使政府做到“依法行政”，使居民能够“以法律己”。二是全面深化改革。在现实生活中，制度体系的建立和完善不可能一劳永逸，也不可能一成不变，随着环境及条件的变化，制度体系也要不断完善。面对新型城镇化的新形势、新要求和新问题，必须通过改革消除既得利益障碍，打破原有制度壁垒，完善和创新法治体系。三是强化法治保障的宣传教育。法治宣传要更讲实效。目前，就事论事地解决具体问题比较少，脱离实际喊口号式的宣传比较多，结合实际的法治宣传教育比较少。要善于通过正反两方面的典型案例，进行生动鲜活的法治教育。要拓宽法治保障宣传的途径，更好地利用各种媒体，创造更多宣传形式，使法治宣传更为群众喜闻乐见，更能深入人心。四是加强理论研究。理论研究的出发点和目标都是为了推动新型城镇化法治建设不断完善。紧扣时代的发展脉搏，紧密围绕新型城镇化发展过程中涌现出的新需求，才能确保理论研究成果具有现实意义。对研究课题应该做出合理的统筹规划，找准理论研究的着力点，避免因“胡子眉毛一把抓”而失去研究方向。

第三节
对生态文明建设的拉动作用

生态文明是相对于物质文明、政治文明和精神文明而独立存在的一种文明形式。生态文明建设是指人类在物质文明建设中保护和改善生态环境的过程。这一过程，不仅涉及本国的经济、政治、文化和社会等各个领域，而且涉及到与世界各国相关领域的合作和交流。因此，必须充分发挥三驾马车拉动的作用，建立健全生态文明建设的市场体系、法律体系和管理体制。

一、拉动生态文明市场体系创建

经过二百多年的工业革命，人类物质文明建设发生了翻天覆地的变化，但人类赖以生存的生态环境却遭到了破坏性甚至毁灭性打击，以高消耗、高排放、高污染为特征的环境恶化已经成为人类发展的最大桎梏，以环境污染危机、能源资源危机、极端异常气候变化为标志的生存危机已经成为人类面临的巨大挑战。

在如此严峻形势和巨大挑战面前，只有通过扩大开放、深化改革、强化管理，建立起面向世界的统一开放竞争有序的市场体系，才能促进自然资源和生态要素在更大范围和更深层次上的市场化配置，才能联结世界各国保护和改善生态环境的力量，从而才能有力有效地应对生态环境危机和协同推动生态文明建设。

生态文明建设是一项世界性的系统工程，需要世界各国联合行动、共同努力。但是，各个国家应该首先从自身做起，着力推进本国的生态文明建设。中共十八大和十八届三中全会，对我国的生态文明建设作出了全面部署，尤其是对建立统一开放竞争有序的市场体系提出了明确要求。现在看，通过开放、改革、管理这三驾马车拉动，建立面向世界统一开放竞争有序的生态文明市场体系，已经摆到了中国生态文明建设的突出位置。

1. 建立自然资源资产市场机制

自然资源资产是生态文明建设的基本要素，只有使这些要素进入市场，才能发挥市场机制对其配置的决定性作用。长期以来，我国自然资源资产一直由政府控制和审批，即使实行招拍挂制度以来，也时常发生暗箱操作现象，这不仅造成了“急需资源的拿不到、拿到资源的用不起来”的错配问题，也导致“用得好的缺乏资源、用不好的资源充足”的浪费问题。要从根本上解决这些问题，一方面需要在源头上解决归属问题，对水流、森林、草原、荒地、滩涂等自然生态空间进行确权登记，形成归属清晰、权责明确、监管有效的自然资源资产产权制度。另一方面需要建立分级分类自然资源资产管理公司，清晰明确其所有权人职责。这就要求建立健全有偿使用制度，尤其是建立全国统一开放的自然资源资产市场，让市场形成自然资源价格。同时，需要政府建立健全监管制度，严格进行市场监管，防止和避免暗箱操作。

2. 完善以新技术为核心的技术交易市场

全球金融危机之后，世界正在孕育一场以信息技术、生物技术、新材料技术、新环保技术为核心的新科技革命。这场革命将会极大地改变人类的生存方式、生活方式，尤其是发展方式和社会管理方式，也会对生态文明建设起到重大的推进作用。能不能抓住用好新科技革命的机遇，关键在于能不能建立完善以新技术为核心的技术交易市场。从中国现实需要看，建立完善以新技术为核心的技术交易市场，应在四个方面下功夫。一是建立完善新能源开发和利用市场，利用市场机制扩大交流与合作，积极引进先进技术，为新能源发展提供技术支撑。二是建立完善节能减排新技术和新产品市场，广泛吸收发达国家最新科技成果，着力推进自主创新，为节能减排提供新技术和新产品，提高节能减排效率和质量。三是建立完善生态服务市场，积极促进绿色商贸服务业、绿色物流服务业和绿色旅游业发展，为生态文明建设提供广阔平台。四是建立完善生物工程市场，着力扩大生物医药产业、生物制造业、生物能源、生物技术交流与合作，为提高人民健康水平、缓解对矿物资源的过度依赖、改善环境质量奠定基础。

3. 建立生态修复和建设、环境治理和生态管理市场

生态修复和建设是生态文明建设的基础，环境治理和生态管理是生态文明建设的关键。建立完善生态修复和建设、环境治理和生态管理市场则是这一基础和关键的重要保障。一是要以环境污染损害责任终身追究制为前提，以资源有偿使用、环境污染付费、生态破坏付费为原则，把废弃矿山、污染水域、棕色地块等生态修复和建设推向市场，让市场机制发挥在修复和建设中的作用。二是积极发展环境治理和生态管理市场。这不仅有利于培养专业化、集团化、国际化的污染治理企业，而且有利于推进生态市场的分工协作和协同创新。这种市场机制在西方发达国家已经实行多年，我国应该结合国情学习借鉴和改造利用。三是探索建立生态补偿市场和生态指标市场。与生态修复和建设、环境治理和生态管理市场相匹配，建立生态补偿市场和生态指标市场非常必要。这是因为，只有实现生态补偿与生态指标的定量化和可兑现，才能真正形成生态建设市场。这就需要制定生态补偿和生态指标市场交易规则，发行这方面的有价证券，推进形成生态补偿和生态指标市场化。

4. 构建排放（污）权交易市场

1997 年通过的《京都协议书》，已把碳交易市场确定为世界性的减排工具。在此之后，各国已经或正在构建自己的碳交易市场，先行国家已创造出不少成功做法。2011 年 11 月，我国在北京召开了碳排放交易试点工作启动会议，决定在北京、上海、天津、重庆、广东和湖北等地先行先试。同时，确定在 2013 年全面启动碳排放交易。目前，应当抓紧总结试点省市经验，全面分析面临的形势和任务，尽快制定和组织实施排放权交易市场方案。

5. 健全生态知识产权市场

近年来，我国生态知识创新大量涌现，生态知识产权保护不断加强，但是，生态知识产权市场建设却严重滞后。这不仅造成了生态知识创新的浪费，而且也影响了与国际社会的交流合作，迫切需要建立完善生态知识产权市场。一是要积极挖掘中华民族传统生态思想精华和寓于群众中的生态文明知识，调动各个方面的积极性，齐心协力推进生态文明知识创新。二是要扩大对外交流与合作，积极引进国际先进生态环保技术。三是要引导企业深化改革，创立新的知识产权使用模式，向市场提供更好更多的生态产品和服务。四是要着力解决保护不到位和市场开放不到位问题。加强生态知识产权保护、放开生态知识产权市场，让市场充分发挥配置生态知识产权的决定性作用。

6. 建立生态金融市场

在我国生态环境不断恶化、生态治理任务异常繁重的情况下，推进生态文明建设是要花大本钱的。前些年，生态治理之所以进展缓慢，一个重要原因就是缺乏治理资金。今后，要加大生态文明建设投入，就必须大力发展生态金融市场。一是要通过国家出资和发行生态债券等手段，建立国家生态文明建设主权基金，并组建若干个国有经济控股的自然资源和生态资源管理公司，由其承担国家生态基础设施和生态安全保障体系建设任务。二是要注重建立以综合型“生态交易所”为主体，以专业化生态要素交易所为支撑的生态金融要素市场体系。三是要抓紧选择龙头型、科技型、专业型生态企业和环保企业，着力培育和支持它们尽快上市，争取筹集更多资金用于生态建设。四是要尽快放宽市场准入，积极发展混合所有制企业，努力盘活生态资产存量，切实搞活生态建设市场。

二、拉动生态文明法治体系建设

建立统一开放竞争有序的生态文明市场体系，关键在于健全与生态文明市场体系相适应的法律体系。如果不尽快完善法律体系，不仅市场体系建设得不到保障，而且也会制约管理体制的创新。因此，应该把法律体系建设放在生态文明建设重中之重的位置。

经过多年的不懈努力，我国生态文明法治建设取得了很大成绩。这主要表现在：现行宪法已明确保护环境和保护自然资源的内容；《民法通则》、《刑法》等基本法，对合理利用自然资源、防止污染及违反国家保护环境法律处罚等作出了许多规定；专门法立法成果丰硕，从1979年公布《环境保护法（试行）》至今，先后制定和修订了《环境保护法》等近30部环境资源类法律，制定了《噪声污染防治条例》、《自然保护区条例》等30多件环境保护行政法规，并出台了50余件与环境和资源相关的行政法规，660余项地方性法规、部门规章和政府规章，800多项国家标准。在国际立法方面，我国缔结或参加了《联合国气候变化框架条约》和《京都议定书》等30多项国际环境与资源保护条约，并积极履行所承担的条约义务。上述这些法律法规在生态保护和环境治理上都发挥了重要作用。但是，我国生态文明建设的法律体系仍不健全，已有法律法规的实施也不到位。一是有些法律缺乏应有力度，原则性要求多，可操性规定少。二是由于部门之间扯皮等原因，部分法律条款作了模糊处理，导致某些法律规定成为无大错亦无大用的“豆腐法”。三是体制机制与法治建设相脱节，致使法律实效大打折扣。四是有些重要领域无法可依，在环境技术规范和标准体系上，还存在许多空白。

目前来看，加快建立和完善生态文明建设法律体系，需要着重在以下几个方面下功夫。

1. 根据生态文明建设需求，加快母法和相关法律的立法步伐

长期以来，我国《环境保护法》的基本法地位缺失，致使环境资源立法群龙无首。《环境保护法》主要是针对环境污染治理而制定的，对资源节约尤其是生态保护的规定微乎其微，加上其立法主体与《大气污染防治法》等单行法都是全国人大常委会这一主体，致使《环境保护法》难以作为母法统领和指导其他立法。这就需要根据生态文明建设要求，统一立法理念、明确立法目标、统筹立法内容，科学构建生态文明建设立法体系。

第一，尽快统一立法理念。对生态文明建设的认识程度和所摆位置不同，立法理念、立法目标和立法内容就会不同。过去，我国只是关注生态文明建设中的环境治理特别是污染防治问题，因而在立法中也只注重解决这些问题。中共十八大从建设“美丽中国”的需要出发，将生态文明建设摆到了与经济、政治、文化和社会建设同等重要的位置，并特别强调其极端重要性。我们应该按照这些要求，尽快统一立法理念，使之与生态文明建设要求相适应。

第二，统一和明确立法目标。统一立法理念的目的是统一立法目标，只有将立法理念统一到生态文明建设上来，才能把立法目标集中到生态文明立法上来。因此，在统一理念基础上，应及时明确立法目标，这一目标应是与立法理念相一致的生态文明建设立法。具体来说，就是要通过调整、补充和完善等手段，使只注重污染防治而起不到保障生态文明建设的《环境保护法》转换为《生态法》，并赋予《生态法》基本法地位，使其成为名符其实的母法，充分发挥其统领和指导其他立法的作用。同时，鉴于生态文明建设的重要地位和其在经济、政治、文化、社会建设中的重大作用，应该将生态文明理念纳入宪法之中，确立其与物质文明、政治文明和精神文明相同的宪法地位。

第三，相应统一立法内容。保证立法目标实现，必须相应统一立法内容。否则，确立的立法目标就难以落到实处。这就需要按照与应该制定的《生态法》这一母法相匹配原则，修订相关法律法规和制定新的法律。比如，在由《环境保护法》向《生态法》转换中，就需要按照与《生态法》相匹配原则，修订宪法规定的相关内容。尽管宪法确立了资源环境保护是国家的一项基本职责，但其措辞比较模糊；在其规定的公民的基本权利和义务中，也没有明确规定公民享受良好生态环境权利和保护环境义务等环境权的内容，而环境权恰恰正是当代社会公民极力追求的一种新型基本人权，也恰恰正是宪法这一国家根本大法应该体现的基本原则。

2. 按照生态文明建设母法要求，理顺各项法律法规之间的关系

现行《环境保护法》与其他相关环境和资源法律之间，明显存在关系

不明确、不统一、不协调等问题。环境法应该分为环境基本法和环境一般法。环境基本法应由全国人民代表大会制定，在其效力等级上次于宪法而又高于环境一般法。也就是说，环境基本法是一般环境保护法律、法规、规章等下位法的依据。《环境保护法》作为我国改革开放之后制定的一部环境保护法律，无论是从当初的立法目的，还是与其他相关法律法规的关系看，都应具有环境基本法的法律地位，但实际上由于其内在缺陷却难以起到基本法“承上启下”的作用。这既是上文讲到的制定《生态法》的理由，也是这里讲的理顺各项法律法规关系的依据。

从现状来看，各种资源法规与环境法规也存在诸多不统一、不协调甚至相互矛盾的问题，有必要在建设“美丽中国”理念的指导下，按照与生态文明建设母法相匹配的要求进行修订，使其相互协调和统一起来，以提高生态文明建设基本法和一般法的法律效力。同时，还应该统一和协调生态文明建设法律法规与刑法、民法、经济法以及行政法等其他相关领域法律法规的关系，以利于生态文明建设法律效力的充分发挥。

3. 针对现实生活中的执法难问题，强化法律法规的可操作性

近些年来，环境事件和环境纠纷执法难问题，已经成为一个普遍存在而又非常棘手的突出问题。究其原因，除了其他因素影响外，法律法规本身的可操作性差是一个极为重要的影响因素。

现行资源环境方面的法律法规，大多存在着原则性规定多、具体行为规范和处罚量度少或宽泛的问题，直接影响了法律法规的有效实施。比如，在环境法律责任认定上，虽然对违反环境法的行为结果应承担诸如行政责任、民事责任、刑事责任作了规定，但具体责任内容界定以及应该承担什么样或多大责任都没有明确的规定，这不仅直接影响了及时准确地依法处理环境纠纷或环境事件，而且也导致了各地环境执法部门或行政主管部门在处罚上的不一致。这正是许多环境纠纷或事件不能圆满解决甚至引发新的矛盾的主要原因。因此，必须从提高法律法规可操作性角度出发，认真研究和修订现行相关法律法规，以解决执法中存在的无法可依尤其是无据可判的问题。

三、拉动生态文明管理体制创新

生态文明建设管理体制，一头连着生态文明建设市场体系，一头连着生态文明建设法律体系。如果生态文明建设管理体制转型转不好，与之相连的两大体系建设就落不到实处。因此，当务之急是创新生态文明建设管理体制，使其与生态文明建设市场体系和法律体系匹配起来。

1. 建立健全生态文明建设决策体系

长期以来，我国生态文明建设决策缺乏系统性和长远性，既没有制定顶层设计，又没有健全统筹协调机制，更为突出的是部门职责分工交叉、权力与责任不匹配。具体表现在：水质与水量管理分离，地上与地下水污染防治不统一，生态保护按要素分散在诸多部门，陆上和海上环保相分割，温室气体与二氧化硫、氮氧化合物等污染物减排分开管理，等等。这不仅加重了管理对象的负担，而且浪费了有限的行政资源。

在实践中，重经济轻生态的现象尤为突出。一是环保部门与经济部门缺乏衔接甚至相互脱节，致使环境与发展成为“两张皮”，导致许多地方经济发展方式粗放，甚至以牺牲资源环境为代价来发展经济。二是环境政策的设计、执行和实施尚未真正有效纳入到经济社会发展决策之中，难以从根源上解决环境与发展的矛盾，许多环境问题甚至是由不恰当的经济政策引发的。三是公众参与生态文明建设的机制尚未建立，我国公众参与生态文明建设程度低、领域窄，对政府环境决策参与更是微乎其微。究其原因，主要是公众参与缺乏相应的制度保障，参与程序、途径、方式不明确。四是由于制度设计上的缺陷，导致环保非政府组织不能发挥其应有的作用，从而使其对政府权力的制约大打折扣。

建立科学、民主、高效的决策机制，必须针对上述问题，注重生态文明建设与经济、政治、文化、社会等领域建设密切结合，特别要充分发挥人民群众的作用。

第一，注重建立健全决策机制。一是要从全局高度通盘谋划重大政策，切实把生态文明建设要求融入各方面和全过程，不能就生态文明建设论生态文明的建设，更不能使生态文明建设与经济、政治、文化和社会建设脱节。二是要对生态文明建设中的重大项目尤其是突出问题进行重点研究论证，特别是要做好实地调研，力求拿到第一手资料，并有的放矢地提出意见。三是要充分听取各方意见，中央政府在制定宏观经济政策时，应该吸收资源、环保、生态部门和其他有关部门共同参与，确保国家经济发展总体战略、规划和政策充分考虑生态环境因素。在制定生态文明政策时，也应吸收经济部门特别是人大、政协和地方政府参与，使其充分反映人民群众和社会各界的意见，使地方政府能够充分表达自己的利益诉求。同时，应组建跨学科的研究队伍，进行环境经济政策研究，为政策制定提供咨询服务。由此形成一个多方参与的环境与发展政策制定机制，提高决策的科学性。四是要建立科学决策程序和工作流程，提高决策质量和效率。

第二，奠定决策机制的环境评价基础。一是要明确环境评价重点，依法开展环境评价。规划环境评价的重点应放在高能耗、高污染的重点行业、产业园区、重点城市以及水电基地等方面。同时，应尽快修订《环境影响评价法》，扩大环境评价范围，搞好对法律法规、宏观经济政策、规范性文件的环境评价。二是要改革评价方式，细化规划环境评价程序和要求，完善分类管理、规范过程管理；建立规划环境评价和项目环境评价的联动机制，把区域和产业规划环境评价作为受理审批区域内项目环境评价文件的重要依据。同时，应尽快下放项目环境评价审批权和审批责任，完善新建项目审批与污染减排相衔接的管理模式。三是要充实完善环境评价机构，把环境评价机构与审批部门分离脱钩，建立真正具有独立法律地位的环境评价机构，并明确参与环境评价项目专家的准入门槛和责任制度。四是要明确界定环境评价各方责任，加大对违法行为的处罚力度。

第三，建立完善公众参与机制。保障公民生态权力，扩展公众生态参与，是建立科学、民主、高效决策制度的基础，也是搞好生态文明建设的前提，必须充分尊重公民权利，调动公民参与生态文明建设积极性，使广大群众参与到生态文明建设的行列之中。一是要发展农村和社区生态自主，探索建立生态协商制度，使广大居民积极主动地参与生态文明建设。二是要通过建章立制落实公民的生态权利，既要保障公民对生态资产所有权的知情权，又要保障生态决策参与权、协商权和建议权，还要保障公民的生态损害投诉权和索赔权。三是要加强生态宣传教育，普及生态知识，不断提高公民参与生态建设的水平。

2. 将生态文明建设纳入经济社会目标体系和综合评价体系

改革开放以来，我国陆续采用了一系列经济社会发展指标，但现有指标过于偏重经济总量和增长速度，既不能全面反映经济增长的全部社会成本以及为此付出的资源环境代价，又不能全面反映经济增长的效率、效益和质量。因此，必须大力强化生态文明建设内容，建立健全充分体现生态文明建设要求的经济社会发展指标体系，努力把生态文明建设融入经济建设、政治建设、文化建设、社会建设各方面和全过程，实现经济效益、社会效益、环境效益的有机统一。①

经济社会目标体系建设，要突出经济发展方式转变、资源节约利用、生态环境保护、生态文明制度、生态文化和生态人居等内容，并要建立有利于促进绿色低碳循环发展的国民经济核算体系，以及体现自然资源生态环境价值的资源环境统计制度和编制自然资源资产负债表。②

经济社会综合评价体系，应细化列入以下内容。一是反映资源节约、环境友好建设情况的指标。主要包括政府环保投入占财政支出的比例，全社会环保投入占国内生产总值的比例，生态效率（单位能源、水资源消耗创造的国内生产总值）、污染排放强度（单位国内生产总值主要污染物排放量）等指标。二是反映节能减排进展情况的约束性指标。主要包括非化石能源占一次能源消费比重，单位国内生产总值能源消耗降低，单位国内生产总值二氧化碳排放降低以及化学需氧量、二氧化硫、氨氮、氮氧化物

---

① 《把资源消耗、环境损害、生态效益纳入经济社会发展评价体系》，人民网，2012 年 12 月 18 日。

② 《生态文明决策制度》，载《共产党员》2013 年第 23 期，第 30—31 页。

排放总量减少等指标。三是生态环境和资源状况的指标。包括地表水国控断面劣Ⅴ类水质的比例、国控断面水质好于Ⅲ类的比例、地级以上城市空气质量达到二级标准以上的比例、森林覆盖率、森林蓄积量等。四是反映解决突出环境问题情况的指标。主要包括重金属污染物排放削减或控制水平、城镇生活污水处理率、城市生活垃圾无害化处理率、工业固体废物综合利用率、重点行业二噁英排放强度、重特大环境事件发生件数等。五是反映公众参与环保和社会满意度指标。①

3. 建立健全有利于推进生态文明建设的政绩考核体系

我国现行的干部考核制度很不适应生态文明建设的要求，这既表现在干部选拔和任用以票取人、以分取人，甚至任人唯亲、买官卖官等方面，又表现在上面讲到的目标体系和评价体系偏重经济发展指标、弱化生态文明建设指标等方面。这种重经济发展轻生态建设的目标和评价体系，已经严重阻碍了资源节约、环境友好型社会建设，迫切需要重新构建政绩考核制度。

对于干部政绩的考核，中共中央组织部已下发《关于改进地方党政领导班子和领导干部政绩考核工作的通知》。现在来看，需要在此基础上抓紧建立健全涵盖以下内容的生态文明考核制度。一是要针对考核指标重经济轻环境的问题，大幅提高生态环境指标在考核指标体系中的权重，尤其是要加大资源节约、污染治理等指标的比重。二是要根据不同区域、不同行业、不同层次的特点，设置各有侧重、各具特色的考核指标。要按照国家颁布的主体功能区规划，选择确定不同的考核指标，实行差别化考核。对限制开发的农产品主产区和重点生态功能区，分别实行农业优先和生态保护优先的绩效评价，不考核地区生产总值和工业等指标；对禁止开发区域和重点生态功能区，主要考核生态文明指标，特别是自然文化资源原真性和完整性保护情

---

① 《把资源消耗、环境损害、生态效益纳入经济社会发展评价体系》，人民网，2012 年 12 月 18 日。

况。[①] 三是要建立生态环境损害责任追究制度，对造成生态环境损害的责任者严格实行赔偿制度，依法追究刑事责任。[②] 同时，对领导干部进行自然资源资产离任审计，并严格实行责任追究。四是要将反映生态文明建设水平和环境保护成效的指标，纳入地方领导干部政绩考核评价体系，既看发展成果，又看发展成本和代价；既注重考核现实政绩，又注重考核打基础、利长远的潜绩；既考核尽力而为，又考核量力而行，全面历史辩证地进行评价。五是要实行考核评价与干部任免和奖惩挂钩政策，把考核评价结果作为干部选拔和任用的重要依据，[③] 对造成生态环境严重破坏的，要视情节轻重，分别给予相应处分，对情节特别严重的要追究刑事责任。

4. 建立健全生态文明建设监管体系

从目前来看，我国的监管制度极不适应生态文明建设需要。最为突出的问题是监管力量分散，监管效率低下。由于监管职能分布在众多部门和单位，执法主体和检测力量分散，导致政出多门、轮番折腾而又效率极其低下。针对这些问题，最近几年开始探索建立部门联席会议和联合检查制度，但由于未触动原有管理体制而不能从根本上解决存在的矛盾。这就必然要求寻求新的路径和办法。

第一，建立最严格的污染防治监管体制，实行环境污染的全防全控。要对所有污染物以及矿山等点源，农业等面源，工厂等固定源和车、船、飞机等移动源，地下水、海洋、大气、土壤等所有污染介质的污染防治，都实行统一而又严格的监管。

第二，健全完善生态保护监管体制，实行全方位、全过程监管。要坚持边整合边监管的原则，对草原、森林、湿地、海洋、河流等所有自然生态系统，微生动植物、生物物种、生物安全、外来物种、遗传资源等生物

---

① 《中华人民共和国国民经济和社会发展第十二个五年规划纲要》，2011 年 5 月 14 日。

② 《生态文明决策制度》，载《共产党员》2013 年第 23 期，第 30—31 页。

③ 同上。

多样性，以及自然保护区、风景名胜区、森林公园、地质公园、自然遗迹等所有保护区域进行优化整合，并实施严格监管。同时，要抓紧建立统一的安全监管制度，实行全面系统的严格监管，尤其要建立统一的核与辐射安全监管应急响应体系，形成独立、权威的监管体制，确保核与辐射安全万无一失。

第三，着力完善环境执法体制和监测预警机制。完善环境执法体制，主要包括明确环境执法地位和执法主体，整合执法力量和强化执法队伍建设，加强执法职能和责任，严格对执法人员的监督等。同时，要建立对环境执法全过程监察制度和群众监督制度，切实加大对相应部门和地方政府执行国家环境法律法规和政策的监督力度，严厉纠正其执行不到位和对环境保护不当的行为。建立环境监测预警机制，主要应在全面、准确、高效等方面下功夫。具体来说，就是要着力整合地表水、地下水、海洋等环境监测资源，建立健全陆海统筹、天地一体的环境监测预警体制。另外，要建立健全监测预警制度和指标体系，确保监测预警准确、及时，使其真正发挥促进生态文明建设的应有作用。

第六章

三驾马车拉动经济体制转型原理的普适意义

前五章论述了三驾马车拉动经济体制转型原理在中国形成、检验和运用的过程。这一原理对其他国家和国际经济活动，能不能适用并发挥作用呢？本章选择经济全球化、美国开放型经济转型升级、巴西经济社会发展和欧洲一体化四个案例，来研究和回答这一问题。

经济全球化首先是各国相互开放的结果，如果每个国家都实行闭关锁国政策，就不会产生经济全球化。经济全球化已经彰显贸易、生产、资本、科技、金融、规则全球化特征，如果没有开放打头、改革跟上、管理保障，这“六化”就“化”不起来。规则全球化中的“规则”两字，既事关开放、改革的顺利推进，又起着巩固和发展其成果的保障作用，如果没有规则全球化，也就难以保证经济全球化正常运行。

美国开放型经济的转型升级，一直依靠三驾马车拉动。对外开放是其经济转型升级的先导，深化改革是其经济转型升级的钥匙，强化管理是其经济转型升级的保障，如果不根据经济全球化形势变化要求，持续不断地推进开放、改革和管理，美国的开放型经济就不会实现转型升级。

巴西经济的迅速崛起，固然与其资源丰富、幅员辽阔、人口众多等因素密切相关，但更重要的是其注重运用三驾马车拉动经济社会发展。巴西发展模式的重构、工业化的进程、社会的融合与稳定，都依赖于三驾马车的拉动。虽然在拉动过程中，还存在许多不到位甚至偏向拉动问题，但不能因此而否定巴西运用三驾马车拉动经济社会发展取得的重大成就。

欧洲一体化的进程，是在对外开放中不断推进横向联合、在横向联合中不断深化经济改革、在深化改革中不断强化管理保障的过程，尽管在这一过程中还存在诸多难以克服的问题，但若没有三驾马车的拉动，就不会形成具有28个成员国的欧盟，也就不可能呈现欧洲一体化的拓展之势。

第一节
拉动经济全球化

全球化是一个整体性的社会历史变迁进程，其基本特征是：在经济一体化的基础上，在世界范围内产生一种内在的、不可分离的和日益加强的相互联系。[①] 我们通常讲的“经济全球化”，主要是指各国经济活动超越国界，通过对外贸易、资本流动、技术转移、提供服务等要素流动，而形成相互联系、相互依存的全球有机经济整体的过程。经济全球化是当代世界经济的重要特征，也是世界经济发展的主要趋势。

经济全球化与三驾马车有着天然的联系，没有开放、改革、管理，经济全球化就“化”不起来。未来的经济全球化，更加需要三驾马车的正向拉动。

一、拉动经济全球化深入发展

经济全球化与资本主义相伴而生。经过地理大发现的促动，欧洲新兴资产阶级奔走世界各地，使得“过去那种地方的和民族的自给自足和闭关自守状态，被各民族的各方面的互相往来和各方面的互相依赖所代替。物质生产是如此，精神生产也如此”[②]。500 余年来，经济全球化虽有反复，但其总体趋势则呈逐步加速和深化态势。从经济全球化的历史轨迹看，社会生产力的快速发展是其原动力，具体地说就是商品社会的形成和发展、

---

① 俞可平：《论全球化与国家主权》，载《马克思主义与现实》2004 年第 1 期，第 4—21 页。

②《马克思恩格斯选集》第 1 卷，北京：人民出版社 1995 版，第 276 页。

科学技术的进步推动了全球化的深入。然而，生产力的发展尤其是科学技术的进步则是与三驾马车的拉动分不开的。对于经济全球化的发展阶段，许多学者已进行卓有成效的研究，而对经济全球化的拉动力，却很少有人系统研究。在我看来，迄今为止的经济全球化可以分为五个阶段，而每个阶段的拉动力都是开放、改革、管理这三驾马车，各国的全球化也大都是循着“开放打头、改革跟上、管理保障”的实现形式而展开的。

1. 经济全球化的萌芽阶段

这一阶段的主要标志是，15 世纪末的地理大发现和海外扩张。

世界史学者的研究显示，人类真正意义上的世界性商业往来是从 1492 年哥伦布发现美洲大陆开始的。哥伦布等欧洲早期探险家发现新航路，为西欧国家向世界各地扩张提供了必要条件。安德烈·贡德·弗兰克指出，“在 1500 年前后，世界历史发生了一次鲜明的断裂，其原因不仅在于 1492 年和 1498 年欧洲人发现了美洲和通往东方的新航路，而且主要在于由此开始了资本主义在欧洲的发展及其从欧洲向外界的传播”[①]。由于哥伦布发现了美洲大陆，迪亚士和达·伽马等葡萄牙人开辟了抵达亚洲的海上航线，麦哲伦率船队完成了环球航行，才使东西两半球相互隔绝的人类历史画上了句号，并为西欧国家向世界各地的扩张提供了条件，由此才开始了资本主义在欧洲的发展和向外的扩张。欧洲列强大规模的海外殖民扩张活动，不仅加速了资本的原始积累和资本主义生产方式的建立，而且打通了世界各国交往的通道，为经济发展和文化传播的全球化提供了现实条件。

汤因比所说的从草原到海洋的“革命性变革”，不仅拓宽了人类活动的范围，并为经济全球化打下了空间基础，而且刺激了人们向海外开拓的愿望乃至扩张和掠夺的行动。[②] 此后，欧洲殖民者和商人纷纷进入美洲、亚洲和非洲，并以暴力和欺诈手段推动洲际间、国家间贸易活动，恣意开

---

① 【德】安德烈·贡德·弗兰克：《白银资本》，北京：中央编译出版社 2011 年版，第 80 页。

② 刘德斌：《国际关系史》，北京：高等教育出版社 2003 年版，第 38—39 页。

采和掠夺当地的宝贵资源。这种掠夺式的扩张是野蛮的，但却打破了若干国家闭关自守的桎梏，撕开了洲际间、国家间对外开放的口子，推动了商品交换的全球化。与此同时，为了适应商品交换的不断扩大和资本主义生产规模的快速膨胀，一些国家开始启动国家制度建设，尤其着力推进经济体制改革，其经济管理水平也得到相应提高。

中国明朝时期的郑和下西洋，无论是在启动时间上还是在规模上，都要比哥伦布等早期探险早得多、大得多。从公元 1405 年开始，郑和在 28 年间 7 次奉旨率船队远航西洋，从西太平洋穿越印度洋，直达西亚和非洲东海岸，途经 30 多个国家和地区。他们的航行比哥伦布发现美洲大陆早 87 年，比达·伽马早 92 年，比麦哲伦早 114 年。据英国著名历史学家、哈佛大学李约瑟教授估计，1420 年间中国明朝的全部船舶不少于 3800 艘，超过当时欧洲船只的总和。时下的西方学者和专家也都承认，郑和率领的舰队，从时间到规模和实力，都是当时世界其他国家不可比拟的。可惜的是，郑和船队最早启动和最大规模的航行，没有发挥促进国际交流与合作的应有作用，甚至大部分资料也因大明永乐十九年发生的大火而付诸一炬。

2. 经济全球化的启动阶段

这一阶段的主要标志是，18 世纪末至 19 世纪中叶第一次产业革命的发生和资本主义制度的确立。

18 世纪中后期，英国等欧美国家陆续发生了以蒸汽机为动力、以纺织业为主导的产业革命。机器大工业迅速代替了工场手工业，使这些国家的生产能力成几十倍甚至上百倍地提高。由于机器大工业不断创造出狭小的国内市场远不能容纳的大量商品，寻求商品销路就成了向外扩张的强大动力。随着资本主义国家生产能力的迅猛发展和向外扩张的势头迅猛上升，国际贸易随之进入大发展时期，经济全球化得以迅速发展。

在启动经济全球化的过程中，被称为“世界工厂”的英国是当之无愧的先锋。到 19 世纪中叶，英国已有一半以上的工业品需要销往国外，大部分生产原料也依赖国外供应。以棉纺工业为例，当时英国生产的绝大部分棉织品靠在国外市场销售，而所需要的棉花则分别来自美国、印度、巴西、埃及等国家。同时，英国还向世界若干国家输出大量的机械设备。[①]

正是在这一阶段，英国等国开始大规模对外扩张，展开了掠夺之旅。它们既大规模输出商品，又开始注重资本输出，还竭力输出自己的制度和文化。为了适应形势要求，西方国家着力调整自己的产业结构，并开始注重调整和理顺经济制度，实行了一系列经济体制改革措施。期间，西方世界先后涌现出股份制、股票市场、债券市场、票据市场、纸币体系、存款准备金等生产经营工具，东印度公司、西印度公司、中央银行、现代化大学、铁路公司、大帆船贸易、资本主义农场等组织方式也应运而生，有限责任公司、现代司法体系、责任内阁、议会民主等重大制度创新也开始发挥威力。上述变革有的是属于经济体制创新范畴，如股份公司、股票市场、债券市场、票据市场等；有些则属于强化管理保障的内容，如责任内阁、议会民主、现代化的司法体系等；也有些兼具两方面的性质，如中央银行、存款准备金制度等。总的来看，工业革命属于这一时期最重要的社会革命，股份公司属于这一时期最重要的企业制度变革，而全球性资本市场的建立则属于这一时期经济全球化的基本要素。

在这样的背景下，中国、印度等东方国家在为西方国家提供市场、原料的同时，也开始大量购进机器设备，引入国际资金，推进本国经济的发展，进入了被动开放的行列。这些国家虽因利益激励不足而缺乏体制变革动力，但在被动开放过程中，也加大了经济体制改革力度，并采取了许多强化经济管理措施。中国被迫扩大对外贸易，设立通商口岸，建立海关税务司，征收子口税等，均可视为经济体制变革。更加明显的是，为了适应当时形势和加强对外事务管理，满清政府设立总理各国事务衙门，以统一管理新建立的机构。

---

① 【美】戴维·S. 兰德斯：《国富国穷》，北京：新华出版社 2001 年版，第 295—320 页。

3. 经济全球化的加速阶段

这一阶段的主要标志是，19 世纪后半叶至 20 世纪初的第二次产业革命和垄断资本主义制度的形成。

在此期间，西方国家发生了对人类社会发展具有重大影响的三件大事。一是第二次科技革命使人类社会从蒸汽时代进入电气时代，从以纺织工业为主导的轻工业革命进入到以钢铁、石化、电器、机械、汽车为代表的重工业革命，促使生产力取得了前所未有的重大发展。在这一阶段，电车、汽车、铁路、铁质轮船等新的交通运输工具代替了旧的交通工具，电话、无线电、电报成为新的通讯手段，为国际贸易的更大发展提供了新的物质技术基础。二是西方列强凭借科技革命所创造的新武器，在世界范围内进行了大规模殖民扩张，至 20 世纪初，世界领土已被瓜分完毕，“一个完整的军事和政治国际体系延伸到全世界，……地理上的封闭消除了。”[①] 世界上几乎再没有与资本主义和世界市场相隔绝的土地和领域。三是垄断资本主义形成。西方发达国家从自由资本主义发展成为垄断资本主义，使垄断资本在经济生活中占据了统治地位，其触角已伸到世界各地。与掠夺殖民地资源、更大规模输出商品、更快速度投资形式相适应，国际垄断组织和跨国公司迅速涌现。到“一战”之前，英国和法国的国外投资已广泛分布在亚、非、拉、大洋洲等地。资本输出的增加，特别是国外直接投资的扩大，标志着经济全球化进入了一个新阶段，各国之间的经济关系从商品交流的外在联系发展到了生产分工的内在融合。

在这一阶段，欧美国家的经济体制改革和经济管理力度迅速加大，而军事变革成果的迅速推广不仅推动了技术进步，也促进了经济制度的深刻变革。与此同时，西方军事统筹学也被用于企业和社会管理之中，军队的组织系统不断向社会扩散，形成了国家对外开放到军事革新，再到制度与管理创新的路线图。

---

① 【英】巴瑞·博赞：《世界历史的分期与国际体系的演变》，载《史学集刊》2003 年第 1 期，第 1—9 页。

4. 经济全球化的曲折发展阶段

这一阶段的主要标志是，20 世纪初到 80 年代末先后出现的阻扼经济全球化的四个重大事件：一是 1914—1918 年的第一次世界大战。二是 1929—1933 年的世界经济危机。三是 1937—1945 年的第二次世界大战。四是资本主义与社会主义阵营的严重对立。这些事件的出现，不仅破坏了各国、各地区之间的经济交往，而且打乱了经济全球化的秩序。

但是，经济全球化的进程并未因此而停止。由于这些事件的发生，人们认识到战争和对峙只能损害经济发展，阻碍人类社会进步，应该回归经济全球化。在这种认识的影响下，推进经济全球化的一些制度设计应运而生。例如，第二次世界大战结束不久，作为稳定和调节世界经济和国际经济关系的三大国际组织——世界银行、国际货币基金组织和关贸总协定随即建立起来。正是在这一时期，世界上发生了三大可喜变化：一是出现了以微电子、新材料、新能源为代表的新科技革命，为国际经济发展创造了条件。二是西方殖民体系土崩瓦解，亚、非、拉纷纷摆脱殖民统治，建立起自己当家作主的新国家。三是在国际贸易获得空前发展基础上，跨国公司如雨后春笋般地发展起来，国际分工和国际经济关系进入新阶段。

这一阶段，也是三驾马车最为活跃和发挥拉动作用最大的阶段。这主要表现在三个方面：一是对外开放以前所未有的力度拓宽了资本流动的通道，跨国公司得以长足发展。二是经济体制改革不断深化，西方国家的市场经济体制逐步完善，新加坡等新型工业化国家的体制改革持续推进，就连社会主义阵营国家也纷纷开始推进市场化改革。三是经济全球化走向制度化，最具代表性的是世界银行、国际货币基金组织和关贸总协定的组建和运行。三驾马车的合力拉动，不仅大大加快了经济全球化进程，而且为经济全球化的全面推进奠定了良好基础。

5. 经济全球化的全面推进阶段

这一阶段的主要标志是，20 世纪 80 年代末 90 年代初至今的市场经济体制基本得到全面覆盖。

中国自 1978 年启动大规模改革开放，取得了建立社会主义市场经济体制和经济长足发展的重大成就。越南等国家也开始走上以市场为取向的体制转型之路，初步消除了经济全球化的体制障碍，从而使经济全球化进入全面覆盖阶段。与此同时，以微电子、生物工程为标志的科技革命持续发展，诸多国家开始从工业社会向信息社会转变。另外，跨国公司的经营战略发生重大变化，跨国并购的数量和规模均得到长足发展，特别是随着跨国公司的投资和研发中心更大规模的流动，世界经济融合的程度得到空前提高。

正在持续行进的经济全球化，既有值得总结的宝贵经验，也有应该汲取的沉痛教训。其经验表现为三驾马车的正向拉动上，教训则体现在三驾马车的偏向甚至逆向运作上。比如，随着 WTO 等国际经济组织职能、规模的拓展，世界经济运行日益规范化和规则化，促进了人流、物流、资金流和信息流全球畅通。但是，有些国家并非致力于促进这些国际经济组织的发展，而是千方百计争取为其所用，致使这些组织难以公平公正地处理国家间的经济纠纷。在国际经济规则建设上，多数国家希望充分发挥现有规则推动经济全球化的作用，尽快健全完善国际经济规则体系，但仍有一些国家极力维护自己的主导权，甚至另起炉灶、另搞一套，致使许多新的规则难以出台。许多国家正在根据经济全球化发展的要求，深化经济体制改革和推进治理体系现代化，加快与国际规则和惯例接轨，而有些国家却实行双重标准，对自己有利的国际规则极力维护，对自己不利的则大肆干预。同时，随着经济全球化的深入，其负面作用也在显现，各国政策在应对其负面影响中出现更多分歧，经济垄断与贸易保护主义亦风潮再起。

二、经济全球化实践特征彰显拉动作用

随着经济全球化进程的不断加快，经济全球化的特征越来越清晰地显现，表现为贸易全球化、生产全球化、资本全球化、科技全球化、金融全球化、规则全球化。

1. 贸易全球化

贸易全球化指的是随着各国对外开放程度的提高，各国之间商品交换的范围、规模、程度得到普遍增强的过程。贸易全球化极大地提高了人民生活的便利化，例如，现在人们不用跨出国门，甚至不用跨出家门，便可买到东南亚的热带水果、非洲的咖啡和日韩的电子产品。

贸易全球化的特征主要体现在三个方面。一是国际贸易增长率高于世界生产总值增长率。自1995年世贸组织成立以来，世界出口贸易总额从5.16万亿美元增至2011年18.2万亿美元，增幅高达252%；而全球GDP总量从1995年28.01万亿美元增至2011年约70万亿美元，增幅只有150%。二是世界各国贸易依存度日益提高。世界银行公布的数据显示，世界货物贸易进出口总额占GDP的比重，1960年为25.4%，1970年为27.9%，1990年为38.7%，2000年为41.7%，2010年升至49.1%。改革开放以来，中国的贸易依存度提升幅度最大，1985年为23.1%，1990年为30%，2000年为43.9%，2010年为50.57%。三是贸易和投资的多边框架快速发展。世贸组织及区域性多边贸易组织通过各种多边框架约束和规范全球贸易，使得全球货物贸易得以有序进行。这些约束手段的成熟表明，货物贸易全球化进入了一个新的阶段。

三驾马车在贸易全球化发展中扮演着重要作用。通过各国扩大对外开放，为贸易全球化开辟了通道；通过国际间和各国深化改革，协调一致制定了许多国际通行规则，并使之与各国规则相衔接；通过强化管理，使国际之间协同落实全球贸易规则。如果没有开放、改革、管理这三驾马车的合力拉动，贸易全球化就不会形成，更谈不上迅速发展了。

2. 生产全球化

生产全球化是指商品跨国生产的过程，其主要特征是：跨国公司的生产活动遍布世界各地，世界各国之间通过生产分工开展合作，形成国际间不断提高的经济相关度。生产全球化表现为生产要素、生产过程和产品销售全球化。

生产要素全球化，是指跨国公司可以在全球范围内优化配置资源。也就是说，生产所需原材料日益依赖于国际市场的供给，劳动力、工程技术人员和管理人员在国际间流动。例如，一个普通的苹果手机，由美国苹果公司的工程技术人员设计，由中国台湾地区富士康公司的管理人员组织，由中国大陆地区的一线工人生产。

生产过程全球化，即跨国公司到本国之外的国家进行投资，开办新公司或设立子公司，并不断扩大生产和经营的规模，使生产分工日益向国际专业化分工发展。生产过程全球化是衡量生产全球化深度最重要的指标。当前，生产过程全球化已经发展到相当深入的程度。例如，一架波音飞机的所有零部件，由分布在 70 多个国家的 545 家供应商生产。

产品销售全球化，是指生产出来的产品依赖国际市场销售。比如，2013 年，中国生产的 10.8 亿件衬衣和 310 多亿双袜子，在国内市场上的销售额不到 40%，其余 60%以上都是在国外市场销售的。

从生产全球化的特征中，我们会明显看到三驾马车的拉动作用。以其中最活跃因素跨国公司为例，没有各国的对外开放，跨国公司就不能形成，就无法跨入他国国门；没有跨国公司适应跨国生产经营需要而进行的改革，就不能符合国际规则和所跨国家规则的要求；没有跨国公司根据开放和改革要求去创新自己的管理方式，就无法使跨国公司生存并发展起来。

3. 资本全球化

资本全球化是指资本在逐利本性的驱使下，在世界上扩大流动范围和规模的过程。资本全球化的特征突出表现在两个方面：一个方面是全球对外投资的迅速增长。据统计，国际直接投资增长率早已明显高于国际贸易增长率和世界生产总值的增长率。例如，20 世纪 90 年代，全球对外投资年平均增长超过 10%，高于世界贸易年均增长 7%的水平。其中，主要工业国向正在工业化的国家的直接投资大约每年增长 15%，工业国之间的直接投资也以同样的速度在增加。另一方面是国际资本的交叉持股。目前，国际资本交叉持股现象日益普遍，世界上的绝大多数大型跨国公司都具有交叉持股性质。例如，美国的通用公司拥有日本五十铃 34%的股份，美国的福特公司占日本马自达公司 24.5%的股份，日本的三菱公司则拥有美国的洛克菲勒中心 80%的股权。

从资本全球化的两大特征可以看出，资本全球化的进程同样是三驾马车的拉动过程。如果没有各国对外开放的不断拓展尤其是股份制改革和管理的深化，国际直接投资特别是国际资本交叉持股就难以实现。

4. 科技全球化

科技全球化的特征主要表现在：科技活动为世界各国广泛认同，科技活动要素在全球范围内自由流动与合理配置，科技活动的成果全球共享，科技活动的规则与制度环境在全球范围内渐趋一致。

科技全球化具体表现在四个方面。一是科学研究活动日趋全球化。许多研究项目的研究对象超越国界，需要不同国家的不同知识机构的智力、设备、信息互补，更需要由不同国家的科学家互相交流、协作完成。据统计，自 20 世纪 80 年代初以来，包括技术许可、专利和商标出售、技术专家与智力服务在内的技术交易和交流增长约三倍以上，并且通过设备进口而获得技术知识的趋势也在不断增强。二是跨国公司研究开发的全球化程度不断加深。跨国公司海外研发投资占其研发投资总额的比例持续上升。三是企业间策略性技术联盟迅速发展。据统计，20 世纪 80 年代至少产生了 3800 个企业间技术联盟，2000 年增加到 6500 个，2007 年则增至 14700 个。其中，既有发达国家间的联盟，又有发达国家与发展中国家合作设立的联盟，还有发展中国家之间的联盟。四是区域科技合作不断增强。比如，早在 20 世纪 80 年代，欧洲国家为巩固和提高其技术优势，就开始有计划地推动区域科技合作，迄今已推出和实施了七个欧盟研究与技术开发总体规划。

上述科技全球化的主要特征和四个具体表现，都凸显了三驾马车的拉动作用。无论是科技活动的广泛认同、科技要素的全球流动和优化配置、科技成果的全球共享、科技规则和制度环境的全球一致性，还是科研活动、跨国公司研发、企业间策略性技术联盟、区域科技合作的全球化，都离不开三驾马车的拉动。如果缺少开放、改革、管理任何一种手段，这些科技跨国活动都无法展开。

5. 金融全球化

金融全球化的主要特征是，金融业跨国发展，金融活动按全球统一规则运行，同质的金融资产价格趋于一致，巨额国际资本通过金融中心在全球范围内运转。

金融全球化具体表现在四个方面。一是金融机构全球化。1997 年，世界贸易组织成员国签署《金融服务协议》，把允许外国在其境内建立金融服务公司并按竞争原则运行作为加入该组织的重要条件，从而促进了各国金融业务和机构的跨国发展。此后，跨国金融机构快速发展，并更多地采用同业跨国收购或跨部门兼并的方式拓展海外金融市场份额，形成了诸如日本野村证券那样的全球金融超级市场、美国美林公司那样的巨型零售经纪人商店，以及所罗门公司那样的全球证券贸易商行。二是金融业务全球化。主要表现为金融机构在全球范围内调度资金，经营各种业务，并不受国界的限制。三是金融市场全球化。各地区之间的金融市场相互连接，各国金融市场的交易主体和交易工具日趋国际化，各国金融市场的主要金融资产价格和收益率的差距日益缩小，从而促进了主要货币汇率水平的趋同和全球股权市场的一体化。四是金融监管与协调全球化。国际货币基金组织负责调节成员国的国际收支差额，维持汇率的稳定；由国际清算银行发起拟订的《巴塞尔协议》、《有效银行监管的核心原则》等文件，为越来越多的国家所接受，标志着全球统一的金融监管标准趋于形成。

从上述内容可以看出，与贸易、生产、资本、科技全球化一样，金融全球化的所有内容和过程都是三驾马车拉动的，机构全球化、业务全球化、市场全球化、监管与协调全球化都依靠开放、改革、管理的协同行动。没有对外开放，金融机构就无法在他国设立；没有改革的深化，设立的机构就难以按照国际金融规则和驻在国的规则开展业务、开辟市场；没有管理的强化，就不可能有效组织金融机构及其业务、市场的有效运作，也就更谈不到对金融的监管和协调。

6. 规则全球化

规则全球化是指在经济全球化过程中，世界各国为适应国际经济交往不断扩展的需要，逐步形成各国经济规则的趋同，并共同制定和遵守国际经济规则的过程。

规则全球化主要体现在三个方面。一是各国国内经济规则趋同。我国从1992年发布《国务院关于〈企业财务通则〉、〈企业会计准则〉的批复》到2006年颁布《企业会计准则——基本准则》的过程，就是从思想理念到法规条文逐步与国际通行会计准则接轨的过程。二是各国共同参与国际经济规则制定。世贸组织实行协商一致决策方式，全体成员就某一项议题首先展开磋商，每一成员都有机会充分表达自己的意愿，参与国际经济规则的制定。三是各国共同遵守国际经济规则。比如，各国之间的国际支付、结算、汇兑与转移等金融活动，都必须遵守相关国际经济规则，接受国际金融体系的约束。

全球化规则的制定和实施过程，也是依靠三驾马车拉动的过程。各国间的经济交往首先需要各国对外开放，各国交往规则的趋同和国际规则的制定都要通过改革手段实现，国际和国内规则的实施本身就属于管理范畴。

这里需要特别说明的是，经济全球化虽然凸显规则全球化这个特征，但规则全球化中的“规则”，有些是体现公平互利原则的，有些则是很不公平的，这就需要按照公平互利原则加以修改和完善。

从上述经济全球化的六个特征来看，规则全球化既渗透于贸易、生产、资本、科技、金融全球化之中，起着拉动和保障它们运行的重大作用，又独立于五者之外，起着拉动和保障整个经济全球化的全局性作用。

三、正向拉动经济全球化

三驾马车拉动经济全球化，如果正向拉动，就会促进全球经济发展；如果偏向拉动，就会直接影响全球经济发展效果；如果逆向拉动，就会阻碍全球经济发展。实际上，在以往的经济全球化进程中，这三种拉动方向都曾出现过。“二战”期间，德国和日本为实现统治世界之目的，逆向运用三驾马车，对外进行武力扩张，对内适应侵略需要进行战时改革和军事管制。在和平时期的经济正常发展阶段，世界各国主要采取正向拉动方式，而在遭遇经济危机冲击的时候，许多国家就会调整开放、改革和管理措施，采取诸如垄断、倾销和贸易保护等偏向拉动办法，这虽然对维护一国一时的利益能够起到一定作用，但从全球范围和长远角度看，必然影响经济全球化的正向进程。因此，我们研究探讨三驾马车拉动未来经济全球化，应把着眼点和落脚点放在正向拉动上，以期促进全球经济更好更快的发展。

1. 坚持三驾马车正向拉动

对于经济全球化发展趋势，人们的看法很不一致。乐观主义者认为，经济全球化既是人类历史发展的客观进程，又是经济发展的必然趋势，还是增进人们福祉的必由之路。悲观主义者则认为，经济全球化本身是一个不被任何国家或组织操控和掌握的历史进程，不仅会导致世界范围内贫富差距的进一步加大，还会引发世界范围内的生产过剩，从而使各民族国家和地区的经济危机演变成世界范围内的经济危机和社会动荡。①

上述两种观点都有其合理的一面。经济全球化能够通过拉动经济发展，给人们带来更多就业和增加收入机会，这已在其进程中得到证明；经济全球化助推国与国甚至人与人之间的贫富悬殊，也是不争的事实。但是，这绝不意味着应该遏制或者逆转经济全球化。既然经济全球化是人类社会特别是经济发展的必然趋势，也就决定了它的不可逆转性。在此背景下，唯一有效的办法是顺应经济全球化趋势，探求并遵循经济全球化规律，引导和规范其健康发展，这就需要正向运用三驾马车。

三驾马车正向拉动经济全球化，已在以往经济全球化进程中得到体现。一是联合国和世贸组织等机构已制定了若干方面的国际经济规则，尽

① 庞中英：《全球化、反全球化与中国——理解全球化的复杂性与多样性》，上海人民出版社 2002 年版。

管其中有许多有失公平公正的条款，但绝大多数规则是较为公平合理的。二是已经出台的国际经济规则尽管落实不全面、不到位，但基本得到了较好落实，并发挥了一定作用。三是各国的国内规则特别是法律已在相当程度上趋同化，并已与国际规则实现初步接轨。这不仅较好地约束和规范了各国的国际经济行为，发挥了三驾马车拉动经济全球化作用，而且为未来三驾马车正向拉动经济全球化奠定了基础。

2. 建立健全符合公平互利原则的国际经济规则

三驾马车正向拉动经济全球化，基本前提是建立健全符合公平互利原则的国际经济规则。只有建立健全这样的规则，才能有效约束世界各国遵循公平互利原则，也才能使三驾马车按照国际规则正向拉动经济全球化。

第 29 届联合国大会通过的《各国经济权力和义务宪章》，把公平互利原则明确为国际经济关系的基本原则。该《宪章》第二章第十条规定："所有国家在法律上一律平等，并作为国际社会的平等成员，有权充分和有效地参加为解决世界经济、金融和货币问题作出国际决定的过程，并公平分享由此而产生的利益。"换言之，实现公平互利原则的前提是，所有主权国家在相同层面的国际关系中均为平等主体，也就是主权资格必须平等；各主权国家的权力是，有权自主参与国际经济规则的制定和国际经济交往，自主管理涉外经济活动；各主权国家参与国际交往的利益分享原则是，所有主权国家公平分享其参与经济交往活动而产生的利益。

公平互利原则确立于 1974 年，它是广大发展中国家在建立国际经济新秩序的斗争中取得的成果。40 年来，尽管由于某些发达国家的干扰而没有完全落实到位，但它仍然发挥了促进经济全球化正向发展的重大作用。在经济全球化取得重大进展而又遇到严峻挑战的今天，更有必要坚持和完善公平互利原则。

公平互利原则与经济主权原则、全球合作原则、有约必守原则密切相连。在国际经济活动中，经济主权原则是基础，全球合作原则是前提，有约必守原则是保障。在经济全球化过程中，应该将这三个原则协同推进落实。

从目前看，坚持和完善公平互利原则，最根本的是将其体现到国际经济规则的修订和制定中。如果没有充分体现公平互利原则的国际经济规则作基础，就无法保障三驾马车正向拉动经济全球化，也就难以保障各主权国家公平分享参与国际交往活动而产生的利益。从实践情况看，建立体现公平互利原则的国际经济规则对各国都有好处。对于经济实力相当、国际地位差异不大的国家具有巩固和发展经济交往关系的重大作用；对于经济实力悬殊、国际地位差异较大的国家，具有纠正过去不平等关系、增强相互交往的重大意义。

要实现公平互利，就必须根据公平互利原则，建立健全符合公平互利原则的国际经济规则。建立符合公平互利原则的国际经济规则的前提是，所有主权国家平等参与国际经济规则的修订和制定。

在过去的国际经济交往中，许多经济发达国家为了获取自己利益最大化，经常在制定国际经济规则上交互运用两种办法：一种是极力维护本国在修订和制定国际经济规则中的主导权，尽可能使制定的国际规则符合自己利益；另一种是对现行国际经济规则或国际经济法律文件中的某些条款作出有利于本国利益的解释。更多的发展中国家却在修订和制定国际经济规则或规则条文解释中吃了不少不应吃的亏。

要有效解决这些方面的矛盾和问题，迫切需要广大发展中国家更加紧密地团结起来，积极维护自己应有的权益。一是要敢于争得自己应有的话语权和规则制定权。人类社会发展到现代文明的今天，所有国家乃至所有人都应充分享有平等的权益。无论是大国还是小国，无论是强国还是弱国，都理所当然地享有平等权益，都应毫无例外地遵循公平互利原则。因此，发展中国家尤其是弱小国家，都应勇敢站在国际交往舞台上，奋力争得自己应有的话语权和规则制定权。二是要善于维护自己应得的权益。发展中国家应在加强团结的基础上，努力提高争得和维护自身权益的能力，善于运用联合国倡导的经济主权原则、全球合作原则特别是公平互利原则，在国际各种组织乃至各种场合充分讲“理”。同时，需要着力培养和造就一支通晓国际事务和能够娴熟运用国际法律知识处理国际纠纷的专家队伍，确保在修订和制定国际经济规则中担负起应有的责任。三是要根据有约必守原则，强化对既定规则实施的监督，及时发现和处理违反规则行为，并适时采取相应反制措施，保护本国应得的权益。

3. 建立和完善符合本国国情且适应经济全球化要求的经济体制

经济全球化是不可阻挡的历史潮流，任何一个国家既不能回避，又不能脱离，更不能逆转，唯一的办法是顺应这一潮流，努力有所作为。能不能在经济全球化进程中有所作为，除建立健全符合公平互利原则的国际经济规则之外，最根本的是建立和完善符合本国国情且适应经济全球化要求的经济体制。

目前，世界上共有224个主权国家，这些国家的基本国情都不一样。有些国家尤其是发达国家已经建立起较为完善的市场经济体制，有些国家正在由计划经济体制转向市场经济体制，有些国家则处于多种经济体制并行的混合状态。建立符合本国国情且适应经济全球化要求的经济体制，对已经建立较为完善市场经济体制的国家而言，需要根据经济全球化新形势要求，调整和完善三驾马车的布局和拉动力，使自己的经济体制更加适应经济全球化发展要求；对正在进行经济体制转型的国家来说，需要根据本国国情和经济全球化要求，充分发挥三驾马车拉动作用，加快经济体制转型步伐；对处于混合经济体制国家来讲，应该根据本国国情和经济全球化要求，积极而又稳妥地拉动经济体制转型。无论是完善经济体制，还是转换经济体制，都需要依靠开放、改革、管理这三种手段，都应该正确驾驭三驾马车。也就是说，应该积极运用正向拉动方式、放弃和遏制逆向拉动方式、防止和避免偏向拉动方式。

对于正在转型和准备转型的国家，应该切实把握好这样几条原则：一是要从自己国情出发，统筹考虑各相关因素，慎重谋划分阶段转型计划和措施，千万不能脱离本国国情。二是要积极学习和借鉴其他国家经济转型的成功经验，并结合自己国情消化、吸收和改造运用，千万不能照搬其他国家的做法，更不能按照别人的指挥棒运作。三是要采用积极稳妥的运作方式，尤其要充分考虑社会稳定，千万不能不顾民意、不管稳定而硬性推动。

第二节
拉动美国开放型经济转型升级

美国是当今世界头号经济强国。自1910年以来，美国的国民经济总量长期稳居世界第一位。冷战结束以来，美国成为世界唯一超级大国。美国经济之所以如此强大，确实得益于得天独厚的地理位置、极其丰富的自然资源、源源不断的拔尖人才以及日新月异的科技创新等。然而，这些都不是美国发展壮大的根本原因，真正起到决定性作用的因素在于，美国建立了适应生产力发展要求的充满活力的市场经济体制，而这种体制的形成则是运用三驾马车合力拉动的结果。从美国开放型经济的转型升级来看，无疑也是三驾马车拉动的过程和结果。

一、扩大开放拉动转型升级

美国的对外开放，在世界上具有特别独到之处。美国在建国之初就是一个开放型国家，并且建国238年来一直处于对外开放状态。按照美国开放型经济转型升级特点，可将其对外开放过程分为四个阶段。

1. 1900年之前对外开放

研究美国经济的对外开放，不能不提及美国的第一任财政部长亚历山大·汉密尔顿。汉密尔顿对推进美国经济发展尤其是对外开放有着独到的见解，他曾向美国国会提出过四个著名报告，其中包括两个《公共信用报告》、一个《设立国家银行报告》和一个《制造业报告》。他主张通过实施关税保护，鼓励商业和制造业发展，扩大输出，由中央政府出面促进经济发展。同时，政府应该采取各种措施保护制造业中的新建企业及相关产业。[①] 这"四个报告"尤其是《制造业报告》，对此后美国经济发展一直发挥着重要影响。

1860 年之前，美国对外贸易发展缓慢，并长期处于逆差状态。直到南北战争之后，彻底摆脱了对英国、欧洲的依附和依赖，其外贸逆差状态才得以改变，对外贸易才开始呈现加速发展之势。19 世纪最后 30 年，以美国和德国为中心爆发了第二次工业革命，为引进先进技术提供了极好的机会，也极大地推动了美国科学技术独立自主的发展。南北战争之后，美国工业化在各条战线迅猛展开：西进运动大规模进行，强有力地吸引着外国资本；世界经济关系和资本国际化趋势加强，为其大规模吸引外资，加速国内工业化和经济发展创造了有利条件。19 世纪下半期，为适应工业化迅速推进的需要，联邦政府采取了一系列有效措施，进一步敞开国门，广纳移民。19 世纪晚期美国对外开放的实践表明，实行对外开放是适应世界经济发展趋势的要求，是加速发展生产力，实现经济腾飞的必由之路。

从这一阶段美国对外贸易发展的历程可以看出，其基本国策是：在争取国家独立基础上，实施贸易保护，建立国内现代产业基础，不失时机地制定和实施对外扩张战略。其奉行的政策是：要求他国对自己全面无条件地开放，而对他国则有选择、有条件地开放。

2. 1900—1945 年的对外开放

在这段将近半个世纪的时间里，世界基本处于动荡不安状态。在此期间，诸多国家逐步走向落后甚至衰败，而美国却取得了空前发展，并成为这一动荡时期之后的最大赢家。

这一阶段，美国的外贸产品结构发生了重大变化。原材料出口额占总出口额的比重从 1866 年的 70%下降到 1914 年的 40%，制成品和半制成品的出口额比重则从 1866 年的 16%上升到 1914 年的 48%，主要出口商品为

---

① 杨生茂、刘绪贻、邓蜀生：《美国通史》第二卷，北京：人民出版社 2002 年版，第 66 页。

钢铁、木材制品、精炼油、铜制品、小汽车和农业机械等。[①] 从进出口贸易额来看，美国对外开放的效果更为明显。1860 年，美国进出口额分别为 3.54 亿和 3.34 亿美元，进出口额之差是 2000 万美元。到 1920 年，进出口额分别猛增到 52.78 和 82.28 亿美元，出口额已超过进口额 29.5 亿美元。

"一战"之后，各西方主要国家纷纷转向贸易保护主义，关税水平显著提高。1914—1922 年美国平均关税率为 28.3%，1923—1929 年平均关税率提高至 38.2%。1929—1933 年的经济大萧条前夕，各主要工业国为了保护本国经济安全，纷纷实施高关税保护。1930 年，美国在贸易顺差的情况下将平均关税提高到 47%。[②] 20 世纪 30 年代美国高关税政策与世界经济危机紧密相连，在美国关税政策的影响下，世界经济复苏缓慢，贸易保护主义盛行，各国纷纷建立关税壁垒。[③]

关税的提升，尽管在短期内发挥了保护本国市场的作用，但却使出口市场变得极不稳定，从而导致美国进出口贸易总额大幅度下降。1934 年罗斯福政府制定的《互惠贸易协定法》，成为此后美国贸易制度的基础，改变了此前 50 年不断强化的贸易保护主义趋势，逐步使贸易向自由化趋近。[④] 当然，限于形势，美国此阶段的自由贸易化程度是有限的，通过货币贬值、配额等保护本国贸易的效应仍然十分明显。

1939 年，第二次世界大战全面爆发，正常的国际贸易秩序受到严重破坏，美国的对外贸易也遭受重大冲击。在此背景下，美国一方面继续保持

---

① 杨生茂、刘绪贻、邓蜀生：《美国通史》（第四卷），北京：人民出版社 2002 年版，第 26 页。

② 孙玉琴：《大萧条时期美国贸易政策与中美贸易》，载《美国研究》2012 年第 1 期，第 113—123 页。

③ 仇华飞：《20 世纪 30 年代美国关税政策与中美贸易》，载《南京大学学报（哲学社会科学版）》2004 年第 2 期，第 124—131 页。

④ 孙玉琴：《大萧条时期美国贸易政策与中美贸易》，载《美国研究》2012 年第 1 期，第 113—123 页。

着与日本的钢铁、橡胶等产品的贸易往来。另一方面，千方百计扩大对外贸易，并于1941年通过《租借法案》，强化了对英国、法国、苏联和中国的政治经济关系。《租借法案》的实施，不仅因扩大对外开放而使其经济得以恢复，而且为确立其在国际事务中的主导地位奠定了坚实基础。

3. 1945—1987年的对外开放

第二次世界大战结束之后，世界迎来了新一波全球化浪潮。随着世界霸权地位的确立，美国成为对外开放的积极促进者，美国占世界贸易、投资的比重开始与英国相当，并在促进自由贸易方面开始发挥领先作用，世界关税水平进入持续下降时期（除20世纪50年代小幅回升外），跨国贸易迎来了黄金时期，国际贸易体系持续开放。

“二战”之后，西欧和日本经济形势严重恶化，中国仍处于战乱之中，美国为了消化因战争需要而急剧扩大的产能，千方百计扩大对外贸易。当然，在对盟国推进自由贸易的同时，美国还主导推动对社会主义国家实行禁运等贸易保护主义手段，服务于冷战需要。① 20世纪40年代中后期，美国主持召开了布雷顿森林会议，主导制定和实施了包括成立国际货币基金组织和世界银行、出台“马歇尔计划”、签署关贸总协定等一系列政治与经济决策。“马歇尔计划”确定后，美国对西欧出口总额所占的比重1948年为36.3%，1949年为62.7%，1950年为73.2%。② 这一系列有利于美国发展的重大决策的出台，加上其实施战时经济管制而在生产效率、产品质量和管理能力等方面的优势，使得美国对外贸易具备了无与伦比的强大竞争能力，使其经济在战后10余年间得到了迅猛发展。此后，随着其他发达国家的竞争力迅速上升，美国对外贸易的竞争优势相对下降，但其仍然占据对外贸易竞争的绝对优势，并且开始由单一的对外贸易方式转变为外

---

①《美国总统经济顾问委员会文件汇编》，北京：对外经济贸易出版社2005年版，第149页。

② 杨生茂、刘绪贻、邓蜀生：《美国通史》（第六卷），北京：人民出版社2002年版，第33页。

贸和投资相结合的方式，通过资本的扩张特别是生产能力的转移，充分利用了国外资源和市场，大大降低了生产和贸易成本，获取了高额利润。

1958 年前后，随着已有对外开放政策对美国外贸推动力的逐渐削弱，美国外贸增长速度日益减缓。为扭转这一趋势，美国出台《1962 年扩大贸易法》，1964 年以降低关税税率水平、促进贸易发展为目标，适时启动了关贸总协定“肯尼迪回合”谈判。这一系列政策和措施的实施，极大地推动了对外贸易的发展。1967 年美国总统经济顾问委员会的一份报告强调：“美国外贸政策的标志是自由贸易哲学，它有别于具体的各项政策措施。”[①]至 1973 年石油危机爆发前，美国的对外贸易总额已比 1962 年净增两倍以上。

从石油危机至 1987 年期间，美国几乎每年都根据国际市场的变化出台实施新的促进开放的法规和政策，并且在国际贸易形势正常与否情况下都起到了重大作用。20 世纪 70 年代初期，美国执行美元与黄金脱钩的政策，通过达成一系列协议逼迫日元和德国马克升值等，美国制定并实施了《1974 美国贸易法》，从而极大地推进了对外贸易的快速发展。1985 年，里根政府提出“自由和公平贸易”的概念，其贸易政策理念开始从自由贸易、多边主义向强调公平贸易、对等互惠主义转变。这些措施的出台，促进了对外贸易的大发展，美国 1987 年的对外贸易总额比 1974 年的净增幅度超过 200%。

4. 1987 年至今的对外开放

通过对外开放政策的调整，美国的对外贸易不仅保持了较快速度的增长，而且贸易逆差状况也有了较大改善。自 1991 年开始，美国经济进入了一个以高增长、低通胀、低失业率、科技创新加速、劳动生产率持续提高为主要特征的新经济时代。

2008 年，随着新经济泡沫的破灭和次贷危机的爆发，美国经济持续增

---

① 张继民：《战后美国对外贸易政策的演变》，载《特区经济》2007 年第 5 期，第 15—18 页。

长的时代基本结束。此后，美国采取了一系列政策和措施，再次谋求扩大对外开放尤其是通过对外贸易推动其经济持续发展。通过近年来的调整，不仅对外贸易继续保持了增长，而且对外贸易逆差的增长幅度也在下降。

美国对外贸易统计表（1992—2012年）

单位：百万美元（现价）

年份	进口	出口	贸易平衡
1992	656，094	616，882	—39，212
1993	713，174	642，863	—70，311
1994	801，747	703，254	—98，493
1995	890，771	794，387	—96，384
1996	955，667	851，602	—104，065
1997	1，042，726	934，453	—108，273
1998	1，099，314	933，174	—166，140
1999	1，230，764	967，008	—263，755
2000	1，450，119	1，072，782	—377，337
2001	1，370，065	1，007，725	—362，339
2002	1，399，044	980，879	—418，165
2003	1，514，482	1，023，937	—490，545
2004	1，768，622	1，163，724	—604，897
2005	1，996，171	1，288，257	—707，914
2006	2，213，191	1，460，792	—752，399
2007	2，351，925	1，652，859	—699，065
2008	2，542，634	1，840，332	—702，302
2009	1，961，844	1，578，187	—383，657
2010	2，343，847	1，844，468	—499，379

（续表）

年份	进口	出口	贸易平衡
2011	2，669，663	2，112，825	－556，838
2012	2，745，240	2，210，585	－534，656

（数据来源：美国商务部经济分析局网站，http：//www. bea. gov/international/index. htm.）

诸多学者认为，美国现阶段出现的贸易赤字已对美国经济构成严重影响，但仔细分析后，就会感到这种影响并不太大。自1971年以来，在其对外贸易构成中，服务贸易长期保持相对稳定的顺差状态，虽然货物贸易逆差较大，但相当数量是由其跨国公司以及在世界各地的中小投资者完成的，尽管美国进口这些货物需要支付巨额资金，但却消耗了出口国大量的资源。如果再将美元汇率长期下跌的因素考虑进去，仅占美国国内生产总值5%左右的货物贸易赤字不会对其经济和对外贸易发展构成严重影响。这与美国每年所进行的大于外贸数字数十倍的资本交易和海外投资者获取的巨额利润相比，更是微不足道的。

二、深化改革拉动转型升级

美国是一个持续扩大开放的国家，也是一个根据开放需要不断推进经济改革的国家。正是因为持续不断地扩大开放和深化改革，才使其市场经济体制不断得以完善、开放型经济持续转型升级。

美国的改革几乎涵盖所有领域，既包括经济改革，又包括社会改革，还包括政治和文化等领域的改革。在这里，仅选择几个与开放型经济转型升级直接相关且改革力度较大的领域来展开论述。

1. 推动金融管理体制改革

美国金融体制得以逐步完善，主要原因是能够根据形势的变化尤其是开放型经济发展的需要，适时并有针对性地推进改革。以2010年7月奥巴马总统签署《金融监管改革法案》为起点，迄今美国已实施了一系列金融改革措施。

第一，针对金融系统风险，加大监管部门的协调力度并着力强化金融监管。为了解决多头管理、职责不清和监管缺失问题，美国政府成立了由财政部牵头、其他监管机构参与的金融稳定监督委员会。这一机构主要负责识别和回应金融系统的渐现风险，并负责对美联储制定监管规定进行指导。同时，着力调整监管机构，包括撤并或新建许多机构和职位、改变联储银行董事长选举方式并扩大美联储的监管权力等。另外，针对系统性风险，2010 年 7 月正式实施以奥巴马政府经济复苏顾问委员会主席保罗·沃尔克命名的“沃尔克规则”，禁止银行及其分支机构、控股公司从事自营交易、投资，或设立对冲基金、私募股权基金；对系统重要性金融机构的支付、清算和结算建立统一标准，并把政府排在清算首要受偿位置。

第二，填补监管空白和堵塞监管漏洞，着重强化对金融衍生产品的监管。由证券交易委员会和商品期权交易委员会负责监管场外衍生品交易，并加大对衍生品交易和市场参与者监管力度。同时，要求日常衍生品交易在交易所或类似电子交易系统进行，并通过清算所进行清算。另外，还对资本金、保证金、报告、记录保存和行为标准等实行严格标准予以规范。

第三，高度关注市场主体的利益，切实加强对消费者和投资者的保护措施。保护消费者的措施主要包括：在美联储新设相对独立的消费者金融保护局，主要负责制定和执行防范金融市场不公平行为的相关规则，并将其他有关监管机构的相关职能合并过来，专门负责查处侵犯消费者权益的各种行为；设立全国消费者投诉热线；成立金融知识办公室，加强金融教育。保护投资者的措施主要包括：给予股东高管薪酬等不具约束力的投票权；股东可通过代理人提名董事；规定上市企业的薪酬委员会仅限独立董事，并规定独立董事有权雇用薪酬顾问。

第四，竭力维护国际金融霸主地位，紧紧抓住在国际货币基金组织中的主导权。美国在推进国内金融改革的同时，还着力推动国际金融体系的改革。围绕国际货币基金组织的改革，美国与其他相关国家展开了数次博弈。为应对金融危机的冲击，在 2009 年 4 月举行的 G20 峰会上，多数国家同意为国际货币基金组织新借款安排 5000 亿美元，这些资金主要由日本、欧盟、加拿大、瑞士、韩国、澳大利亚、俄罗斯、中国和巴西等国家和地区提供，美国没有提供资金。2010 年 12 月，国际货币基金组织执行董事会同意将借款增加到 5550 亿美元，并确定新增资金由 13 个新兴经济体提供，但这仍然不能解决国际货币基金组织的资金短缺问题。解决问题的根本办法是调整和增加国际货币基金组织的份额，于是 G20 峰会研究同意新增 2500 亿美元的特别提款权，并确定在其会员国中进行分配。增加国际货币基金组织资金有两个办法，一个是出售黄金，另一个是发售债券。美国在反复权衡之后，同意采用发售债券的办法。

美国反复权衡的原因在于，国际货币基金组织成立以来从未发行债券，发行债券对美国具有复杂影响，这尽管有助于改善国际宏观经济的安全，但却会使更多的外汇储备由美元转为国际货币基金组织债券，从而会引发美国国债和机构债券的未来需求下降，增加美国未来债务融资的成本，推动美国利率的提高。国际货币基金组织治理改革是与增加特别提款权直接相关的主要问题，需要根据份额增加重新调整会员国的投票权。2011 年 3 月，这项改革正式生效。在 2008 年改革基础上，IMF 一揽子方案提出将份额增至 7511 亿美元特别提款权，这将使超过 6%的投票权份额转移到发展中国家特别是新兴大国。调整之后，中国、巴西、俄罗斯和印度进入 10 个最大股东之列，中国则成为国际货币基金组织第三大会员国。国际货币基金组织总裁多米尼克·施特劳斯·卡恩就此指出，“这将是基金组织 65 年历史上的一次最根本性的治理改革，也是一次最大规模的有利于新兴市场和发展中国家的权力调整”[①]。然而，美国的投票权份额仍然保持着事实上的否决权。对美国而言，国际货币基金组织始终是其维护国际金融霸主地位的工具，它既不允许国际货币基金组织去指导、监督和限制美国的经济政策，更不会放弃长期享有的经济政策主导权。

---

① 陈宝森、王荣军、罗振华：《当代美国经济（修订本）》，北京：社会科学文献出版社 2011 年版，第 414 页。

2. 着力推进制造业调整

推进产业结构调整，是美国推进经济发展特别是开放型经济转型升级的重头戏。正是因为美国紧盯国际市场需求着力调整产业结构，所以其产品在国际市场上的竞争力持续增强。美国产业结构调整的着力点主要放在制造业和服务业上，其中制造业调整和改革最具代表性。

主导产业的领导地位是世界性大国的重要标志，也是构成一个时期经济发展水平的基石。1780—1980 年，世界经济的主要增长领域为棉纺织、铁、钢、化工产品、汽车。英国在 18 世纪末期到 1880 年一直保持着领先地位，1880—1900 年为过渡时期；19 世纪中期，美国超过法、德成为世界第二大生产国，1900 年取代英国在五个领域占据主导地位，并保持至 20 世纪 70 年代初，之后在 20 世纪 80 年代曾一度遭受挑战并进入过渡时期，20 世纪 90 年代之后美国的至高地位继续稳固。[①] 从美国制造业发展的轨迹看，19 世纪处于赶超欧洲先进国家的过程，到 19 世纪末已成为世界领先的制造业大国。到 20 世纪末，美国引领信息网络革命，使其成为遥遥领先的制造业强国。尽管在此期间，美国第一制造业大国的地位先后让渡于日本和中国，但其以高新技术为标志的制造业强国地位却难以撼动。

美国制造业的强劲发展，既是市场机制作用的结果，也是政府引导和支持其调整所致。自从罗斯福新政开启了政府干预经济的先河，美国政府通过采取推进技术创新、人才引进以及金融、财政政策等迂回改革措施，有力地推动了制造业的发展。比如，克林顿总统在其任期内推行了三个计划：第一个是“先进技术计划”，通过相关大学、企业和政府实验室合作开发项目提供种子资金等途径，支持先进技术的开发和创新，为制造业的发展作出了积极贡献。第二个是“制造技术推广伙伴计划”，促进制造业小企业采用新技术和新工艺，更多创造就业岗位，提高劳动生产率。第三个是“新一代汽车伙伴关系计划”，促进汽车制造企业技术创新和横向联合，从而推动汽车产业的更新换代，提高制造业的国际竞争力。

---

① 门洪华：《开放与国家战略体系》，北京：人民出版社 2008 年版，第二章。

奥巴马的竞选口号是“变革”，振兴制造业是其重要目标之一。美国政府专门成立白宫制造业政策办公室，主要负责协调政府部门制定和实施相关政策。奥巴马把发展新能源作为振兴制造业的主要抓手，期望达到一举三得之效：一是巩固和发展在世界科技创新中的制高点地位，创造新的经济增长极，并助力解决就业问题；二是推进绿色低碳经济发展；三是减少对进口石油的依赖，为经济复苏尤其是解决国际收支平衡创造条件。为了实现通过新能源和绿色革命振兴制造业目标，2009 年 2 月，奥巴马签署《美国复兴与再投资法案》，获得国会授权向制造业投资 7870 亿美元。2009 年 4 月，奥巴马在乔治敦大学发表演讲，提出重振美国制造业战略，随后逐渐形成了包括重点领域、战略目标、着力重点和政策措施在内的实施方案。奥巴马还号召美国各大企业集团向其驻海外子公司发出以制造业回归为主要内容的《总部召回令》，明确要求海外企业重新回归美国。2009 年 12 月，公布《重振美国制造业框架计划》。2010 年 3 月，宣布《国家出口倡议》，提出 2010—2014 出口翻倍的目标。同年 8 月，对外公布《制造业促进法案》，计划为制造业提供 170 亿美元投资，并拟通过降低关税减轻企业负担。2011 年 6 月，启动实施“先进制造伙伴计划”，着力构筑官、产、研、学合作机制。同月，奥巴马颁布行政命令，发起《选择美国倡议》，明确提出通过鼓励在美投资创造就业拉动经济增长。2012 年 2 月，美国宣布“建设更强大经济”的计划，为降低制造业成本而取消禁止在本土开采石油和天然气等禁令，宣布企业税改方案，鼓励企业在国内投资。

美国重振制造业的战略目标为：调整结构、强化优势、促进就业、保持领先，并特别强调体现创造性、本地性和低成本三大特点。重振制造业的重点领域包括：钢铁、汽车、生物工程、航空工业、空间技术、纳米技术、智能电网、节能环保等。重振制造业的着力重点是：加速高端制造业和新兴产业发展，依托科技进步和发挥既有优势，抢占全球制高点，主导全球经济，支撑未来经济发展。重振制造业的政策和措施主要体现在 2009 年以来的各种法案、计划和国情咨文之中。

美国政府重振制造业的主要政策措施（2009—2013年）

发布日期	发布者	名称	主要措施
2009年4月	美国总统奥巴马	乔治敦大学演讲	公布将以重振制造业作为美国经济长远发展的重要战略
2009年9月	美国总统执行办公室、国家经济委员会和科技政策办公室	《美国创新战略：促进可持续增长和提供优良工作机会》	提出了美国发展创新性经济的完整框架
2009年12月	美国总统执行办公室	《重振美国制造业框架计划》	详细分析重振制造业的理论基础、优势及挑战，提出具体的政策措施
2010年1月	美国总统奥巴马	国情咨文	对工作岗位转移到美国以外地区的企业取消税收优惠，将这些优惠提供给为美国人创造就业岗位的公司
2010年3月	美国总统执行办公室	《国家出口倡议》	成立由美国总统直接管理的出口促进内阁，并提出2010—2014年出口翻番的目标
2010年8月	奥巴马政府	《2010制造业促进法案》	对本土制造业所需的原材料进口削减关税，对投资在美国本土的美国企业实施税收优惠

（续表）

发布日期	发布者	名称	主要措施
2011 年 2 月	国家经济委员会、经济顾问理事会、科技政策办公室	《美国创新战略：保护我们的经济增长和繁荣》	把发展先进制造业、生物技术、清洁能源等作为美国国家优先突破的领域，位于美国创新金字塔的顶层
2011 年 6 月	美国总统奥巴马	《高端制造合作伙伴计划》	美国官产学研协同振兴制造业的重大举措，关乎国家安全的关键制造产业、新一代机器人、创新型节能制造工艺及先进材料等方面为重点
2012 年 1 月	美国总统奥巴马	国情咨文	通过税收优惠，“夺回制造业”地位，为高科技制造商加倍减税
2012 年 2 月	美国总统执行办公室、国家科技委员会	先进制造业国家战略计划	从投资、劳动力和创新等方面提出了促进先进制造业发展的目标与相应措施
2013 年 2 月	美国总统奥巴马	国情咨文	宣布新建 3 个制造业创新中心，推进企业与国防部、能源部的合作，呼吁国会迅速行动，在美国创设 15 个制造业创新中心，确保由美国孕育下一场制造业革命

（资料来源：《美国重振制造业，我们怎么办》，载《赛迪专报》2012 年第 4

期；《美国重振制造业大事记》，凤凰网）

由于美国具有其他国家无法比拟的优势和吸引力较强的政策措施，在较短时间内就取得了显著成就。这既表现在失业压力得到缓解上，又表现在制造业得到恢复和发展上，还表现在出口不断攀升上。美国商务部统计显示，2012年商品和服务出口高达2.2万亿美元，比2009年增长约39%，其中制造业出口增幅达到47%、服务贸易增幅为24%，美国29个州的出口量均达历史新高。同时，出口地区多元化趋势加强。美国国际贸易委员会统计数据显示，2012年美国对加拿大、墨西哥、中国的货物贸易出口分别为2924亿美元、2163亿美元和1106亿美元，分别比2010年增长18%、32%和20%。

3. 主导国际贸易"规则重塑"

为了适应国际贸易格局深刻变化形势，谋求全球治理和经贸规则主导权，美国政府近年来一直紧锣密鼓推进经贸"两洋战略"（跨太平洋战略经济伙伴关系协定、跨大西洋贸易与投资伙伴关系协定）。"两洋战略"不仅会对国际经贸格局的重新构建带来重大影响，而且对于美国开放型经济的转型升级具有重大作用。

跨太平洋战略经济伙伴关系协定（TPP），由新西兰、新加坡、智利和文莱等四个太平洋小国2002年发起。2008年，美国决定加入TPP谈判，并成为主导推动者。截至目前，在美国主导下已进行20多轮谈判。2013年6月，美欧正式宣布启动跨大西洋贸易与投资伙伴协议（TTIP）谈判。TPP和TTIP谈判涵盖40个国家，经贸总量占世界的60%以上。一旦这两个协定全部谈成，将会导致现行国际贸易格局发生极为深刻的变革。

美国主导TPP和TTIP谈判的直接目的是，制定高于WTO标准的规则体系，更加牢固地掌控全球贸易的话语权。这个标准体系主要包括五个领域的规则：一是知识产权保护规则。主要涉及著作权、商标权和专利权等，以及互联网域名、地理标志、加密卫星和电缆信号等方面。美国期望制定比WTO《与贸易有关的知识产权协议（TRIP）》更高标准的条款，以促进创新产品和服务的贸易与投资，尤其是数字经济和绿色技术的发展。二是服务业开放规则，美国计划在WTO《服务贸易总协定（GATS）》基础上，推动设立开放程度更高的市场准入制度，并希望TPP谈判在服务贸易开放中采用负面列表形式，除了明确列出的领域外，其他领域均全面开放。同时，还着力推动电子商务，促进软件、影音光盘等数字产品的贸易自由化。三是投资自由化规则，美国拟在《双边投资协定》（BIT）条款基础上，增加对投资者权力保护附加条款，如投资者与东道国争端解决机制，促使跨国公司不通过东道国的国内司法程序而直接进入国际仲裁。四是国有企业经营行为规则。在TPP谈判中，美国、澳大利亚等国着力推进“竞争中立”原则，以减少国有企业在市场经营中所享受的特殊利益。五是设置更高的环境标准。此外，改善劳动条件、提高人权标准、限制政府采购本国产品和服务给予支持等也在考虑之中。美国两洋战略的核心是“规则”。目前，世界区域合作和多边合作中的规则之争已经超越市场之争，成为下一轮经济全球化博弈的新角力点。重塑国际经贸规则、抢占后危机时代国际规则制定权，正是美国的直接战略目标。

美国主导TTP和TTIP谈判的深层次目的是，遏制新兴市场国家特别是中国。通过重塑国际贸易规则制定主导权，控制美洲大陆的太平洋和大西洋的制海权，进而主导欧亚大陆的政治、经济秩序，最终实现其全球战略目标。美国拉拢欧、日另起炉灶，创建超越WTO规范的全面经贸自由化网络，着力打造以高度自由化为堡垒的市场准入屏障，以阻断中国、俄罗斯经济影响力在全球的扩展。TPP和TTIP谈判几乎把中国最主要的贸易伙伴均纳入其中。TTIP的美欧双方是中国最大的两个出口市场，而在TPP现有的12个成员国中，中国排名前10位的贸易伙伴均被拉入其中。如果TPP和TTIP最终达成协议，那就等于除金砖国家之外的主要经济体都进入到了这两大贸易区之内。

美国两洋战略可以提升国际经贸规则标准，也可以促进诸多国家经贸加快发展，而对于正向拉动经济全球化发展，却是一个重大的偏离动作，对中国等新兴经济体也构成了巨大的挑战。因此，诸多有识之士呼吁，广大发展中国家要更加广泛地联合起来，更加积极地开辟新路径，努力维护和争取自身利益。作为国际贸易的重要力量，中国等新兴市场国家应积极发挥自身作用，参与和强化多边贸易体系，加入到更高标准的国家自由贸易协定谈判中，这样才有利于其参与国际竞争，在重构国际贸易和投资新规则中维护自身利益，争取更大的话语权。

三、强化管理拉动转型升级

美国能够成功突破外国经济封锁，实现开放型经济转型升级，除了持续推进对外开放和深化改革之外，关键在于注重强化经济管理。美国在国际贸易交往中，一方面极力推动其他国家开放市场、消除贸易壁垒、保护自由竞争，另一方面则持续加强本国对外贸易管理，实行严格管制制度，甚至不断强化贸易保护。

1. 强化对外贸易管理

美国是联邦制共和政体，实行二元制的立法和行政管理体制，联邦和各州都有独立的立法权和行政管理权。但是，其开放型经济尤其是对外贸易事务则由联邦统一管理，国会、总统、行政机构共同决定对外贸易政策、法律、国际协议的制定和实施。其基本原则是统一立法，归口协调，部门分工，一致把关。

美国对外贸易管理体制，主要由三个方面的职权构成：一是国会行使四项权力：制定规范性的对外贸易管理实体法；批准、颁布非规范性的对外贸易法令；实行授权立法，授予总统、行政机构对外贸易管理权；批准国际贸易条约、协议、行政实施法案。二是国会向总统授予两个方面的重要权力，即贸易协议谈判权和争端解决谈判权。三是对外贸易管理的其他机构，分别行使国家规定的职责范围内的权力，这包括属于独立行政机构的国际贸易委员会、商务部和财政部，属于内阁行政部门的贸易代表办公室、贸易政策委员会、贸易政策审查委员会、贸易政策工作委员会等。另外，社会团体和私人企业参与政府决策，或是通过院外集团的活动向国会游说，对政府施加压力；或是通过正式组织，反映各方面意见和要求。

在对外贸易管理体制中，除国会担负立法和授权任务外，大量日常工作职责是由行政和监督部门行使的。在行政方面，主要由总统办公室牵头和掌握重大决策；贸易代表办公室制定和协调对外贸易和投资政策，并代表国家对外谈判各种贸易协定，参加主要国际贸易组织；商务部负责进出口规划协调；各部委根据专业商品实行分工管理。在监督实施方面，由财政部及其下属的海关总署负责关税、进出口监管以及核定审查贸易法规的执行状况；国际贸易委员会对不正当竞争行为进行立案调查。

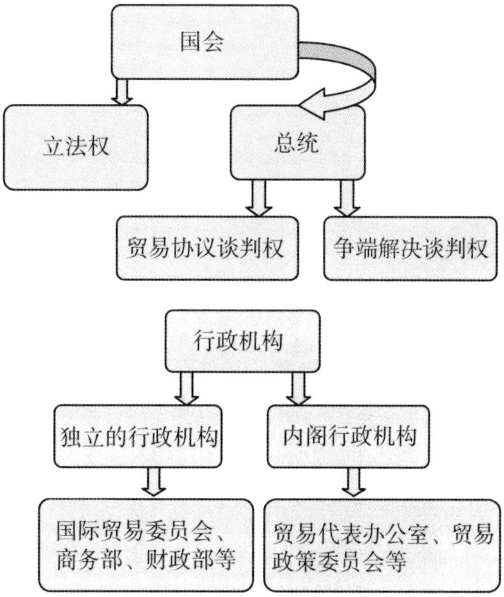

美国对外贸易管理体制

2. **加强对外贸易管制**

美国的对外贸易管制由来已久，最早可以追溯到1774年独立战争时期，尤其是“第一次大陆会议”形成封锁与大不列颠进出口贸易决定。之后，随着诸多的进出口贸易法规及修正案相继出台，逐步构成了现行进出口管制法治体系。

从严格意义上讲，“管制”和“管理”在美国外贸制度中是有本质区别的，尽管都采取法治形式实施，但前者表现为强制性的禁止、限制，违犯者面临的是民事和刑事责任；后者在概念上则较为宽泛，主要着眼于维护正常的贸易秩序，包括采取各种引导性措施，在多数情况下与之相悖者不受法律惩罚。当然，在实际运用过程中，两者经常交叉甚至混同。

美国进出口管制在法规体系、政策措施、机构设置上是相辅相成的。对出口贸易的管制一直遵循三大宗旨，即维护国家安全、服务外交政策和维持市场平衡。这三大宗旨决定了其出口管制的最大特点就是强烈的国别政策差异。

在出口管理方式和手段上，美国实行许可证管理。原则上，所有出口商品均接受许可证管辖。商务部出口管理局依照贸易控制清单确立出口许可证，商品顾问小组委员会提供政策咨询。出口许可证分为普通许可证和特别许可证两类。普通许可证项下的产品由《出口管理条例》列明，主要贯彻美国外交政策，对目的国加以控制。特别许可证又称核准许可证，针对具体产品和具体目的国，需由商务部出口许可证办公室逐项审批或在规定时限内数项并批。出口许可证的管理，依照贸易控制清单确定。商务部出口管理局负责管辖清单列明的出口控制商品，并由此划定专项许可证的控制范围。政府设立的技术工作组负责提供设立、调整贸易控制清单的依据，该工作组由各有关政府部门的专家技术人员组成。商务部下设的技术顾问委员会负责收集意见和建议，呈报政府技术工作组。

在出口活动法治规范上，美国制定了一系列管理法规、条例和条款，以规范出口商的操作行为，其中包括一些有针对性的贸易规则，如反转运条款、反附和抵制法案、与敌贸易法、反托拉斯法案、反腐化操行法案、食品药物及环境管理法规等。

美国进口管制遵循的六项基本原则：保护就业市场，保护某些工业行业，维护市场秩序，维护国际合作与正当竞争规范，促进教育、文化与和平发展，促进出口竞争能力。在这六项原则的指导下，美国陆续制定了一系列法律法规，完善了其管控法律体系。

3. 实行贸易保护主义

美国从来就不是自由贸易的坚定信奉者。从殖民地到独立共和国，美国的立国之路决定了其关税政策的复杂性。实际上，美国在其发展过程中，基本实行高关税政策，尤其是制造业关税水平位居世界前列。美国的高关税政策可以追溯到1789年的第一个关税法，自此开始实行了以关税为主的贸易保护政策。[①] 其贸易保护主义政策的第一个胜利是 1824 年的《关税法案》，该法案充分提高了进口关税，而最强烈支持提高关税的是东北部的新兴制造业。[②] 1864 年，美国实施关税"批发预付款制度"等法令，把关税平均税率提高到 47%，此后 50 多年未有大的调整。[③] 美国在 19 世纪基本上是一个贸易保护主义的国家，1914 年之前没有任何实质性的关税降低政策。[④] 从 19 世纪末开始，其在对外贸易上实行同贸易保护主义、政府鼓励措施相结合的放任主义，为大企业发展提供充分的经济机遇。[⑤] 与之相配套，美国的关税长期居高不下。南北战争之后，在迅速工业化的进程中，美国的高关税政策可谓变本加厉。1857 年，美国的关税率为 19%，1890 年提高到 50%以上，1897 年更是高达 57%，形成了美国历史上时间最长的高关税壁垒。高关税政策大大提高了其产品在国内市场的比重，从 1860 年的 60%上升到 1900 年的 97%，从而保证了美国迅速成为世界工业大国。[⑥]

美国以高关税为特点的贸易保护一直持续到"二战"结束，虽然期间关税的水平有所降低，但贸易保护的主基调一直没有改变。"二战"结束以来，以美国为首的西方发达国家推动了世界范围内的贸易自由化。但是，美国在推行自由贸易政策过程中，并未完全摒弃贸易保护主义，而是采取了更具隐蔽性、歧视性和灵活性的各种非关税壁垒。非关税壁垒实施

---

① 仇华飞：《20 世纪 30 年代美国关税政策与中美贸易》，载《南京大学学报（哲学社会科学版）》2004 年第 2 期，第 124—131 页。

② 【美】迈科尔·希思考克斯：《国际贸易与政治冲突——贸易、联盟与要素流动程度》，北京：中国人民大学出版社 2005 年版，第 78 页。

③ 张谷：《美国经济开放与产业转型历史》，载《国外社会科学情况》1997 年第 1 期，第 5—7 页。

④ Stephen D. Krasner, "State Power and the Structure of International Trade", *World Politics*, Vol. 28, No. 2, 1976, pp. 317—347.

⑤ 丁则民：《美国通史第三卷：美国内战与镀金年代（1861—19 世纪末）》，北京：人民出版社 2002 年版，第 200 页。

⑥ 同上，第 203—205 页。

手段主要有两类：一是制度性非关税壁垒。二是技术性壁垒。前者主要利用进口配额、许可证、反补贴、反倾销、海关估价、原产地原则、政府采购等制度形成的贸易壁垒手段，后者则利用技术标准、质量标准、环境标准、商品检验、包装、标签等技术形成的贸易壁垒手段。

自20世纪90年代以来，美国的经济出现了严重的“空心化”。大量的制造业被转移到海外，国内主要发展服务业，其中以金融业为主的虚拟经济占越来越大的比重。美国为尽快转移危机，出台了具有浓厚贸易保护主义色彩的措施，这主要包括：2009年1月，美国众议院通过的高达8190亿美元的新经济刺激方案规定，受政府资金支持的项目，必须使用美国生产的钢铁产品；2009年2月，美国众议院通过2009年综合拨款法案，该法案727条款规定，“根据本法所提供的任何拨款，不得用于制订或执行任何允许美国进口中国禽肉产品的规则”。一个限制使用他国钢铁产品，一个限制政府经费用途，目的都是保护本国产品。

第三节
拉动巴西经济社会发展

长期以来，巴西一直被视为一个潜在发展中大国，国土辽阔，人口众多，资源禀赋极高，其发展前景素来为研究界所看重。正如斯蒂芬·茨威格早在 1941 年指出的，“如果世界上真正存在着所谓的天堂，那么它应该距离这里不远。”[①] 巴西自 1882 年独立以来，从单一的农业经济逐步形成多元并重的发展格局，2011 年成为世界第六大经济体。[②] 近年来，巴西和中国、俄罗斯、印度、南非等国被一同列为金砖国家，其发展地位举世瞩目。

巴西经济的迅速崛起，固然与其资源丰富、幅员辽阔、人口众多等因素密不可分，但更重要的是其注重运用三驾马车拉动经济社会发展。尽管在拉动中还存在许多不协调、不到位的问题，但从总体上看，三驾马车拉动经济社会发展取得的成就有目共睹。

一、拉动发展模式重构

在 1882 年独立之后的半个世纪里，巴西一直是一个以农业为主体的国家。20 世纪 30 年代，巴西开启工业化进程，其经济社会发展基本处于大起大落之势。1945—1964 年，巴西的工业得到较大发展，1951—1980 年间年均增长率达 6.8%，其中 1968—1973 年创造了经济年均增长 11.2%的

---

① 周志伟：《巴西崛起与世界格局》，北京：社会科学文献出版社 2012 年版，第 5 页。

② 柴瑜：《巴西经济数字地图》，北京：科学出版社 2013 年版，第 1—3 页。

“巴西奇迹”。[①] 此后20年，巴西却为外债和通货膨胀所困扰，陷入经济滞胀。20世纪90年代初，巴西开始推行新自由主义改革，导致经济对外依赖性和脆弱性加大，抵抗外来风险能力下降，社会分配不公加剧，政府宏观调控作用削弱。90年代后期，巴西发生金融危机，经济发展再次陷入低迷。在此背景下，巴西各界开始探索新的发展模式。

经过十几年的艰苦探索，尤其是劳工党总统候选人卢拉赢得大选，并上台执政后，提出实现社会公正、推动经济发展的执政目标，[②] 基本形成以社会发展为核心，市场和计划相结合，追求经济增长、社会公平和民主治理三者协调统一的发展模式。这一模式不仅得到巴西国内认可，而且得到不少拉美国家推崇和效仿，被称为“巴西共识”。

1. 发展模式重构的进程

卢拉在竞选总统时就提出：“社会公正、就业和福利”的口号，上台后即制定了建设“所有人的巴西”的发展战略。这一战略的核心是停止新自由主义私有化进程、加强政府宏观调控、加大对社会领域投入，推动经济、社会、环境可持续发展。罗塞夫总统上台后，延续卢拉政府的大政方针，提出把巴西建成“没有贫困的富裕国家”、“中产阶级的国家”，并强调“增长的速度固然重要，但增长的质量更加重要”，进一步丰富了“有质量增长”发展模式的内涵。

在具体实践中，卢拉和罗塞夫政府主要采取了四个方面的重构措施。

第一，推行新经济政策。卢拉上任伊始，没有采取国内外担忧的激进变革政策，而是将初级财政盈余目标制、浮动汇率制和控制通胀作为主要经济政策。为了加强政府宏观调控，先后采取了六项力度较大的措施：一是批准实施公私合营计划，注重解决融资问题。二是增加政府对生产领域

① 周志伟：《从“永远的潜在大国”到“崛起的金砖”——试论巴西发展模式的转变》，载《当代世界》2009年第11期，第54—57页。

② 徐世澄：《巴西劳工党政府应对社会矛盾的主要做法》，载《拉丁美洲研究》2005年第6期。

的投入，着力提高生产能力。三是加大公路、通讯等基础设施建设，切实加强经济发展的基础保障。四是降低企业生产环节税赋，努力推动工业发展。五是增加外汇储备和重新安排外债，增强抵御金融风险的能力。六是支持企业提高科技创新能力，增加出口产品的附加值。为了推动经济全面增长和应对国际金融危机，卢拉政府于2007年和2010年先后推出“加速经济增长计划”，通过抑制公共支出和增加基础设施投资等举措刺激经济增长。

罗塞夫总统执政后，根据内外形势变化，颁布实施了一系列工业政策，[①] 并采取了诸多有力措施：一是果断调整宏观经济政策，实行灵活的货币政策和谨慎的财政政策。二是加强金融监管，提高金融交易税并扩大征收范围。三是出台“壮大巴西”、“中小企业优惠贷款”、“物流投资计划”等扶持工业发展的政策和措施。四是强化贸易保护措施，维护本国工业和市场。五是推进税制改革，统一全国商品流通服务税，扩大工业产品税和薪资税减免范围。

第二，注重社会融合。为了处理好经济发展和社会公正的关系，卢拉政府将解决贫困问题和改善民生作为施政重点：一是设立“社会发展与反饥饿部”，推行以全民扶贫与反饥饿为宗旨的“零饥饿运动”和“家庭救济金计划”，这些计划给卢拉带来了民众的普遍认同，成为他坚不可摧的政治财富。[②] 二是增加对教育的投入。推行“巴西扫盲计划”，大规模兴建联邦技术学校、大学和大学城，实施“所有人上大学计划”和“高等教育助学金计划”，并根据人口比例为印第安人和黑人学生提供奖学金。三是增加对农业的投入和技术支持。这包括增加高达8倍的家庭农业资助金，加大安置无地农民力度；为家庭年收入低于2000雷亚尔的农民提供小额贷款，为遭受自然灾害的农民提供农业保险，等等。巴西和智利、法国、西

---

① 衣鹭霞：《罗塞夫政府下的巴西新政》，载《科技创新导报》2012年第32期，第239—240页。

② 【英】佩里·安德森：《卢拉的巴西》，载《国外理论动态》2012年第3期，第12—19页。

班牙在纽约发起反饥饿、反贫困行动，引起了国际社会对巴西行动的关注和赞许。[①]

罗塞夫总统执政后，提出在4年任期内使1650万巴西人摆脱绝对贫困状态，并继续将民生作为施政重点：一是推出“巴西无赤贫”计划，联邦政府每年拨款200亿雷亚尔（约合100亿美元），用于向赤贫人口发放救助金和生产技能培训。二是推出“我的家，我的生活”安居工程，为中低收入家庭提供廉价经济适用房。三是通过“国家技术教育和就业项目”、“职业培训系统”，为青少年提供能力素质培训，帮助其提高就业能力。四是通过“科学无疆界”项目，帮助巴西学生入读世界一流高等学府，预计到2014年年底将有10万人受益。

第三，加强生态保护。一是将生态保护纳入国家发展战略。2008年出台《应对气候变化国家计划》，该计划于2009年重新审定后经议会批准成为法律，政府为此成立了专门管理委员会负责监督实施。这一计划提出，2017年实现森林砍伐率在2006—2009年平均水平基础上减少49%的目标。二是加大对生态保护的投入，设立亚马逊基金，成立应对气候变化国家基金会等。三是出台自主、自愿减排计划。2007年推出生物燃料“生态证书”机制。2009年宣布实施温室气体自愿减排计划，提出并实施扩大生物燃料的使用、转变工业生产方式、推进电力供应青基会、提高农牧业生产效率等一系列措施。四是着力发展和利用生物能源，有效弥补传统能源供应不足。2009年底政府颁布法令，规定市场上的柴油添加5%的生物柴油，汽油添加25%的乙醇。五是颁布有关建立和扩大国家森林公园和生态用地、加强对印第安人卫生健康保护的法令和行政措施。同时，巴西还在国际范围内积极推动环保和可持续发展行动，是向京都议定书清洁发展机制提出议案最多的国家。[②]

---

① 【巴】萨缪尔·皮涅伊罗·吉马良斯：《巨人时代的巴西挑战》，北京：当代世界出版社2011年版，第322页。

② 同上。

第四，强化协商民主建设。 为了重构发展模式，卢拉注重与各党派和社会各界沟通和协商：一是摒弃党派歧见，组建由传统左翼政党、中右翼政党等组成的联合政府。二是为了争取反对党在国会中的支持，多次出席国会重要活动并与反对党领袖接触，积极争取各党议员的支持。三是为了广开言路、体察民意，创建了社会经济发展理事会。该理事会聚集了来自政府、国会、企业、工会、宗教团体、教育界等82名代表，在反映民意、建言献策上发挥了重要作用。四是积极协调联邦与地方政府关系，着力争取地方支持，努力提高行政效率。卢拉总统在上任3个月内先后与27位州长、1900名市长直接对话。五是注重与选民保持联系与沟通，广泛听取民众诉求。

罗塞夫总统执政后，继续通过对话和协商机制巩固政权，组建了由12个政党组成的执政联盟。同时，着力推动民主法治建设，提出打造“高效、清廉政府”，并果断处理政府内部腐败问题，两年内先后解除了7位涉嫌贪腐部长的职务。

2. 发展模式重构取得的成效

巴西在重构发展模式进程中，遇到了来自多方面的障碍和阻力，致使有些政策措施没有得到落实。但是，由于卢拉及罗塞夫总统持之以恒地坚持和推动，发展模式的重构仍然取得了明显进展和突出效果。

第一，经济稳步增长。 2003—2012年的统计显示，巴西在经济增长上取得了8个方面的成效。一是经济保持年均4%的增长率。二是进出口总额由2002年的1069亿美元增至2012年的4657亿美元。三是国家风险指数由1460点降至180点。四是公共债务占GDP的比重由60.6%降至40.3%。五是外汇储备由378亿美元增至3790亿美元。六是通胀率由12.5%降至5%。七是失业率由11.7%降至5.5%。八是经济总量全球排名由2003年的第13位升至2011年的第6位。

第二，民生不断改善。 2003—2011年统计表明，巴西在保障和改善民生上取得了显著成绩。一是贫困人口减少了50.64%，赤贫人口减少了47%，提前完成联合国千年发展目标。二是扩大了就业，先后创造了2420

万个就业岗位。三是社会结构正逐渐由金字塔形转为橄榄形。新增中产阶级 4000 万人，中产阶级在全国总人口的比重上升到 52%。四是基尼系数由 0.594 降至 0.519，为 1960 年以来最低值。

第三，生态环境持续好转。2005 年以来，亚马逊热带雨林的砍伐面积逐年下降，2012 年减少到 4554 平方公里，为 1998 年以来最低值。2006—2010 年减少了大约 10 亿吨的碳排放。同时，生物能源在能源消费结构中的比重提高到 24%，远远超过 13.6%的国际平均水平。

第四，劳工党执政地位不断巩固。一是劳工党连续三次赢得总统选举，顺利完成卢拉到罗塞夫的新老交替，成为巴西自军政府还政于民以来执政时间最长的政党。二是劳工党成为参议院第二大党和众议院第一大党，罗塞夫政府成为巴西“再民主化”以来最强势的政府。执政联盟在国会议席大幅增长，在参、众两院占比分别达 65%和 68%。三是中左翼联盟在全国州、市执政力量显著加强。2010 年大选，赢得了 27 个州中的 16 个州。2012 年市政选举取得全面胜利，劳工党赢得 635 个市长职位，比 2008 年增加了 14%。四是卢拉和罗塞夫总统的民众支持率均达到历史高位。

3. 发展模式重构面临的挑战

巴西发展模式的重构，尽管取得了显著成效，但也面临诸多矛盾和问题。能不能有效解决这些矛盾和问题，关键在于政府能不能进一步端正三驾马车的拉动方向，持之以恒地推进开放、改革和管理。

第一，在经济发展上，关键在于能否突破影响增长的各种障碍。受国际金融危机等外部因素影响，2011 年和 2012 年巴西经济明显下滑，其增长率仅为 2.7%和 1.03%。同时，高通胀、高利率、高税赋导致的经济运行风险居高不下。另外，基础设施落后、劳动力素质低、工业竞争力弱等问题也亟待解决。

第二，在社会事业上，关键在于能否缓解贫富两极分化矛盾。减少不平等是巴西最严峻的国内挑战之一。[①] 尽管卢拉和罗塞夫政府在保障和改善民生方面，采取了若干行之有效的措施，但其在“收入集中方面每年均能赢得最差的评级”[②]，巴西仍为世界上收入分配最不公正合理的国家之一，目前全国尚有1640万赤贫人口。贫富悬殊不仅是社会治安恶化的根源，也严重影响巴西的国际形象。

第三，在政治建设上，关键在于能否更好解决党派之争、效率低下、腐败滋生等问题。尽管卢拉和罗塞夫总统注重加强协商民主建设，政治环境不断得以改善，但在多党联合执政体制下，由于各党意识形态和利益诉求多元，党派之争仍然较为激烈，这不仅影响行政效率提高，也会影响国内政局稳定。同时，政治交易、权钱交易等腐败行为屡屡发生，也严重影响了发展模式的重构。

二、拉动工业化艰难前行

在拉美国家甚至在世界发展中国家，巴西是较早开启工业化进程的国家之一。经过近一个世纪的努力，巴西工业化取得了明显成效，但也存在着诸多矛盾和问题。现在看，巴西在工业化进程中取得的成效，主要得益于正向运用三驾马车拉动，而存在的矛盾和问题也是由于三驾马车拉动不到位甚至偏向拉动所致。

1. 工业化进程及其成效

在19世纪中期之前，巴西是一个单一的农业经济国家。19世纪中后期，由于欧美国家工业化进入高潮，对工业原材料和食品等初级产品需求增加，带动了巴西农产品尤其是咖啡大量出口，为其早期工业化奠定了资金和市场基础。此后，巴西开始注重发展工业，使其工业部门不断增加，到20世纪30年代，巴西已拥有比较齐全的轻工业体系，并开始着力发展

---

① 【巴】萨缪尔·皮涅伊罗·吉马良斯：《巨人时代的巴西挑战》，北京：当代世界出版社2011年版，第324页。

② 同上，第3页。

重工业。

巴西的工业化进程，大体经历了三个阶段。

第一，进口替代阶段（20世纪30年代至60年代中期）。由于受20世纪30年代大萧条和第二次世界大战等重大影响，巴西的出口大幅减少，初级产品出口模式难以为继。在此情况下，巴西以拉美本土的“发展主义”为指导，开始实施进口替代战略，确定工业生产以国内市场为导向，逐步替代国外进口工业消费品。在此期间，巴西经历了两个快速发展时期。一是瓦加斯第一次执政时期（1930—1945年），政府通过大规模投资和实施关税优惠等政策，较快建立了矿业、石油、钢铁、电力、化工等工业部门。二是库比契克执政时期（1956—1961年），政府制定了全面发展纲要，重点投资国家资本企业，优先发展基础工业、动力、运输和基础设施部门。60年代初，巴西工业产值约占GDP的23%，已接近农业的产值，并且重工业发展速度超过了轻工业，形成了农业和工业并驾齐驱的格局。

第二，负债发展阶段（20世纪60年代中期至80年代初期）。20世纪60年代，进口替代模式引起的结构性失衡矛盾日益突出，由于非耐用品生产已在国内市场饱和，工业部门创造就业能力不断下降，致使长期依赖农、矿产品出口支持工业化进程的模式陷入困境。1964年军政府上台之后，明确提出加速工业现代化进程，克服进口替代模式的弊端，并制定和实施了“负债发展战略”。政府将耐用消费品生产特别是汽车工业确定为优先发展领域，通过大量举借外债，着力发展技术密集型和资本密集型工业，大量投资石油和采矿业，极大地促进了工业生产，较快建成了比较完整的工业体系。1968—1973年，巴西工业年均增长11.9%，GDP年均增长11.2%，创造了举世瞩目的“巴西奇迹”。但是，通过大量举债拉动经济增长的措施，为巴西经济未来发展埋下了祸根。

第三，艰难发展阶段（20世纪80年代至今）。由于实施“负债发展战略”，加上国际石油价格上涨和信贷利率提高，1982年巴西爆发了债务危机并引发经济危机。整个20世纪80年代，巴西经济发展基本处于停滞状态，并且工业生产能力逐步萎缩、竞争力持续不断削弱。90年代初，巴西针对工业停滞问题，开始调整工业化战略，由进口替代模式向出口导向模式转变，由国家主导经济向市场经济转变，使经济发展形势得到好转，并逐步进入新一轮扩张期。但是，由于税负重、劳动力成本高、企业融资困难、基础设施落后、教育及科技创新投入不足等，巴西工业化进程严重受阻。进入21世纪，卢拉政府开始采取进口替代与出口导向相结合的发展战略，在重视国际市场的同时，积极优化产业结构，加大对制造业的扶持，改造升级传统产业，大力发展新兴产业，但仍然没有从根本上摆脱工业化进程中遇到的困扰。

总的来看，尽管巴西在工业化进程中遇到了诸多难以克服的矛盾，但其取得的成就是有目共睹的。至今，巴西已基本建立起门类比较齐全、技术含量较高的工业体系。2012年，巴西工业、农业和服务业产值在GDP中的比重分别为22.3%、4.4%、73.3%，人均GDP达到了12340美元。

2. 遇到的主要问题及深层次原因

巴西在工业化进程中，既取得了辉煌成就，也积累了一些难以解决的问题。认真分析存在的问题，特别是剖析其形成的深层次原因，可以看到三驾马车的许多偏向拉动现象。

第一，发展战略调整失误。从20世纪60年代开始，进口替代模式造成的结构性失衡矛盾已非常突出，军政府虽然作过一些调整尝试，如通过引进先进技术设备，拓展对外贸易，使1967—1973年制成品出口占出口总值的比重从10%提高到了29.7%，但由于对形势判断有误，调结构、转方式的决心和政策力度不到位，加上1973年石油危机爆发，致使调整空间大幅缩小，经济形势迅速恶化。80年代债务危机引发结构性危机，巴西被迫进行应急性调整，并采取了促进初级产品出口、严厉压缩进口和控制内需等措施，却又由于力度过大而导致制造业萎缩、工业化倒退。从60年代起，巴西注重由内向型向外向型转变，却由于长期推行进口替代模式，过度保护国内企业和国内市场，导致工业技术落后、设备陈旧、产品质量差、国际竞争力减弱。90年代，巴西选择以私有化为主导的新自由主义发展模式，[①] 实施“雷亚尔计划”，从一个极端走向了另一个极端，导致影响工业化进程的问题越加严重，从而使工业产值占GDP的比重不断下滑，2003年降至19.1%的历史最低点。巴西属于原材料出口导向型国家，多年来依靠资源出口支撑经济增长，自身制造业却发展落后、产能不足。实践证明，要解决上述矛盾和问题，没有正确的发展战略和强有力的结构调整措施是不行的。

第二，负债发展后患无穷。巴西在工业化进程中，由于追求高发展指标和高经济增长，致使资金严重匮乏，因而走上了负债发展之路，结果使国家背上了沉重的债务负担。1973—1978年，巴西净外债从62亿美元跃升至316亿美元。由于对外债的严重依赖和沉重的偿债压力，为工业发展埋下了祸根。1978—1982年，这种隐患集中爆发，仅因基础利率提高就新增利息145.5亿美元。80年代，债务危机全面爆发，导致工业投资几乎停滞，从而使经济持续低迷甚至出现衰退，最终使巴西经济呈现了“失去的十年”的局面。

第三，工业布局不合理。巴西全国分为东北部、北部、中西部、东南部和南部五个大区。在20世纪中后期工业化快速发展阶段，政府将工业投资主要投向了具有一定经济基础、配套设施相对完善、人口集中和市场容量较大的东南部沿海地区和南部地区。据统计，仅东南部地区就占了全国总投资的84.3%和引进外资的95%。工业区域布局的严重失调，不仅加剧了地区发展的不平衡，而且扩大了贫富差距。目前东南部和南部的经济总量已占到全国的90%，而另外3个地区与其的差距进一步拉大，从而形成所谓的“发达的巴西”和“落后的巴西”两个截然不同的区域。[②]

第四，工业化与农业现代化关系处理失当。20世纪30—70年代，为促进工业化持续快速发展，巴西采取了以农补工的政策，不仅有意压低农

---

① 【英】莱斯利·贝瑟尔：《剑桥拉丁美洲史（第九卷）：1930年以来的巴西》，北京：当代中国出版社2013年版，第571—575页。

② 杨志敏：《巴西治理地区发展不平衡的启示》，载《人民论坛》2013年3月中（总第397期），第20—23页。

产品价格，还增加了农业税，从而导致工农业产品差价过大、农业税负过重，农业部门资金短缺、农业发展缓慢。为确保工业投资，又优先发展出口农业，将供应国内市场的生计农业生产置于次要地位。20 世纪五六十年代，工业生产年均增长 10.1%，而同期农业仅增长 4.3%。在工业化进程中，由于农业规模化程度不断提高，对劳动力的需求降低，致使大量无地或失地农民失去就业机会，从而使农村劳动力被迫流入城市。据统计，仅在 1965—1970 年，就有 85%的小农户破产，农村贫困率最高时达到 73%。

第五，工业化和城市化恶性循环。在工业化进程中，巴西崛起了许多大型现代化城市，并形成了较好的基础设施和医疗、教育等社会保障体系。但是，在农村除了大土地所有者之外，绝大多数农民的生活一直处于贫困状态。由于城乡差距不断扩大，城市对农村贫困人群构成强大吸引力，致使大量农村人口涌入城市，从而出现了“被动城市化”。而在此期间，巴西却集中力量发展资本和技术密集型产业，导致城市难以吸收和消化新增劳动力，从而出现“过度城市化”，形成了诸多贫民窟。这种状况，既严重阻碍了工业发展，又产生了难以克服的城市病，从而使工业化与城市化形成恶性循环。

3. 工业化进程中的经验教训

巴西在推进工业化进程中，既积累了丰富的经验，又具有许多沉痛教训。归纳起来讲，主要体现在以下五个方面。

第一，发展战略必须根据形势变化适时调整，不能错失良机。推进工业化，必须立足本国国情，紧盯国内市场和国际市场的变化，尤其是要根据市场形势变化适时调整发展战略。如果发展战略不及时予以调整或调整过头，就难以充分利用国际和国内两种资源、两个市场，也就难以促进工业化健康发展。

第二，举借外债必须适度，不能过度依赖外债拉动发展。资金缺乏是发展中国家工业化进程中的一个普遍问题，通过举债拉动发展也是一种有效途径。但是，借债规模和结构，必须充分考虑偿还能力，必须加强控制并留有一定余地。否则，不顾偿还能力而过度举债，肯定会背上沉重的包袱。

第三，工业布局必须通盘考虑，不能加剧地区发展不平衡。在推进工业化进程中，既要充分考虑发挥不同地区的比较优势，也要适当照顾落后地区。否则，就会扩大地区不平衡和贫富差距。反过来，就会直接影响工业化进程。

第四，农业发展必须高度重视，不能削弱农业部门。农业是工业化的起点，也是工业化持续推进的重要动力，对农业投入不足，不仅会加剧农业与工业的失衡，而且会直接影响工业化进程。巴西农村发展长期滞后，既拉大了与城市发展的差距，又削弱了农业为工业提供粮食、原料、资金和市场的能力，从而严重影响了工业的发展。

第五，工业化必须与农业现代化和城市化协同推进，不能顾此失彼。工业化具有广泛的参与性和渗透性，既能将大量的劳动人口带入现代经济体系，又可以有力带动农业的发展，还有利于城市的发展壮大。在工业化进程中，应该着力提升对城市化的支撑能力和对农业的反哺能力，充分发挥工业化对城市化和农业现代化的促进作用。如果注重工业化而忽视农业现代化，或注重城市化而忽视工业化，就会导致三者严重失衡，进而会影响工业化、农业现代化和城市化进程。

三、拉动社会融合和稳定

长期以来，巴西社会排斥现象严重，一直没有摘掉“经济发展与社会公正”矛盾比较突出、贫富最为悬殊的帽子。卢拉和罗塞夫总统先后执政以来，巴西政府在加大社会投入、促进社会融合、维护社会稳定等方面采取了一系列行之有效的措施。但是，目前仍然存在诸多矛盾，并面临严峻的挑战。

1. 存在的突出问题及其原因

巴西社会问题严重由来已久。卡多佐在任期间社会矛盾异常突出，卢拉上任伊始更是问题重重。

第一，社会贫困问题十分突出。贫困率高一直困扰着巴西经济社会发展。2003年卢拉总统上任时，巴西贫困人口高达4740万，占全国总人口的比重达到28%，其中赤贫人口1700万，占全国总人口的10.3%；农村贫困人口占贫困人口总数的46%。随着城市化进程加快，城市贫困人口绝对数量不断增多，贫民窟成为“贫困城市化”的缩影。2000年，巴西全国有大小不等的贫民窟1600多个，人口700多万，占全国总人口的4%，其中里约贫民窟人口100多万，占该市总人口的18%。

第二，两极分化非常严重。拉美是世界上收入分配最不公平的地区，巴西则是拉美贫富分化的典型。据称，“5%最穷的巴西人在全世界最穷的人之中；而5%最富的巴西人也在全球最富的人当中。”[①] 从20世纪70年代到21世纪初，巴西基尼系数一直处在0.6上下。从2001年开始，虽有逐步下降，但仍然处于世界最高值之一。[②]

第三，社会排斥现象较为普遍。随着工业化、城市化、信息化的快速发展，巴西的社会结构发生了深刻变化，工商企业家阶层不断发展，工薪劳动阶层日益壮大，中间阶层迅速崛起。但是，城市边缘化阶层却急剧膨胀，无地农民、少数族群、妇女和外来移民等弱势群体难以融入经济社会发展进程之中，成为特别脆弱、特别受歧视的群体。尤其由于教育资源分配不均、社会保障不公平，阻断了边缘阶层向上流动的渠道，从而导致社会分层趋势日益固化，贫穷呈现“代际传递”的现象。

第四，失业率一直在高位徘徊。受快速城市化进程影响，大量农村人口涌入城市，大大超过了工业部门的吸纳能力，失业和就业不足成为普遍现象。进入21世纪，巴西的失业率一度在两位数的高位徘徊，给巴西经济造成了极大困扰。同时，就业质量明显下降，非正规就业增加。2000年，巴西56%的就业人口集中在非正规经济部门。2003年以来，巴西政府致力于解决就业问题，有关政策收到了良好的效果，失业率逐步下降，到2012

---

① 【美】詹姆斯·戴尔·戴维森：《巴西的经验》，北京：机械工业出版社2013年版，第10页。

② 柴瑜：《巴西经济数字地图》，北京：科学出版社2013年版，第84页。

年降至5.5%。①

第五，社会治安形势异常严峻。随着失业增加和贫困化加剧，巴西社会治安不断恶化，贫民窟成为暴力犯罪活动的温床，谋杀、贩毒、走私、抢劫等犯罪活动猖獗，社会危机严重。1980—2000年，巴西暴力事件增加了130%，60万人被杀害。2003年，全国就有4万多人死于暴力。

巴西社会问题严重的原因主要有四个方面：一是经济增长和社会发展失衡。巴西历届政府在工业化过程中深信"地漏效应"，长期重发展、轻分配，甚至在某些阶段以牺牲中下阶层利益来换取经济增长，导致社会发展严重滞后于经济增长，呈现出"增长性贫困"。20世纪八九十年代，巴西全面推行新自由主义政策，实行私有化、市场化、自由化，以牺牲社会福利换取经济增长，导致金融危机频发，贫富两极分化、暴力等问题更加突出。二是社会保障制度不合理。巴西是拉美最早建立社会保障制度的国家之一，但其覆盖率和保障水平较低。20世纪90年代末，卡多佐政府开始对社会保障制度进行改革，着力调整有关缴费、收益资格条件和待遇标准，促进私人养老金发展，有效减轻了政府的财政负担。但是，改革后的社会保障制度总体上仍有利于少数特权阶层，非正规经济部门的劳动者、自谋职业者等被排斥在外。2005年，巴西非正规部门的医疗保险和社会保障覆盖率仅为33.4%。三是社会政策不完善。长期以来，政府忽视向社会提供均等化的公共服务产品，底层民众难以获得足够的住房、医疗、教育等资源。由于实行多党制，不同意识形态的政党推行不同的社会发展理念，政党轮流执政导致政府更迭而改变政策，从而使政策缺乏连贯性和稳定性，并且巴西社会支出政策一直存在明显的偏向性，主要向社会中间阶层和中上阶层倾斜，而没有突出应该帮助的低收入阶层。四是土地制度不合理。巴西自废除奴隶制以来，土地改革滞后，长期实行以大庄园主为主的土地所有制，广大农民多为小农户和依附于庄园主的雇工。在实行资本密集型的农业现代化过程中，大量农民因土地被兼并而破产，一部分成为

---

① 柴瑜：《巴西经济数字地图》，北京：科学出版社2013年版，第84页。

无地农民，另一部分流入城市，其数量远远超过城市就业能力，多数沦为城市贫民。

2. 主要做法和取得的成效

卢拉在执政期间，高度重视并大力推进社会融合尤其是社会稳定。罗塞夫继任之后，基本沿用卢拉总统的政策，并在许多方面加大了社会融合和稳定力度。应该说，都取得了较大进展，收到了明显成效。

第一，转变社会发展观念，着力推动社会改革。卢拉总统是以反新自由主义旗帜赢得大选的，上台之后彻底摒弃传统的“先增长、后分配”理念，积极倡导兼顾经济发展和社会公正，并采取了许多强有力措施。一方面增设或恢复政府相关机构，并强化和完善其职能。2003 年，卢拉政府上任伊始新设社会发展与反饥饿部、农业发展部，创建或恢复了城市部、体育部、文化部、环境部、水产渔业部、妇女政策特别国秘处、民族平等特别国秘处、人权特别国秘处和青年事务特别国秘处，专司社会发展各项事务。同时，注重强化和完善协调机制，在制订和实施综合性社会发展计划中，着力强化相关部门间的统筹协调。另一方面，积极推动社会保障、税收制度改革。卢拉政府在第一任期内以宪法修正案形式，通过了公务员养老金改革方案。罗塞夫政府自 2013 年起，着力改革税收制度，逐步推行了包括统一全国商品流通和服务税、降低税赋等政策和措施。

第二，调整社会政策，切实加大社会投入。卢拉总统注重推行包容的社会政策，并抓住经济稳定增长的有利时机，大幅增加对教育、卫生、社会公共设施建设、家庭农业等领域的投入。一是将解决贫困问题和改善民生作为施政重点。卢拉总统公开表示，“如果在我任期结束时，全体巴西人都能够吃上一日三餐，我就完成了自己一生的使命。”二是大幅增加社会开支。据统计，巴西社会开支从 1995 年的 2340 亿雷亚尔增加到 2010 年的 6386 亿雷亚尔，占 GDP 的比重从 11.24%增加到 15.54%。2011—2013 年，巴西用于贫民窟改造的投资高达 130 亿雷亚尔。此外，巴西还以举办 2014 年世界杯和 2016 年奥运会为契机，不断加大基础设施建设力度。三是制订并实施诸多有针对性的社会计划。在减贫方面，先后推出“零饥饿计划”、“家庭救助金计划”、“巴西无赤贫计划”等；在教育方面，推出“巴西扫盲计划”、“所有人上大学计划”、“高等教育助学金计划”、“科学无疆界计划”等；在住房方面，推出“我的家，我的生活”安居工程；在促进就业方面，推出“第一次就业计划”。通过“国家技术教育和就业项目”、“职业培训系统”等改善青年人就业，降低失业率。通过实施这些计划，取得了消除贫困、提高教育水平和促进就业等方面的显著成绩。

第三，鼓励公民参与，积极促进社会融合。卢拉和罗塞夫政府都非常注重公民社会建设，并推出了若干行之有效的政策和措施。一是完善和推广“参与式预算”，将普通民众作为城市资源和年度预算分配优先考虑的对象，从而更好地实现城市资源的再分配。目前，全国已有300多个城市实施“参与式预算”。二是加强对非政府组织的引导和管理，为了促进社会融合和稳定，政府在《第三部门法》、《公共利益与公民社会组织法》等法律框架下，鼓励非政府组织在减贫、反饥饿、扫盲、环境保护、捍卫人权、消除社会排斥和边缘化等方面发挥作用。三是整饬社会治安，促进社会稳定。实施了“平安”行动等，加强贫民窟黑恶势力清剿，严厉打击有组织犯罪，使社会环境得到不断改善。四是缩小城乡和地区之间的发展不平衡。通过加大对家庭农业的投入和技术支持，缩小城乡发展差距；通过建设公路网、实施地区发展战略等，改善地区之间的发展不平衡，促进地区间融合。

3. 仍然面临的严峻挑战

卢拉总统在任8年，一直竭力推进社会融合和稳定，罗塞夫总统继任以来，不断加大推进力度，都取得了非常显著的成绩。但是，巴西社会融合尤其是稳定，仍然面临较为严峻的挑战。

第一，政府财政拮据，社会保障难以加强。近年来，巴西经济大起大落，财政收支难以平衡。2010年在全球金融危机中，巴西经济逆势上扬，增速高达7.5%，创25年来最高纪录。但从2011年起，经济走势陡然下行，2011年和2012年GDP增长率仅为2.7%、1.03%。经济低迷使政府财政收入锐减，用于社会发展方面的支出更是捉襟见肘。联合国拉美经委会估算显示，巴西年均增长率达到6%，才能有效缓解贫困和失业问题，而其现在的经济增长与此估算相距甚远。

第二，影响社会融合的制度性障碍尚未破除。卢拉和罗塞夫政府在社会领域的改革举措，基本上是在既有的体制框架内进行的，并未从根本上改变以市场化和私有化为导向的社会福利体系，社会保障的覆盖面仍然有限，社会救济、医疗救助等社保项目水平和范围也不同程度地受到财力的限制，低收入阶层仍然无法获得足够保障。同时，随着社会保障体制、税收制度和劳工法等关键性改革进入“深水区”，必将触动既得利益阶层，处理不当就会引发新的社会矛盾。在巴西整个社会收入水平仍然处于较低水平的背景下，2010年国会通过公务员涨薪法案，使得巴西公务员成为“全球最贵的公务员”，国会议员的收入高达社会最低工资的52倍。

第三，社会治安问题仍然比较突出。目前，巴西仍为拉美乃至世界上贫富最为悬殊的国家之一，基尼系数尽管已有明显降低，但仍超过国际公认的警戒线，“社会平等指标”也在世界各国排名最低，贫富悬殊不断引发社会问题，整个社会治安形势依然不容乐观。

第四节
拉动欧洲经济一体化

在过去的60多年里，欧盟国家历经艰难险阻，克服重重困难，努力推进欧洲经济一体化，使其经济社会发展不断迈上新台阶。沿着欧洲国家经济一体化轨迹研究，不难发现它们推动一体化的历程就是三驾马车拉动的过程。

一、在扩大开放中着力推进横向联合

现代意义上的欧洲一体化，开始于“二战”结束之后。当时的欧洲百废待兴，局面微妙。一方面，欧洲的主要战胜国在胜利喜悦尚未消退之时，就感受到了来自苏联的军事威胁。另一方面，已在国际舞台上发挥主导作用的美国，正在力图借机控制西欧。同时，欧洲人仍然担心投降之后的德国东山再起。正是在这样的背景下，欧洲人开始在反思中寻求发展和复兴之路，一批具有远见卓识的政治家感到唯有联合才能避免重燃战火，才能不受美苏左右，才能推进欧洲复兴。

正是在这样的思想影响下，欧洲有关国家在扩大开放中着手推进横向联合。1948年，一个非政府论坛性质的欧洲大会在海牙召开，会上以决议形式提出建立欧洲议会、制定人权宪章、设立人权法院等一系列倡议，为欧洲一体化的启动作了充分的舆论准备。1949年，英国、法国、瑞典、挪威、丹麦、意大利、爱尔兰、荷兰、比利时、卢森堡签订《欧洲理事会章程》，并设立了欧洲理事会。自此开始，欧盟国家的横向联合逐步得到拓展和深化。

1. 建立欧洲共同体

1950 年 5 月，法国外长罗伯特·舒曼根据让·莫内的建议，提出了建立欧洲煤钢共同体的“舒曼计划”，建议把法国和德国的煤炭和钢铁生产置于一个共同机构管理之下。“舒曼计划”提出之后，得到了德国、意大利、荷兰、比利时、卢森堡等国的支持，并于 1951 年 4 月由法国和上述 5 个国家共同签署了《关于建立欧洲煤钢共同体的条约》（即《巴黎条约》）。该条约明确规定：煤钢共同体以共同市场、共同目标和共同机构为基础，6 个签约国必须共同遵循条约，切实保证落实。这个条约的签订，标志着欧洲第一个超国家性质的经济一体化组织正式诞生。1952 年，欧洲煤钢共同体正式成立，其成功运作为欧洲一体化发展奠定了基础。

1957 年 3 月，上述六国外长在罗马签署建立欧洲经济共同体和欧洲原子能共同体的《罗马条约》，并于 1959 年 1 月 1 日生效。1958 年，两个共同体正式成立，旨在取消成员国之间的关税，创造共同市场，促进成员国之间的劳动力、商品、资金、服务的自由流动。

1965 年 4 月，上述六国签署《布鲁塞尔条约》，决定将欧洲煤钢共同体、欧洲经济共同体、欧洲原子能共同体统一起来，统称欧洲共同体。

2. 建立关税同盟

关税同盟是指成员国间消除关税壁垒和贸易限额，对外实行统一关税。《建立欧洲经济共同体条约》明确指出，共同体将“建立在关税同盟的基础之上”。根据实施期限与时间表安排，自 1958 年 1 月起，成员国分三步走予以实施，最终于 1986 年 7 月提前完成。随着内部贸易障碍消除，特别是关税统一，欧洲经济区得以形成。从市场层面看，关税同盟的贸易创立与贸易转移，推动了成员国间贸易额大幅增加；市场竞争的加剧，促进了生产专业化与区域分工。为了保证商品顺畅流通，更加紧密地协调各国利益，欧共体在农业、贸易、竞争、自有财源和金融货币等领域加强了政策合作。

随着横向经济联合的推进，欧共体成员国不断扩大。1972 年 1 月 22

日，欧共体迎来了英国、丹麦、爱尔兰3个新成员。1981年，欧共体吸收希腊为会员国。

3. 统一欧洲大市场

统一欧洲大市场，是自关税同盟建成以来，欧共体在经济领域中的最大规模的横向联合。它不仅直接推动了欧洲一体化进程，而且为欧洲联盟的建立奠定了坚实的基础。

统一大市场，欧共体称之为“单一市场”或“内部市场”计划。统一市场的目的是，消除非关税壁垒，促进商品、资本、劳务和人员自由流动。欧共体认为，面对日益严峻的经济全球化挑战，只有进一步挖掘市场潜力、优化资源配置、加强政策协调，才能克服“欧洲硬化症”，有效提高国际竞争力。为此，成员国修改《罗马条约》、缔结《单一欧洲法令》，随后确定在1992年年底前采纳大量相关立法，建成统一大市场。同时，决定实行多数表决和尽量适用“相互承认原则”。在此之后，为了解决商品、资本、劳务和人员自由流动而引发的深层问题，欧共体还推行了一整套平衡性政策，如加大对落后地区的扶持，拓展在社会政策领域的活动，为中小企业参与竞争提供帮助等。

1986年，欧共体吸收西班牙、葡萄牙为成员国。

4. 建立经济与货币联盟

为了适应统一市场的需要，欧共体根据1989年4月的《德洛尔报告》和有关决定，于1990年7月启动货币联盟建设，在1991年12月第46次首脑会议上，通过了建立欧洲经济货币联盟的《欧洲经济与货币联盟条约》和欧洲政治联盟的《欧洲联盟条约》。1993年11月，《欧洲联盟条约》生效，欧洲联盟正式成立，这标志着欧共体开始由一个经济统一体向着政治、防务实体的方向发展，欧洲一体化发生了质的飞跃。

《欧洲联盟条约》就实现货币联盟的最终目标、机构与制度建设作出了详尽规定，对推进措施和实施步骤作出了具体安排。在此基础上，欧央行与欧央行体系如期建立，欧元于1999年1月正式启动，自2002年3月

1日起成员国货币全部退出，欧元成为欧元区国家的唯一支付货币。

1991年，欧共体与匈牙利、波兰和捷克斯洛伐克签署了“联系国”协议，3个国家获得了10年入围候补资格，这标志着其东扩战略开始启动。之后，欧盟先后4次接纳16个成员国，先是在1995年1月接纳奥地利、瑞典和芬兰入盟，接着是在2004年10月接纳塞浦路斯、捷克、爱沙尼亚、匈牙利、拉脱维亚、立陶宛、马耳他、波兰、斯洛伐克和斯洛文尼亚入盟，随后在2007年1月宣布罗马尼亚、保加利亚加入欧盟。2013年7月，克罗地亚为第28个成员国。

二、在推进联合中着力深化经济改革

欧盟在推进经济一体化过程中逐步认识到，只有通过深化改革，才能巩固横向联合成果。鉴于这样的认识，它们逐步将着力点转向旨在理顺经济关系的重要领域改革上，并取得了诸多方面的重大进展。

1. 深化资本市场改革

欧盟内部改革的重中之重是资本市场的改革，而资本市场的改革则体现在《金融服务行动计划》和《风险资本行动计划》的实施之中。

《金融服务行动计划》确定的目标任务和改革措施，主要表现在三个方面。一是建立统一的金融服务市场。针对欧元流通后遇到的矛盾和问题，欧盟国家相继采取了诸多措施，主要包括：制定共同的法律，促进证券市场和金融衍生品市场的一体化；在欧盟境内消除资本流动障碍，为筹集资金活动创造相适应的环境条件；确立统一的上市公司财务申报标准，为上市公司在成员国资本市场筹措资金提供统一的财务申报书；在成员国退休基金进入资本市场、跨国界证券交易、欧盟跨国界资本市场组织等方面，提供法律保障和安全透明制度。二是建立统一的金融服务零售市场。它们认为，要克服跨国界交易障碍，必须提高信息透明度，妥善解决相关赔偿问题，完善电子商务服务体系，加强对保险中介机构监管，确保跨国界零售服务支付方式到位。为此，它们采取了若干具体措施，并收到了明显成效。三是注重提高金融市场的安全性。在成员国许多金融机构服务对象已从国内市场转向欧洲市场的情况下，只有适时调整政策，才能适应从一国为基础的业务转为以欧盟行业为基础的业务过渡。欧盟国家提出并实施提高对欧盟境内银行、保险和证券服务业务监管水平，制定对金融集团监管方案，严格按巴塞尔委员会和欧洲证券委员会监管标准进行监管等一系列措施。

《风险资本行动计划》提出并实施的目标任务和改革措施，主要包括：提高风险资本市场一体化水平；强化对成员国风险资本市场监管协调机制；加快成员国内税收体系改革；发挥风险资本对中小企业技术创新的促进作用等。在此基础上，欧盟委员会于2004年提出了许多完善风险资本市场的新举措，这包括：在欧洲推行国际审计标准、制定退休基金投资风险资本相关法规、加大欧洲结构基金对风险资本的支持力度等。

2008年全球金融危机之后，欧盟着力加强金融监管，在欧洲乃至全球范围内建立了金融监管和预警机制，成立经过授权的泛欧执行机构，同时成立由成员国金融监管机构代表组成的银行系统、保险行业和金融市场等三个监管委员会，分别负责相关领域的统一协调和监管工作。

为了有效应对金融危机对企业的冲击，欧盟国家积极调整虚拟经济与实体经济的关系，努力促进企业与资本市场的良性互动。一是帮助企业大量筹集发展所需资金。二是促进企业股份制改革和完善上市公司治理结构。三是推动企业之间并购重组，优化经济结构和布局。同时，还对中小企业给予贷款优先、贷款贴息等方面的特别支持，并先后制定了一系列法律法规，保证支持政策的落实。

2. 着力产业结构调整

在产业政策的理念上，欧盟国家强调创造良好环境、反对政府干预。针对一体化进程中遇到的问题，欧盟提出并坚持了开放性、横向性和辅助性的指导原则，并采取了一系列相应改革措施。

在制度改革上：一是打造研发与创新制度环境，提出《投资与研发的欧洲行动计划》，通过为提高经济增长和竞争力而投资于研究的决议，其中特别拟定了知识产权保护措施。随后确立了支持研究与创新的配套政策，为打造研发与创新环境奠定了良好基础。二是制定和实行发展制造业的统一标准，先后制定和实施了产品技术规则和统一标准，其中典型的成功例子是全球移动通讯系统（GSM）标准。三是支持制造业拓展国际市场，通过多边谈判和协议、双边谈判与合作等多种方式，促使第三国向欧盟工业品开放市场。同时，通过积极参与国际工业技术标准的制定、向外部推广自己的市场规则和环境标准等途径，为欧盟制造业开辟新的市场。

在政策支持上，欧盟主要采取了三个方面的措施：一是支持企业推进技术创新、搞好知识产权保护、培训提高劳动者技能。二是为自己的高质量和高附加值产品争得第三国市场准入权。三是通过结构基金等财政方式支持行业提高技术含量和降低成本，提升其在国际市场上的竞争力。近年来，欧盟及其成员国更加注重支持气候和环保、生命科学和生物工程等领域的研发与创新，并在简化程序、提高服务效率等方面采取了一系列卓有成效的措施。

3. **注重推进科技创新**

通过与美国技术创新进展情况比较分析，欧盟委员会认为自己的差距不是差在发展信息工业技术的潜力上，而是差在科技创新的机制尤其是政策上。有鉴于此，自1984年以来，欧盟先后出台了七个研发框架计划，为推进科技创新提供了强有力持续指导，资金投入也增至670多亿欧元。

1984—2002年，欧盟组织实施五个研发框架计划，将50%以上的预算资金直接投入到工业部门，有力地推动了制造业的发展。随后实施的第六、第七个框架计划则大幅度增加预算总额，重点投向提高国际竞争力的行业。在实施过程中，欧盟根据需要及时调整投资项目，如第一个框架计划主要涉及能源技术、信息和通讯技术、工业现代化等项目，第二个框架计划主要投向信息技术、电子技术、材料和工业技术基础等重点项目，第三个框架计划主要支持扩散性技术、能源和环境、智力资源开发等领域的项目，第四至第七个框架计划突出抢占世界科技高地的基础技术研发与提高国际市场竞争力的领域和重大项目。

在组织实施七个框架计划的同时，欧盟还制定实施了《科技成果扩散与应用计划》和《科技资源整合计划》，前者主要侧重于科技研发成果的扩散与应用和建立适应技术扩散的金融环境，后者则将重点放在推动形成欧洲研究区及其发挥当代互联网优势等方面。为了吸引世界范围内的拔尖科技人员，调动各个方面的积极性和创造性，着力开发生物技术、环境技术、能源技术、材料技术和信息技术，提高欧洲企业的国际竞争力，进一步开拓国际市场，在法国总统密特朗倡议下，西欧国家制定了在尖端科学技术领域开展联合研发的《尤里卡计划》，迄今已有1.1万多家企业、3000多个科研机构和大学参与了2600多个项目的研发，累计投入资金220多亿欧元。

4. **加快劳动力市场改革**

欧盟的劳动市场改革是迫于1991—1994年大批失业人员压力而展开的，当时15个成员国失业人数超过450万人，最高时接近1740万人。[①]欧盟国家就此提出了诸多缓解失业压力的政策和措施，并于1997年正式将解决就业问题作为独立部分纳入《阿姆斯特丹条约》之中，倡导建立成员国就业政策协调机制。1997年11月，欧盟签署第一个《就业指导方针》，明确要求各成员国抓紧制定相应的《国家行动计划》，同时还确定了解决就业问题的企业家精神、就业能力、雇员与雇主双方适应性、平等就业机会等“四大支柱”。进入21世纪，欧盟将人口老龄化、全球化和技术变革作为主要对象，将其与就业问题紧密挂钩，统筹谋划解决。2003年3月，欧盟里斯本首脑会议把就业设定为新欧洲经济的长期目标，推出《里斯本战略》。同年12月的尼斯会议提出，把就业质量特别是工作场所质量作为社会政策议程的指导思路。2005年7月，欧洲理事会颁布《增长与就业综合指导计划（2005—2008年）》，把充分就业确立为经济社会政策的基本目标。为了实现这些目标，欧盟采取了三项措施：一是吸引更多人就业，增加劳动力供给，推进社会保障现代化建设。二是增强企业和劳动的适应

① 【德】迪特·伯芬尼格：《欧盟劳动力市场政策——“分权”与“集权”之间难以拿捏的平衡》，载《德意志银行研究报告》（中文版），2008年5月21日。

性。三是增加人力资本投资，注重教育与技能培训。随后，又制定了《新里斯本策略（2008—2010年）》，开始致力于基础性改革，着重实行“灵活保障”模式。

“灵活保障”模式是一种就业市场改革战略，其内涵是在劳动力的灵活性和保障性之间权衡取舍，并使之达到均衡状态。这种模式的内容主要包括：“灵活的劳动合同安排、综合的终身学习战略、积极的劳动力市场政策、现代化的社会保障体系”，保护个人就业权，增加企业竞争力和灵活性，明晰政府责任是其重中之重。这里讲的政府责任，主要是保护公民不被解雇，为公民提供终身学习设施，完善劳动力市场服务。具体来说，一是为公民至少读完高中或相当学历且拥有基本的学习能力提供保障，二是为就业者提供在岗培训，三是为失业者安排再就业培训并帮助寻找工作，或通过财政支持为他们创造新的工作机会。对失业人员的救济，政府不再无限期地提供福利帮助，转为对有工作能力而不去找工作的人给予惩罚。同时，要求企业增加工作时间，并实行灵活工作方式。

5. 调整国家与市场、政府与企业、雇主与雇员等方面的关系

在国家与市场关系的调整上，欧盟国家的选择是“多些市场、少些国家”和“改进国家、改进市场”，发挥市场作用的主要途径是“打破垄断、开放市场、放松限制、促进竞争”。在实际操作中，它们根据形势变化予以灵活处理。例如，在应对2008年以来的全球金融危机中，它们就出资数万亿欧元来挽救银行，投资数千亿欧元来刺激经济。

在调整政府与企业关系上，欧盟国家主要采取了三项改革措施：一是放松政府对企业在开业和营业尤其是用工等方面的限制，二是减少政府对国有企业的补贴，三是建设公平而又简化的税收体系，尤其是实行较大规模的减税。

在处理雇主与雇员关系上，为了适应欧洲经济一体化所带来的劳动力市场一体化要求，欧盟国家普遍关注并着力调整雇主与雇员的关系，高度重视收入分配制度改革，鼓励雇员更多地实行“资本参与”。德国《员工参与管理法》和《企业法》中都规定，企业员工拥有一定的个人参与权，

包括咨询与讨论权、申诉权和以便宜价格购买本企业股票等权利。在工时制度改革方面，欧盟打破多年僵局，于2008年对每周最长工作时间限制和临时工权益等事项达成一致，这包括划定每周最长工作时间不得超过48小时，即便雇员自己选择延长工作时间也不得超过60小时；临时雇用人员从上班第一天起，在薪酬和休假等方面要享有与正式员工同等待遇等。

三、在深化改革中着力强化管理保障

在欧洲一体化进程中，法律的一体化占据着特殊的重要地位。这是因为，市场、人员、资本的一体化都需要法律的规制；法律自身的一体化将有效促进其他方面的一体化。[①] 为了巩固发展对外开放尤其是横向联合和深化经济改革的成果，欧盟在一体化的初始阶段就特别注重制定和实施旨在强化管理保障的法律法规。从目前看，欧盟已基本形成了较为配套的经济法律体系。

作为一个具有超越国家特征的地区性国际组织，欧盟所建立的法律体系与一般的政府间国际组织不同，其内部法既与国内法大致相同，又有许多不同之处。根据欧盟法院判决，欧盟出台的法律都适用于市场经济活动所有领域。在欧盟法学理论中，一般将欧盟法分为一级立法和二级立法。一级立法是指那些构成欧盟法律制度基础的法律，其他一切法则都是由它们派生出来的。二级立法是指由欧盟机构制定的旨在实施一级法的那些法律，包括规则、指令和决定等。此外，还存在着欧盟成员国之间的协调性条约、欧盟与其他国家或国际组织之间的条约，这些既不同于一级立法，也不同于二级立法，可以视为介于两者之间的一类欧盟法律。

1. 注重建立共同市场法律制度

共同市场是指在欧盟国家范围内用法律制度保证货物、人员、服务和资本自由流动并在世界市场上作为一个单一参加者而活动的市场。共同市

---

① 赵吟：《欧盟公司法一体化探析》，载《人民论坛》2013年9月中（总第416期），第245—247页。

场的法律制度包括：货物自由流动、人员自由流动、开业和提供服务的自由、资本与支付的自由等方面的制度。

货物的自由流动制度是以关税同盟为基础拓展形成的。用欧盟法律表述即为，关税同盟的范围包括一切货物贸易，并涉及在成员国的禁止对进口与出口征收关税及一切具有同等作用的税费，以及在它们与第三国的关系上采用共同的关税率。人员的自由流动制度是与货物的自由流动制度相伴而生的。狭义“人员的自由流动”是指两类人员：一类是工人，即有工薪的受雇劳动者；一类是“自雇职业者”，也称“自我雇佣者”或“非工薪收入者”。从 1995 年开始，诞生了欧洲联盟公民这一概念。欧盟公民在符合规定条件前提下，有权在各成员国的领土内自由迁徙和居住，从而使欧盟内部人员的自由流动发展到了一个更新更高的阶段。随着共同市场发展，开业与提供服务的自由制度和资本与支付的自由制度逐步建立并走向完善。

2. 切实强化货币一体化制度

欧洲货币一体化始于 1969 年 2 月的建议建立欧洲经济与货币联盟的《巴雷尔备忘录》，并于 1979 年 3 月 13 日开始正式实施。1994 年，欧盟成立欧洲货币局。1995 年 12 月马德里欧盟理事会决定，把欧洲单一货币定名为欧元（EURO）。从 1999 年 1 月 1 日起，欧元现钞正式流通，凡在法律工具中提及欧洲货币单位之处，均以欧元取代，同年 7 月原有货币停止流通。

对于欧盟而言，采用欧洲单一货币既可以增强政治凝聚力，又能够节省消费开支与商业成本，还有利于就业机会的增加。最大的好处是有利于推动欧洲一体化进程。欧盟建立货币联盟的战略意义远远超过经济范畴，统一货币将参与国融为一体，使欧盟更有可能承受对一体化的冲击，并使欧洲一体化难走回头之路。①

---

① 孙晓青：《欧盟统一货币对世界经济与金融的影响》，载《欧洲》1997 年第 6 期，第 80—84 页。

3. 不断加强公司法律制度

作为法律体系的重要组成部分，欧盟公司法的法律渊源与欧盟法的法律渊源种类大致相同，包括基础性条约以及条例、指令、欧洲法院判决、建议和意见等。修订后的《布鲁塞尔条约》第四十八条第一款规定：“根据一成员国的法律组成并在共同体内拥有注册办公机构、中心管理机构或者主要营业场所的公司与商号，为本章的目的，应受到如同作为成员国国民的自然人那样对待。”第四十三条第一款规定：“对一成员国国民在另一成员国领土上自由设业施加的限制，应在过渡期内逐步废止。禁止成员国限制其他成员国的公司设立子公司。”这些规定为各成员国的公司在其他成员国的开业自由奠定了基础。[①]

欧盟的公司法律制度主要包括：公司法和成员国公司法；外国公司的相互认许和待遇；公司的设立、合并与分割；公司的会计；公司的内部组织等规定。公司法主要包括部长理事会在协调成员国公司法中发布的指令和规则等。外国公司和法人的认许，是指承认外国公司和法人的法律地位和许可其在国内从事民商事活动，并不是使外国法人变成内国法人，而只是允许外国法人进入并从事经营活动的前提。

欧盟指令是欧盟公司法的重要渊源，也是推动公司法一体化极其重要的力量。目前，与公司法相关的主要指令包括：关于公司章程、股份类型和已经认购股份数额等事项的信息公开披露、公司设立无效等的第 1 号指令；关于股份有限公司的设立、资本维护与变更的第 2 号指令；关于国内公司合并的第 3 号指令；关于公司年度报告、财务报表的内容及其制作、提交和披露方式的第 4 号指令；关于公司组织结构的第 5 号指令；关于公司分立的第 6 号指令；关于公司合并财务报表制作、审计和公开披露的第 7 号指令；关于公司审计员资格和职责的第 8 号指令；关于公司跨国合并的第 10 号指令；关于公司分支机构的第 11 号指令；关于一人公司的第 12

---

① 赵吟：《欧盟公司法一体化探析》，载《人民论坛》2013 年 9 月中（总第 416 期），第 245—247 页。

号指令；关于公司公开收购要约的第 13 号指令。[①]

4. 初步建立竞争法律制度

欧盟没有单独的竞争法典或法律，其竞争法律条文主要分布在《欧共体条约》中的规则、部长理事会和委员会的规则和指令、委员会的决定和声明以及欧洲法院的判决之中。

《欧共体条约》第 85 条和第 86 条是共同体竞争法的两大支柱。与竞争相关的《欧共体条约》其他条款、规则、通告、决定都是为了确保执行第 85 条和第 86 条所确定的竞争法的基本原则。

关于企业合并与竞争的法律，经过 16 年的争论，在 1989 年 11 月举行的部长理事会上通过了《第 4064/89 号规则》（也称“合并规则”），该规则授权欧盟委员会审查和同意欧共体内大企业之间的合并、获得控制和合营企业。同时，确定凡符合该规定的合并案，均依照该规则处理。1997 年 6 月部长理事会通过了《第 1310/97 号规则》，对《第 4064/89 号规则》进行修改，并自 1998 年 3 月 1 日起生效。1998 年 3 月 1 日，欧盟委员会发布了关于合并的通报、时间限制和听证的《第 447/98 号规则》以及 6 个解释性通告，最终确定执行修正后的“合并规则”。

5. 着力完善知识产权法律制度

欧盟的知识产权法，主要包括专利、商标、版权、知识产权的转让和许可、知识产权与单一市场等方面的法律法规。专利法律条文和法规主要有《巴黎公约》、《专利合作公约》和《欧洲专利公约》。商标法律条文和法规主要有《巴黎公约》、《商标国际注册马德里协定》、《马德里协定书》和《商标登记条约》。版权规定则体现在《伯尔尼公约》、《世界版权公约》上。另外，还制定了《知识产权的转让和许可》、《知识产权和单一市场》等相关配套法规。

---

① 赵吟：《欧盟公司法一体化探析》，载《人民论坛》2013 年 9 月中（总第 416 期），第 245—247 页。

6. 逐步统一对外经贸法规

欧盟对外经济关系的法规，主要包括共同商业政策等方面的规定。《欧共体条约》第110条至第115条规定，赋予欧盟管理对外商业关系和政策的权力，但对什么是商业政策、对外贸易关系的管理权力具有多大范围却一直悬而未决。欧洲法院在其审理的有关共同商业政策中表达了这样的意见：共同体共同贸易政策的概念，与主权国家贸易政策的概念在内容上不应有所差别，因此不应只局限于传统的贸易领域。相反，为了更好地履行关税同盟的职能，有必要对《欧共体条约》第113条的共同商业政策以及授予共同体的权力作扩大性解释。欧洲法院认为，“共同商业政策是在为了保护共同体共同的利益而运行共同市场的背景之下酝酿出来的。为此目的，各成员国的个别利益就必须互相适应协调”。因此，判断的标准应该是共同市场的有效运行，需要在多大范围内、多大程度上由共同体自己行使商业政策的权力。关于共同商业政策的概念，应该明确的是《欧共体条约》中将共同海关关税和共同商业政策并提，而在1993年《欧洲联盟条约》中只提建立共同商业政策。从《欧洲联盟条约》的这一修正来看，表明欧盟已经将关税视为其共同商业政策的一部分。

另外，欧盟在反倾销与反补贴、欧共体与国际组织的关系等方面，也都作出了相应的法律规定。

四、未来欧洲一体化进程任重而道远

60多年来，欧盟在推进欧洲一体化发展中已经取得举世瞩目的成就，这既体现在经济社会发展和国际地位提升等方面，又体现在提供了推进区域一体化丰富经验上。但是，欧盟也积累了诸多难以克服的矛盾和问题，并正在面临若干方面的新挑战。

1. 合法性困境亟待破除

欧盟从建立之初到现在一直遭遇包括认同、诚信、程序甚至民粹主义在内的合法性困境。能不能破除这些困境，直接关系到欧洲一体化能不能继续走下去。

第一，认同困境。欧洲人对欧盟的认同感不高。2012 年发布的皮尤公司调查报告《欧洲认同岌岌可危》显示，自 2007 年以来，各国对欧盟支持率都在下降，其中捷克和西班牙下降了 20 个点，意大利下降了 19 个点，波兰下降了 14 个点；只有 28%的捷克人、30%的英国人、43%的希腊人认为欧盟会给他们的国家带来好处。[①] 据有关专家调查分析，欧盟成员国中的大多数人都比较认同自己所在的地方，更喜欢自己所在的城市，对于自己所在的国家逊于自己所在的城市，对欧盟则认为离我太远、关系不大，因而对欧盟的支持率呈现不断下降趋势。这种对地方认同大于欧盟认同的现象，无疑为欧洲一体化发展带来了极大的思想障碍。

第二，诚信困境。在欧盟成员国与其他国家的有关谈判和签订的协议中，人们时常发现相互合作的好处往往归于成员国，而引发的矛盾却留给欧盟的相关机构。欧盟成员国的相关人员认为，欧盟应该服务成员国，服务就是为他们解决矛盾和问题。例如，在应对全球金融危机和欧债危机过程中，诸多成员国不是积极出钱出力，而是一味指责欧盟应对乏力。

第三，程序困境。布鲁塞尔有 28 个成员国的常驻团，300 多名成员国地区代表，5000 多位各类非政府组织的游说者，还有穿梭不断的政客。这些机构和人员，有些在为自己国家的经济利益奔跑，许多则为某些人的政治利益忙活，这不仅使欧盟的某些决策成为各种政治势力角力的妥协产物，而且大大影响决策的效率。加上任期时间所限，欧盟领导人忙于应付各种关系，致使有些重大事项的运行流于形式，在欧债危机这样事关全局的重大问题上，迟迟拿不出有力有效的应对措施就是一个佐证。

第四，民粹主义困境。欧盟是世界发展进步的一支有生力量，但却在民粹主义陷阱中难以自拔。欧洲一体化尚未带来生产力的均衡化发展，却带来了福利趋同效应。一些成员国不是集中力量发展经济，而是集中精力伸手谋取利益。这种不求均衡发展，只求均衡享受的现象不改变，欧洲一

① 王义桅：《欧洲一体化之路为何越走越窄》，载《文汇报》2012 年 6 月19 日。

体化发展就难以顺利前行。

2. 旧体制弊端难以革除

欧盟在推进一体化进程中，采取了一系列革除旧体制弊端的措施，也收到了明显成效。但是，一些成员国仍然存在诸多难以革除的体制机制弊端。

第一，高福利社会制度难以维持。“二战”后逐步形成的高福利社会制度，降低了欧洲产品在国际市场上的竞争力，导致不少国家长期入不敷出，依靠举债度日。欧盟人口只占世界总人口的7%，GDP占世界总值的20%，而社会福利开支却占了世界总开支的50%。从成员国比较看，在债务危机中最早躺下的希腊的竞争力排在世界第96位，而其福利水准却排在世界第3位。从地区层面看，经济发达的日耳曼地区一直在补贴落后的拉丁地区，已经引发地区相互之间的矛盾和先进地区民众的不满。现在的欧盟已经陷入不改难以为继、改又难以推进的状况。曾几何时，有些成员国一度加大对“高福利社会”制度的改革力度，但都因民众激烈反对引发政局不稳而夭折。

第二，人口危机不断加剧。稳定健康的人口结构是一个国家发展的重要因素。近年来，许多受金融危机重创国家的生育率大幅下降，英国、德国、比利时等国的生育率持续下降多年，意大利、西班牙和葡萄牙等国的人口危机更为严重。人口数量下降必将导致劳动力短缺、老龄化加剧，继而引发经济社会领域一系列矛盾和问题。美国在劳动力短缺的时候会利用自己的吸引力特别是灵活政策，大量引进急需的劳动力尤其是各类人才，而欧盟社会长期以来对少数族裔都难以包容，在世界范围内广揽人才就更加困难了。

3. 注重一体化速度而忽视提高质量

近些年，欧洲一体化速度越来越快，但其巩固和提高工作一直没有跟上，致使一体化质量难以提升。

第一，欧盟扩大操之过急。从欧洲一体化进程可以看到，从启动一体化时的6个发起国增加到12个成员国，前后用了40年，而在21世纪的前14年里，欧盟的成员国猛增到28个。这种操之过急的推进方式必然引发诸多矛盾，其中最突出的矛盾是新老成员国的经济差异极为悬殊，在欧盟中的地位严重失衡。

第二，统一货币政策过度超前。要推进实现欧洲一体化，确实需要实行统一货币政策。但是，货币的统一有其必备的前提条件，即基本实现经济和政治一体化，至少要使统一货币与经济、政治一体化进程相一致，更为重要的是要与统一财政政策相同步。也就是说，统一货币政策需要建立在经济和政治统一基础之上，没有统一的、牢固的经济和政治基础作保障，货币统一先行就会导致因与经济和政治脱节而难以到位。然而，法国为了削弱德国在欧盟中的主导地位，硬是在条件尚不具备的情况下，迫使德国放弃“马克”而采用“欧元”。这就形成了统一货币与统一经济、政治的不协调，与统一财政的不同步，从而也就引发了诸多不该出现的矛盾和问题。

第三，忽视多元文化相互融合。多元的语言和文化具有两重性，一方面可以形成社会创新的源泉和动力，另一方面也容易带来马赛克效应。欧盟28个成员国使用的语言多达23种，要将其容易引发的矛盾加以消除，并发挥创新源泉和动力作用，绝不可能在快速推进一体化过程中得到解决。再加上近年来穆斯林移民的大量涌入，使本来就已相当严重的社会矛盾变得更加尖锐复杂。德国总理默克尔与英国首相卡梅伦曾先后断言，“欧洲建立多元社会的努力失败了”。欧盟之父让·莫内也曾大发感慨：“假如重新开始，我会从文化入手”①。可惜的是，欧盟一直未对解决这些方面的矛盾采取过强有力政策和措施。

4. 各成员国尚未形成推进一体化合力

随着欧洲一体化进程加快尤其是成员国的迅速增加，欧盟成员国之间的矛盾日益增多，而欧盟本身的协调机制又软弱无力，呈现出明显的内部

---

① 王义桅：《欧洲一体化之路为何越走越窄》，载《文汇报》2012年6月19日。

政策协调困境，直接损害了推进一体化的合力。[①]

第一，法、德、英三个大国各有打算。法国的初衷是将实力最强的德国纳入一体化加以制约，以维系自己在欧洲的主导地位，因而始终坚持主权国家联合体模式。随着实力的累积，德国开始致力于把欧洲的德国转变为德国的欧洲。英国则“身在曹营心在汉”，只想从一体化中获取实惠，而不想被欧盟制约。

第二，许多成员国在处理国内与欧盟重大关系中处于两难境地。欧盟是一个立体国家联合体，凡属重大决策尤其是重大问题的处理，必须通过协商取得基本一致。各成员国的国情国力很不一样，利益诉求极不一致，从成员国与欧盟在许多重大问题上的处理情况看，困难重重、难以决断。欧盟曾提出推进“高福利社会”改革的意见，这对推进欧洲一体化进程和成员国发展都是有利的，然而诸多成员国却不配合，有的成员国虽然有所行动，却因民众的强烈反对而流产。从表象看，欧盟内部的多重博弈是围绕成员国的经济利益展开的，而其实质则在于政府与民众意愿的背离上。欧洲政策研究中心主任丹尼尔·格罗斯认为：“政府可以签订条约并庄严承诺让本国财政政策服从欧盟的规定（或者更精确地说，服从于德国和欧洲央行的意愿），但最终‘人民’才是真正的主权，而他们可以选择无视本国政府的承诺并否决任何来自‘布鲁塞尔’的调整计划。只要欧盟成员国依然维持民主并保有主权，那么所有那些为构建一个政治联盟来支撑一个拥有共同金融政策的欧元的宏大计划都是无法实现的。”[②]

第三，疑欧主义和民族主义快速膨胀。在全球金融危机和欧债危机的重压之下，一些成员国本来就已存在的疑欧主义和民族主义开始膨胀，进一步弱化了欧洲一体化的根基。特别是欧债危机以来，欧洲不少民众对欧元和欧盟的幻灭感持续增强，德国等债权国的民众担心欧盟会变为一个

---

① 卢静、衡孝军：《透析欧盟治理困境》，载《国际问题研究》2008 年第 2 期，第 37—41 页。

② 王义桅：《欧盟改革要靠“顶层设计”》，载《文汇报》2012 年 6 月 19 日。

“转移支付联盟”，把别人的债务落在自己肩上；希腊等债务国的民众则憎恨欧盟及北方国家对自己内部事务指手画脚和没完没了的财政紧缩政策。欧洲极右政党在反移民宣传取得阶段性成果之后，开始将工作重点转向反援助、反欧元、反欧盟。波兰总理图斯克认为，新的疑欧主义正在欧洲兴起，这种疑欧主义与英国的传统疑欧主义不同，它发生在欧洲大陆国家，发生在欧洲一体化艰难行进时期，这些国家一方面发表亲欧言辞，另一方面在保护本国利益上更为激进，并采取了弱化欧盟的措施。①

欧洲经济一体化是世界上前无古人的伟大创举，它不仅推进了欧盟国家经济社会长足发展，而且为国际区域协同发展提供了丰富经验。然而，新兴市场国家全方位融入经济全球化的今天，欧洲一体化反而成为欧盟及其成员国的劣势。这是因为，新兴国家既可以通过地区一体化，也可以通过双边自由贸易，来对冲世贸组织多哈回合谈判受阻影响，欧盟却受制于各成员国经过妥协形成的区域机制，成为贸易保护主义和政治保守主义较为严重的地区。虽然欧盟一直倡导包容性发展，但其包容只限于欧洲内部，而没有真正在世界范围内进行包容。这种只注重包容欧盟而不愿意包容世界的思想和行为，无疑是自己捆绑自己的手脚。在经济全球化势不可挡的今天，欧洲一体化融入经济全球化才是正途。

① 张健：《从欧盟债务危机管理看欧洲一体化前景》，载《现代国际关系》2012 年第 2 期，第 29—35 页。

参考文献

1.《马克思恩格斯选集》，北京：人民出版社 1995 年版

2.《毛泽东选集》，北京：人民出版社 1991 年版

3.《毛泽东文集》，北京：人民出版社 1999 年版

4.《邓小平文选》（第二卷），北京：人民出版社 1994 年版

5.《邓小平文选》（第三卷），北京：人民出版社 1993 年版

6.《江泽民文选》，北京：人民出版社 2006 年版

7. 胡锦涛：《论构建社会主义和谐社会》，北京：中央文献出版社 2013 年版

8.《习近平总书记系列重要讲话读本》，北京：人民出版社 2014 年版

9.【德】安德烈·贡德·弗兰克：《白银资本》，北京：中央编译出版社 2011 年版

10.【波】奥斯卡·兰格：《社会主义经济理论》，北京：中国社会科学出版社 1981 年版

11.【英】保罗·尼乌文赫伊斯：《未来的交通：交通产业的可持续发展》，北京：机械工业出版社 2012 年版

12.【德】贝娅特·科勒—科赫、托马斯·康迪尔曼、米歇勒·克诺特：《欧洲一体化与欧盟治理》，北京：中国社会科学出版社 2004 年版

13. 柴瑜主编：《巴西经济数字地图》，北京：科学出版社 2013 年版

14. 陈宝森等主编：《当代美国经济（修订本）》，北京：社会科学文献出版社 2011 年版

15.【美】戴维·S·兰德斯：《国富国穷》，北京：新华出版社 2001

年版

16.【美】德内拉·梅多斯、乔根·兰德斯、丹尼斯·梅多斯：《增长的极限》，北京：机械工业出版社2013年版

17. 高尚全主编：《改革是中国最大的红利》，北京：人民出版社2013年版

18. 郭建宁主编：《改革开放与中国特色社会主义》，北京：北京大学出版社2010年版

19. 胡鞍钢：《影响决策的国情报告》，北京：清华大学出版社2002年版

20. 胡鞍钢：《中国政治经济史论》，北京：清华大学出版社2008年版

21. 黄孟复：《中国民营经济史纪事本末》，北京：中国工商联合出版社2010年版

22.【美】杰夫·马德里可：《政府与市场的博弈》，北京：机械工业出版社2013年版

23.【英】莱斯利·贝瑟尔：《剑桥拉丁美洲史（第九卷）：1930年以来的巴西》，北京：当代中国出版社2013年版

24. 李瑞琴：《“改革新思维”与苏联演变》，北京：社会科学文献出版社2012年版

25. 厉以宁、艾丰、石军：《新型城镇化概论》，北京：中国工人出版社2014年版

26. 厉以宁、石军等著：《中国经济改革警示录》，北京：人民出版社2013年版

27. 厉以宁：《中国经济双重转型之路》，北京：中国人民大学出版社2013年版

28.【英】理查德·怀斯曼：《正能量》，长沙：湖南文艺出版社2012年版

29. 路甬祥主编：《中国可持续发展总纲（国家卷）》，北京：科学出版社2007年版

30. 【美】迈科尔·希思考克斯：《国际贸易与政治冲突——贸易、联盟与要素流动程度》，北京：中国人民大学出版社 2005 年版

31. 门洪华：《霸权之翼：美国国际制度战略》，北京：北京大学出版社 2005 年版

32. 门洪华：《开放与国家战略体系》，北京：人民出版社 2008 年版

33. 【英】尼古拉斯·维普肖特：《凯恩斯大战哈耶克》，北京：机械工业出版社 2013 年版

34. 厉以宁：《非均衡的中国经济》，北京：中国大百科全书出版社 2009 年版

35. 庞中英主编：《全球化、反全球化与中国——理解全球化的复杂性与多样性》，上海人民出版社 2002 年版

36. 彭森、陈立等：《中国经济体制改革重大事件》，北京：中国人民大学出版社 2009 年版

37. 彭有祥：《西方主要国家政治制度与经济模式》，昆明：云南大学出版社 2007 年版

38. 【美】普沃斯基：《民主与市场：东欧与拉丁美洲的政治经济改革》，包雅钧等译，北京：北京大学出版社 2005 年版

39. 【巴】萨缪尔·皮涅伊罗·吉马良斯：《巨人时代的巴西挑战》，北京：当代世界出版社 2011 年版

40. 【美】萨缪尔森：《经济学》，北京：商务印书馆 2013 年版

41. 裘元伦：《欧洲的经济改革》，北京：中国社会科学出版社 2013 年版

42. 世界环境与发展委员会：《我们共同的未来》，长春：吉林人民出版社 1997 年版

43. 孙田平：《东欧经济改革之路：经济转轨与制度变迁》，广州：广东人民出版社 2003 年版

44. 唐任伍、马冀：《中国经济改革 30 年：对外开放卷（1978—2008)》，重庆：重庆大学出版社 2008 年版

45. 徐善长：《新时期改革推进方式——综合配套改革试验的理论与实践》，北京：人民出版社 2013 年版

46. 徐浩然、张俊杰：《错悟》，北京：企业管理出版社 2009 年版

47. 徐浩然、张俊杰：《悟错》，北京：企业管理出版社 2010 年版

48. 吴敬琏、马国川：《重启改革议程》，北京：三联书店出版社 2013 年版

49. 王福重：《公平中国：开启未来十年新奇迹的钥匙》，北京：东方出版社 2013 年版

50. 王逸舟：《匈牙利道路》，北京：人民出版社 1987 年版

51. 【美】威廉·R·布莱克：《可持续发展时间指南：社会、经济与环境责任的履行》，上海：上海人民出版社 2009 年版

52. 【英】亚当·斯密：《国富论》，北京：商务印书馆 1972 年版

53. 杨生茂等主编：《美国通史》，北京：人民出版社 2002 年版

54. 俞可平：《全球化与全球治理》，北京：社会科学文献出版社 2003 年版

55. 【美】詹姆斯·戴尔·戴维森：《巴西的经验》，北京：机械工业出版社 2013 年版

56. 张建勤：《中苏传统计划经济体制比较研究》，武汉：湖北人民出版社 2004 年版

57. 张静主编：《可持续发展经济理论与实践》，北京：经济科学出版社 2007 年版

58. 张俊伟：《极简管理：中国式管理操作系统》，北京：机械工业出版社 2013 年版

59. 中共中央党校理论研究室编：《历史的丰碑：中华人民共和国国史全鉴》，北京：中共中央文献出版社 2005 年版

60. 中共中央党史研究室第三研究部编：《中国改革开放史》，沈阳：辽宁人民出版社 2002 年版

61. 中共中央党史研究室编：《中国共产党历史》，北京：中央党史出

版社 2011 年版

62. 中国经济体制改革研究会编：《与改革同行——体改战线亲历者回忆》，北京：社会科学文献出版社 2013 年版

63. 钟坚：《大试验：中国经济特区创办始末》，北京：商务印书馆 2010 年版

64. 朱晓中主编：《中东欧转型 20 年》，北京：社会科学文献出版社 2013 年版

65. 周尚文等：《比较与借鉴：中俄经济转轨研究》，上海人民出版社 2002 年版

66. 周志伟：《巴西崛起与世界格局》，北京：社会科学文献出版社 2012 年版

67. 邹东涛：《中国经济体制改革基本经验》，北京：中国人民大学出版社 2008 年版

68.【英】巴瑞·博赞：《世界历史的分期与国际体系的演变》，《史学集刊》2003 年第 1 期

69. 布成良：《渐进式改革的张力——中国改革的特点、风险及前景》，《当代世界与社会主义》2008 年第 5 期

70. 迟福林：《中国：加入 WTO 与改革的新阶段》，《广东技术师范学院学报》2003 年第 1 期

71. 樊纲：《WTO 对中国经济的影响》，《时事关注》2002 年第 4 期

72. 葛霖生：《中外十国经济增长方式比较》，《毛泽东邓小平理论研究》2000 年第 6 期

73. 国务院发展研究中心课题组：《加入 WTO 后的中国：调整、改革与竞争力的提升》，《管理世界》2002 年第 6 期

74. 贺耀敏：《扩权让利：国有企业改革的突破口——访袁宝华同志》，《百年潮》2003 年第 8 期

75. 江平：《中国改革开放的成功经验是市场＋法治》，《中国经济周刊》2007 年第 38 期

76. 李晓西：《加入世贸组织10年：中国市场化进程演进轨迹》，《改革》2011年第12期

77. 厉以宁：《入世与现代企业制度的建立》，《上海对外贸易学院学报》2001年5期

78. 林毅夫、胡书东：《加入世界贸易组织：挑战与机遇》，《国际经济评论》2000年第3期

79. 刘承礼：《理解当代中国的中央与地方关系》，《当代经济科学》2008年第5期

80. 刘世锦：《中国国有企业的性质与改革逻辑》，《经济研究》1995年第4期

81. 毛传青：《论中国社会主义市场经济发展的六个阶段》，《当代中国史研究》2004年第5期

82. 门洪华：《从对外开放到全面开放》，《科学社会主义》2008年第4期

83. 牛海彬：《巴西的大国地位评估》，《拉丁美洲研究》2009年第31卷增刊

84. 【英】佩里·安德森：《卢拉的巴西》，《国外理论动态》2012年第3期

85. 时晋：《法律趋同视角下的欧盟统一公司立法研究》，《法学杂志》2012年第7期

86. 孙晓青：《欧盟统一货币对世界经济与金融的影响》，《欧洲》1997年第6期

87. 孙玉琴：《大萧条时期美国贸易政策与中美贸易》，《美国研究》2012年第1期

88. 田素华：《对外贸易保护与美国经济崛起》，《世界经济与政治论坛》2005年第5期

89. 许志新：《论苏联失败的经济根源》，《东欧中亚研究》2001年第3期

90. 谢海燕：《创新体制机制 努力提高生态文明水平》，《中国经贸导刊》2011 年第 24 期

91. 杨海琼：《浅谈我国当前公平与效率的关系》，《科学咨询（科技·管理）》2011 年第 5 期

92. 俞可平：《论全球化与国家主权》，《马克思主义与现实》2004 年第 1 期

93. 袁恩桢：《社会主义公有制与市场经济关系的艰难探索：中国经济发展 60 年的一条主线》，《毛泽东邓小平理论研究》2009 年第 5 期

94. 张继民：《战后美国对外贸易政策的演变》，《特区经济》2007 年第 5 期

95. 张建君：《社会主义初级阶段理论的演进历程与理论创新》，《学习与实践》2011 年第 7 期

96. 张健：《从欧盟债务危机管理看欧洲一体化前景》，《现代国际关系》2012 年第 2 期

97. 张宇燕、胡鞍钢等：《中国入世十周年：总结与展望》，《国际经济评论》2011 年第 5 期

98. 赵吟：《欧盟公司法一体化探析》，《人民论坛》2013 年 9 月中（总第 416 期）

后 记

2014 年 6 月 6 日凌晨，我终于在本书的最后一行划上了句号。利用一年业余时间，把自己参与改革开放 36 年来的亲感实受和学习心得装入一本书，对于一个实际工作者来说，确实是一件很不容易的事情。

实际上，这本书不是靠一人之力完成的，而是诸多领导、同事与专家、学者指导和支持的结果。1978 年中共十一届三中全会闭幕不久，我被调入经济综合部门工作。36 年来，工作单位虽几经变动，但一直参与改革开放和管理工作。所在单位的领导、同事乃至接触到的一些干部群众，都对我的工作与研究给予了有力指导和支持，我也一直非常尊重和感激他们。

在此书撰写过程中，厉以宁、艾丰、林毅夫、胡鞍钢、门洪华、周天勇和孙英春等教授，亲自参与研究，直接给予指导，帮我解开了许多难以解开的扣儿，使我学到了若干方面的知识。厉以宁教授还在精心指导基础上，亲自为此书作序。李庆堂、于德宝、徐宝健、吴昀国、董宽、冉永平、吴新民、姚远、王延亮、张金杰、顾向明、甄文东、张博、崔毅军等同志，也在诸多方面提供了有力支持。对他们的指导和支持，我将永远铭记在心。

本书涉及的理论和实践领域较多，自己的水平和能力又有限，肯定存在许多论及不到甚至偏颇之处，敬请各位读者给予批评指正。

石 军

2014 年 6 月 6 日，于北京

图书在版编目（CIP）数据

开放 改革 管理：三驾马车拉动经济体制转型研究 /石军著.—— 北京：中国工人出版社，2014.8

ISBN 978-7-5008-5859-1

Ⅰ.①开… Ⅱ.①石… Ⅲ.①经济体制改革－研究－中国 Ⅳ.①F121

中国版本图书馆CIP数据核字（2014）第184291号

开放 改革 管理：三驾马车拉动经济体制转型研究

出 版 人　李庆堂
责任编辑　石钰艳　习艳群
责任校对　赵贵芬
责任印制　栾征宇
出版发行　中国工人出版社
地　　址　北京市东城区鼓楼外大街45号 邮编：100120
网　　址　http://www.wp-china.com
电　　话　（010）62350006（总编室）　（010）62005039（营销出版部）
　　　　　（010）62382916（职工教育分社）
发行热线　（010）62005996　（010）82075964（传真）
经　　销　各地书店
印　　刷　北京睿特印刷厂
开　　本　710毫米×1000毫米　1/16
印　　张　22.75
字　　数　340千字
版　　次　2014年9月第1版　2014年9月第1次印刷
定　　价　46.00元